社会保障

一体改革への途

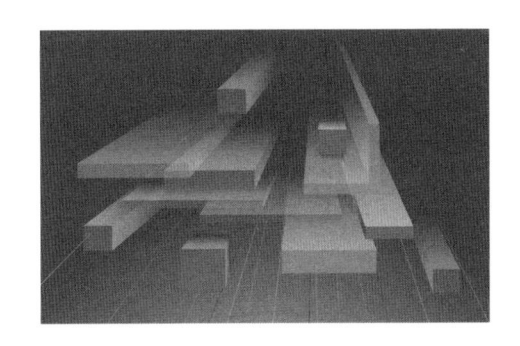

跡田 直澄
前川 聡子 [編著]

清文社

はしがき

　21世紀を迎えた日本経済にとって、最大の課題は「失われた10年」の間に露呈した三つの過剰（過剰債務、過剰雇用、過剰設備）の解消と、目前の景気低迷へのてこ入れにとらわれるあまり遅々として進まなかった構造改革を本格的に実施することであった。

　2001年4月に発足した小泉内閣では、2001～04年度までの「集中調整期間」において、三つの過剰のうち最も対応が遅れていた不良債権処理が進められるとともに様々な規制改革が行われた。それらを通じて民間経済の活力を促す環境を整える一方、公的部門については行財政改革が着手された。さらに2005年度以降では、「民でできることは民で」という理念を明確にし、「小さくて効率的な政府」の実現を目標に政策金融改革や郵政民営化が決定された。

　このような一連の構造改革のなかで、残された最後の砦ともいえるのが社会保障制度改革である。社会保障制度は、医療のような生命に関わるサービスや年金や福祉のような高齢者・低所得者等の弱者救済に関わるサービスが中心であることから、給付縮小や負担増も辞さない抜本的な改革にはなかなか手がつけられずにいた。しかしながら、少子高齢化が予想以上に急速に進むなか、国と地方をあわせて773兆円にものぼる膨大な政府債務を抱えながら、求められるがまま公的な社会保障サービスを拡張していくことは難しい状況となっている。やはり、社会保障分野においても「民でできることは民で」行い、官は「小さくて効率的な政府」を目指すべきである。

　そこで本書では、日本における社会保障制度の現状と問題点を整理しながら、社会保障における官民の役割分担のあるべき姿を明確にし、今後の改革の具体的な方向性を提示した。

　本書には次の三つの特長がある。第1に、主要な社会保障制度を全て取り上げ、総合的に論じている点である。具体的には年金、医療、介護、および社会福祉（児童福祉、障害者福祉）、公的扶助（生活保護）を取り上げ、個々の制度

の現状と問題点だけでなく、制度間の整合性にも配慮しながらまとめている。第2に、専門的で難しいとされている社会保障制度に対する一般の理解を深めるため、分かりやすく説明する工夫をしている点である。具体的には3部構成を取ることにより、現行制度のしくみと現状、その問題点、問題解決に向けた提言という三つのポイントを明確かつ体系的に整理した（詳細は序章参照）。第3に、単なる制度解説・現状分析に終わらず、その背景にある理論的な考え方や定量分析を踏まえた具体的な政策提言を行っている点である。とりわけ、一般の関心が非常に高い年金制度については、改革による年金財政への影響や家計の給付・負担の変化についての詳細な分析が行われている。

各章の基となったのは、日本経済新聞において「ゼミナール　社会保障一体改革への道」として2004年9月10日～10月19日に掲載された記事である。日本経済新聞での連載にあたっては経済解説部の道善敏則氏に大変お世話になった。

出版にあたり、紙面の都合上十分に扱えなかった分野（福祉・公的扶助）や理論的考え方（法学・経済学）等についての章を追加するとともに、出版にいたるまでの間に行われた議論や制度変更等についても可能な限り反映させている。なお、本書は、大阪大学大学院経済学研究科教授本間正明先生のご退任にあたり、先生の指導を受けた者が集まってまとめたものとなっている。出版に際しては清文社編集部の冨士尾栄一郎氏にご尽力いただいた。改めてお礼申し上げたい。

本書で紹介されている社会保障制度改革についての分析結果は、財団法人関西社会経済研究所における研究プロジェクト「年金改革の影響の研究会」で行われたシミュレーションに基づいている。最後に、日頃より研究会へのサポートを通じて政策志向の研究活動を支えて頂いている関西社会経済研究所の関係各位にも感謝を申し上げたい。

2007年1月

編著者　跡田　直澄・前川　聡子

目　次

第1部　社会保障一体改革に向けて

序　章 …………………………………………………………………… 3
1. はじめに　3
2. 本書の概要　4
3. 実りある改革の実現に向けて　7

第1章　社会保障の現状と課題 ………………………………………… 9
1. 社会保障の現状と給付・負担の将来見通し　9
2. 財政の現状　14
3. 社会保障一体改革の必要性　16

第2章　年金制度の現状と2004年年金改正 ………………………… 20
1. 公的年金制度のしくみ　20
2. 2004年の年金改正の概要　29
3. 年金改正と世帯類型別の影響　31
4. 年金改正と世代別の影響　34
5. 国民年金の未納・未加入問題　35

第3章　医療保険の現状 ……………………………………………… 40
1. 医療保険制度のしくみ　40
2. 医療費の現状　45
3. 医療保険財政の現状　46
4. 診療報酬制度の現状　50
5. 医療における地域格差の現状　52

第4章　介護保険の現状 ……………………………………………… 58
1. 介護保険のしくみ　58
2. 介護費の現状　67

i

3．要介護認定者の推移　　69
　　4．介護報酬の改定　　72
　第5章　社会福祉の現状……………………………………………76
　　1．社会福祉制度の変遷と現状　　76
　　2．変革期を迎えた児童福祉　　79
　　3．児童保育の現状　　80
　　4．児童福祉における現金給付の現状　　83
　　5．障害者福祉─措置から支援費制度へ─　　86
　第6章　公的扶助の現状……………………………………………91
　　1．公的扶助の目的としくみ　　91
　　2．生活保護の動向　　95
　　3．保護費・財源の推移　　99
　　4．ホームレス問題と公的扶助　　102

第2部　社会保障一体改革の論点整理

　第7章　法と経済からみた社会保障………………………………109
　　1．社会保障の基本理念　　110
　　2．政府による社会保障の必要性　　111
　　3．社会保障の定義と範囲　　113
　　4．社会保障の財源調達　　115
　　5．社会経済の変化と今後の社会保障のあり方　　117
　第8章　年金改革の論点……………………………………………121
　　1．なぜ年金制度が必要か　　121
　　2．就業形態別の負担の格差　　122
　　3．世代間の不公平　　125
　　4．スウェーデン方式　　127
　　5．マクロ経済スライドの問題点　　128
　　6．雇用主負担の問題　　130

7．年金制度の公私の役割分担　131

第9章　医療保険改革の論点 …………………………………………… 136
　1．公的医療の抑制と伸び率管理　136
　2．診療報酬見直しの論点　138
　3．保険者機能の強化と保険者の再編　141
　4．高齢者医療の改革　145
　5．混合診療の解禁　147

第10章　介護保険改革の論点 ………………………………………… 152
　1．民間介護保険の現状と課題　152
　2．公的介護保険の改革の論点　156
　3．対象年齢の引下げ　156
　4．施設介護から在宅介護への移行と負担格差　158
　5．要介護者数の抑制　161
　6．ケアマネジメントの見直し　164

第11章　社会福祉・公的扶助の論点 ………………………………… 169
　1．児童福祉　169
　2．障害者福祉　174
　3．公的扶助（生活保護）　175

第3部　社会保障一体改革の青写真

第12章　公的年金一元化試案 ………………………………………… 193
　1．一元化試案について　193
　2．国民負担への影響　196
　3．世帯類型での影響の違い　197
　4．世代での影響の違い　202
　5．企業負担への影響　204

第13章　医療保険制度の見直し ……………………………………… 207
　1．医療費適正化と伸び率管理　207

2．診療報酬体系の見直し　208

　3．保険者の再編　211

　4．高齢者医療制度　212

　5．免責制の導入　214

　6．混合診療と民間保険　216

第14章　介護保険制度の見直し………………………………………222

　1．官と民の役割分担　223

　2．ホテルコストの自己負担化　224

　3．介護報酬の見直し　228

　4．介護予防給付の重視とケアマネジメントの見直し　231

第15章　社会福祉・公的扶助の見直し…………………………………236

　1．社会保障一体改革との整合性　236

　2．児童福祉のあり方　238

　3．障害者福祉のあり方　241

　4．公的扶助（生活保護）のあり方　246

　5．経済的支援の確立　247

第16章　さらなる社会保障制度改革に向けて…………………………250

　1．社会保険庁の改革　250

　2．社会保障個人会計の創設　254

　3．一体改革による日本型福祉社会を目指して　257

執筆者紹介（執筆順）

跡田　直澄（あとだ　なおすみ）／編者
　慶應義塾大学商学部教授（担当：序章）

木村　　真（きむら　しん）
　北海道大学公共政策大学院特任助手（担当：第1・6・10・11・13章）

山口　耕嗣（やまぐち　こうじ）
　元財務省財務総合研究所研究員（担当：第2章）

川瀬　晃弘（かわせ　あきひろ）
　東洋大学経済学部講師（担当：第3・9・13章）

北浦　義朗　（きたうら　よしあき）
　関西社会経済研究所研究員（担当：第4・5・8章）

林　　宏昭（はやし　ひろあき）
　関西大学経済学部教授（担当：第5・6・11・15章）

前川　聡子（まえかわ　さとこ）／編者
　関西大学経済学部准教授（担当：第7・12・14章）

橋本　恭之（はしもと　きょうじ）
　関西大学経済学部教授（担当：第12・16章）

小川　　亮（おがわ　りょう）
　大阪大学大学院経済学研究科博士後期課程（担当：第3・9章）

協力者

佐藤　雅代（さとう　まさよ）　北海道大学公共政策大学院特任准教授
武田　壽夫（たけだ　としお）　財団法人関西社会経済研究所専務理事
宮原　孝信（みやはら　たかのぶ）　財団法人関西社会経済研究所次長（当時）
宇都　弘道（うと　ひろみち）　財団法人関西社会経済研究所研究統括
稲田　　廣（いなだ　ひろし）　財団法人関西社会経済研究所総括調査役（当時）

第1部　社会保障一体改革に向けて

序　章

跡田　直澄

1. はじめに

　バブル崩壊後の「失われた10年」を経た今、日本経済は改革の正念場を迎えている。民間部門、特に企業が不良債権をはじめとするバブル時のツケを清算しつつあり、企業収益は改善、設備投資も増加している[1]。このような民間部門の回復基調はマクロ経済にも反映され、1990年代後半には一時マイナス成長を記録した日本経済も2002年度以降は徐々に回復の兆しをみせ、2005年度の実質経済成長率は2.4%となった。正にいま、日本経済の回復の芽が顔を出し始めたところといえるだろう。この機会を捉えて、民間部門の自発的かつ持続的な成長を促進させるような経済・財政のしくみを作る構造改革を強力に推し進めなければ、せっかくの回復の芽を摘んでしまいかねない。

　折しも、日本経済を取り巻く環境は大きな変化を遂げている。予想以上のスピードで進む少子高齢化、核家族の増加等による家族形態の変化、成果主義の導入や以前と比べた失業率の高止まりに現れている雇用環境の変化、激しさを増す国際的な経済競争等々、一昔前には想像しなかったような大きな変化が急速に現実のものとなっている。構造改革を進めるにあたっては、これらの変化に対応した新たな日本経済の基盤作りも求められているといえよう。

　急激な経済・社会の変化に対応しながら民間部門主導の経済成長を促すには、何よりも旧態依然とした政府部門のあり方を改め、その肥大化を抑える必要がある。すなわち、「民でできることは民に」任せ、「小さくて効率的な政府」を実現することが最大の課題となる。これは、国と地方をあわせて700兆円を超える巨額の債務を抱える政府自身にとっても、その財政の健全化を図るうえで

達成しなければならない目標である。

　「小さくて効率的な政府」の実現に向けてまず行わなければならないのは、政府部門の歳出の非効率を改めるとともに、その規模を抑制することである。従来からいわば官の"専売特許"のように位置づけられていた社会保障に対する支出も例外ではない。社会保障は、生命・生活に直接関わる分野であるために"聖域化"され、官の役割を抑えるような改革が難しかった。たしかに、日本国憲法において国民には「健康で文化的な最低限度の生活を営む権利」が保障されており、社会保障はその基本的人権の保障の一環として政府が行う義務を負っている。しかしながら、それはあくまで「最低限度の生活」を保障するためであり、経済が成熟するにつれて拡大・多様化する社会保障に対するニーズ全てに政府が応えなければならない義務はない。社会保障も他の行政サービスと同様、官と民の役割分担を見直したうえで官の役割は最低限度にとどめ、それ以上のサービス供給については、営利・非営利を問わず民にその活躍の場を譲るべきである。

　公的な支出の抑制は人々の公的な負担の抑制につながり、それは民間経済の自発的な経済成長にとってもプラスとなる。低い公的負担でより良い社会保障を実現し、安定した経済成長が維持されている社会こそが、21世紀における日本のあるべき姿であろう。それを実現するための改革の実行は、いまをおいて他にない。

　このような問題意識に基づきながら、日本における社会保障制度の現状と問題点を整理し、改革の具体的な方向性を提示したのが本書である。

2．本書の概要

　社会保障は国民の生活にとって身近なものであるにもかかわらず、制度内容が複雑で分かりにくいため、その改革をめぐる議論は、限られた人々（政治家や官僚、専門家）の間だけで行われがちである。そこで本書では、社会保障に対する一般の関心と理解をさらに深めるため、次のような3段階の構成（3部構成）を採用した。まず「第1部　社会保障一体改革に向けて」では、現行制

度の概要と現状をわかりやすく紹介し、次に「第2部　社会保障一体改革の論点整理」において、何が問題になってきているのかをデータに基づきながら整理している。それらを踏まえたうえで、最後に「第3部　社会保障一体改革の青写真」では問題解決のための具体的な処方箋を示している。

日本における社会保障制度には、社会保険（年金、医療、介護、雇用等）・公的扶助（生活保護）・社会福祉（障害者福祉、児童福祉、老人福祉等）・公衆衛生及び医療・恩給および戦争犠牲者援護がある[2]。このうち本書では、わが国の社会保障の主要な柱を構成している年金、医療、介護およびそれらとの整合性や統合が問題となっている社会福祉（児童福祉、障害者福祉）、公的扶助（生活保護）に焦点をあて、各制度の現状・問題点と改革に向けた議論を行うこととする[3]。取り上げた社会保障制度と各章との対応については図1に示したとおりである。以下、その概略を簡単に説明しておこう。

第1部では、社会保障一体改革を議論するための基本として、わが国における社会保障の制度および財政面での現状を整理する。第1章で、社会保障一体改革に対する本書の基本的な立場を示すとともに、第2章から第6章では、社会保障の制度ごとに現状を整理する。取り上げる制度は、年金（第2章）、医療（第3章）、介護（第4章）、児童福祉、障害者福祉（第5章）、公的扶助（生活保護）（第6章）である。

第2部では、第1部で紹介した各制度のしくみと現状に基づきながら、改革すべき問題点を整理する。ただし、目指すべき改革の方向性を明確にするためには、各制度の細かな論点に入る前に、いま一度、社会保障制度の根本に立ち返ってその意義と役割を確認しておくことも重要である。そこでまず第7章で、社会保障の定義とその機能、政府による社会保障が行われる法的および経済的根拠について説明している。続く第8章から第11章では、それぞれ順に年金、医療、介護、社会福祉（児童福祉、障害者福祉）、公的扶助（生活保護）における論点をまとめている。これらはいずれも、第1部の第2章から第6章における現状整理と対応するものになっている。

第3部では、第2部で整理した論点に対する改革の具体的な方向性を示すこ

第1部　社会保障一体改革に向けて

図1　社会保障制度と各章との関係

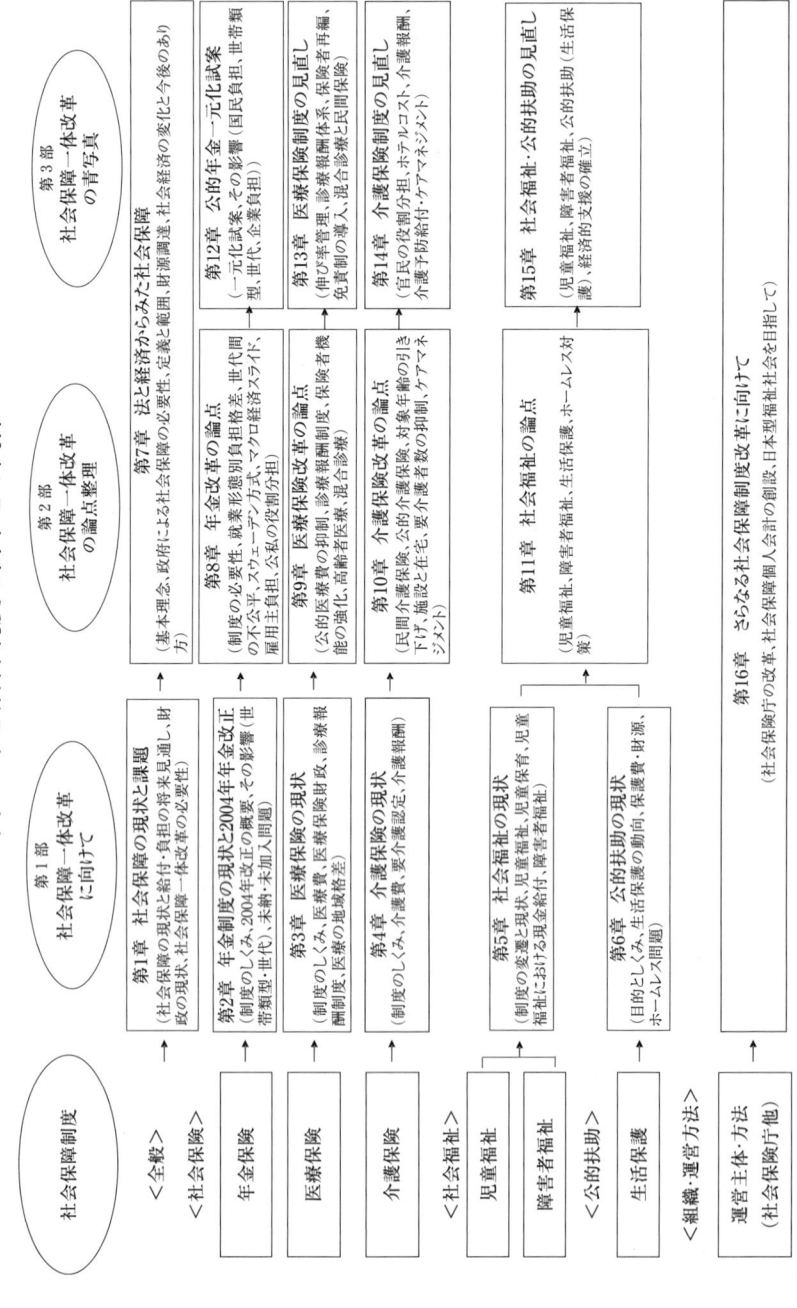

第3部　社会保障一体改革の青写真

- 第7章　法と経済からみた社会保障
  （基本理念、政府による社会保障の必要性、定義と範囲、財源調達、社会経済の変化と今後のあり方）
- 第12章　公的年金一元化試案
  （一元化試案、その影響（国民負担変化）、世代、企業負担）
- 第13章　医療保険制度の見直し
  （伸び率管理、診療報酬制度、保険者再編、免責制の導入、混合診療と民間保険）
- 第14章　介護保険制度の見直し
  （官民の役割分担、ホテルコスト、介護報酬、介護予防給付・ケアマネジメント）
- 第15章　社会福祉・公的扶助の見直し
  （児童福祉、障害者福祉、公的扶助（生活保護、経済的支援の確立）

第2部　社会保障一体改革の論点整理

- 第7章　法と経済からみた社会保障の論点
  （基本理念、政府による社会保障の必要性、定義と範囲、財源調達、世代間の不公平、スウェーデン方式、マクロ経済スライド、雇用主負担、企業の役割分担）
- 第8章　年金改革の論点
  （制度の必要性、就業形態別負担格差、世代間の不公平、スウェーデン方式、マクロ経済スライド、雇用主負担、企業の役割分担）
- 第9章　医療保険改革の論点
  （公的医療費の抑制、診療報酬制度、保険者機能の強化、高齢者医療、混合診療）
- 第10章　介護保険改革の論点
  （民間介護保険、公的介護保険、対象年齢の引き下げ、施設と在宅、要介護者数の抑制、ケアマネジメント）
- 第11章　社会福祉の論点
  （児童福祉、障害者福祉、生活保護、ホームレス対策）

第1部　社会保障一体改革に向けて

- 第1章　社会保障の現状と課題
  （社会保障の現状と給付・負担の将来見通し、財政の現状、社会保障一体改革の必要性）
- 第2章　年金制度の現状と2004年年金改正
  （制度のしくみ、2004年改正の概要・その影響（世帯類型、世代、未加入問題））
- 第3章　医療保険の現状
  （制度のしくみ、医療費、医療保険財政、診療報酬制度、医療の地域格差）
- 第4章　介護保険の現状
  （制度のしくみ、介護費、要介護認定、介護報酬）
- 第5章　社会福祉の現状
  （制度の変遷と現状、児童福祉、児童保育、児童福祉における現金給付、障害者福祉）
- 第6章　公的扶助の現状
  （目的としくみ、生活保護の動向、保護費、財源、ホームレス問題）
- 第16章　さらなる社会保障制度改革に向けて
  （社会保険庁の改革、社会保障個人会計の創設、日本型福祉社会を目指して）

社会保障制度
- ＜全般＞
- ＜社会保険＞
  - 年金保険
  - 医療保険
  - 介護保険
- ＜社会福祉＞
  - 児童福祉
  - 障害者福祉
- ＜公的扶助＞
  - 生活保護
- ＜組織・運営方法＞
  - 運営主体・方法（社会保険庁他）

とにより、社会保障一体改革の青写真を描く。まず年金制度改革については、第12章で制度の一元化の具体的かつ実行可能な独自案を提示し、その影響についてのシミュレーション結果も紹介している。

第13章では、医療保険制度改革として、診療報酬制度の見直しに対する改革案を提示するとともに、高齢者医療制度も含めた総合的な医療保険制度の都道府県別再編成が必要であることを示す。続く第14章では、2005年度に行われた介護保険制度の見直しを紹介しながら、公的保険の範囲・規模をできる限り抑えながら民間保険を育てていくべきであることを提案する。

第15章では、社会福祉（児童福祉、障害者福祉）と公的扶助（生活保護）の見直しを取り上げ、弱者救済的な支援とその他の福祉サービスとの区別を明確にした上で弱者救済としての経済的支援を税制と社会保障を統合しながら行うことを提案、その内容を議論している。

最後の第16章では、これまでの章では取り上げられなかった社会保障制度の運営組織、および運営手法の改革について取り上げる。いずれも、実務上、社会保障制度の給付と負担を一括して管理・運営するために必要なものであり、社会保障の一体改革を進める上で重要な課題である。具体的には、運営組織については、社会保険庁の解体についての具体的な検討内容を紹介するとともに、徴収業務という点で重複する国税庁との統合（歳入庁の創設）を提言する。運営手法については、社会保障の給付と負担の関係を明確にするための手法として、日本における個人勘定導入の必要性を説いている。

なお、本書の基になったのは、2004年9月10日から10月19日にかけて日本経済新聞朝刊で連載された「ゼミナール　社会保障の一体改革」である。各章は、この時に執筆した原稿に、より詳細な各制度の現状やその後の改革論議を反映させながら加筆・修正したものである。

3．実りある改革の実現に向けて

2006年10月に行われた内閣府大臣官房政府広報室「国民生活に関する世論調査」では、「今後、政府に対して力を入れてほしいと思うこと」として「医療・

年金等の社会保障構造改革」が72.7％を占め、第一位となっている[4]。このような社会保障改革に対する期待に応えられるよう、具体的な改革のあり方をめぐる議論を国民レベルでも盛り上げていかなければならない。そのためには、現行の社会保障制度の問題点を明らかにし、それに対する実現可能な改革案を提示して、人々の理解を得る必要がある。

　本書は、そのような立場に立って、日本における社会保障制度の現状と改革の論点を体系的に分かりやすくまとめた初めての試みである。単なる制度や議論の紹介だけでなく、データに基づいた客観的かつ基礎的な資料を提供するとともに、シミュレーション分析に基づく政策提言も行っている。

　本書によって、社会保障改革に対する国民の理解と関心をさらに高めるとともに、抜本的な改革の実現に向けて改革論議に一石を投じることができれば幸いである。

---

1) 内閣府『月例経済報告』（2006年12月25日）参照。財務省『法人企業統計季報』（2006年12月4日発表）では、2006年7-9月期の設備投資額は、全規模・全産業（ソフトウェア除く）で前年同期比（季節調整前）11.9％増加。そのうち製造業では前期比8.3％、非製造業では前期比14.0％、それぞれ増加している。
2) 詳細については、第7章を参照のこと。
3) 2004年度の社会保障給付費（85兆6469億円）に占める割合をみると、年金は45兆5188億円で全体の53.1％と最も高い割合を占め、次いで医療保険と老人保健の合計（27兆1537億円）が31.7％、介護（5兆6289億円）が6.6％となっている。なお、社会福祉は2兆3123億円で2.7％、生活保護は2兆5528億円で3.0％であった。（社会保障人口問題研究所『平成16年度社会保障給付費』参照）
4) この他には「高齢社会対策」が54.5％、「景気対策」が50.0％、「雇用・労働問題」が39.5％の順になっている（複数回答）。

【参考文献】
財務省『法人企業統計季報』（2006年12月4日）
国立社会保障・人口問題研究所『平成16年度社会保障給付費』
内閣府『月例経済報告』（2005年12月25日）
内閣府大臣官房政府広報室『国民生活に関する世論調査』（2007年1月15日）

第1章　社会保障の現状と課題

木村　真

　一生のうちで人は様々なリスクに直面する。場合によっては、治療の難しい病気に苦しんだり、事故で重い障害を負ったりして生活するのもままならなくなってしまう。そうした個人ではカバーしきれないようなリスクに対して社会全体でそれをカバーする制度、それが社会保障制度である[1]。

　しかし、近年急速に進行しつつある少子高齢化は、わが国の社会保障制度の今後のあり方に多大な影響を与えつつある。なぜならば、高齢者の増加によって医療や年金などへの支出が増加する一方で、少子化の進行によって将来その支出を負担する人々の数が減少していくからである。いま、極めて厳しい財政状況のなか、国がどこまで社会全体でカバーする保障を充実し、そのために個人がどこまで負担できるのかが問われている。本章では、わが国の社会保障制度の現状を把握したうえで、なぜいま社会保障改革が必要なのかについて考えていく。

1．社会保障の現状と給付・負担の将来見通し

　わが国の社会保障制度は、終戦直後の経済混乱と国民生活の疲弊のなかで、憲法で規定する「すべての国民に健康で文化的な最低限の生活を保障すること」を理念として本格的な整備が始まった[2]。そして1960年代半ばには、国民皆保険・皆年金の実現や児童福祉法、身体障害者福祉法、生活保護法、精神薄弱者福祉法、老人福祉法、母子福祉法のいわゆる福祉6法の成立により、わが国の社会保障制度の基盤が確立された。その後、時代の変化とともに社会保障の理念も「広く国民に健やかに安心できる生活を保障すること」へと変化し[3]、それに対応する形で介護保険制度といった新たな制度が導入されるなど社会保障の充実が図られてきた。現在では、国民が享受できる社会保障サービスは子ども

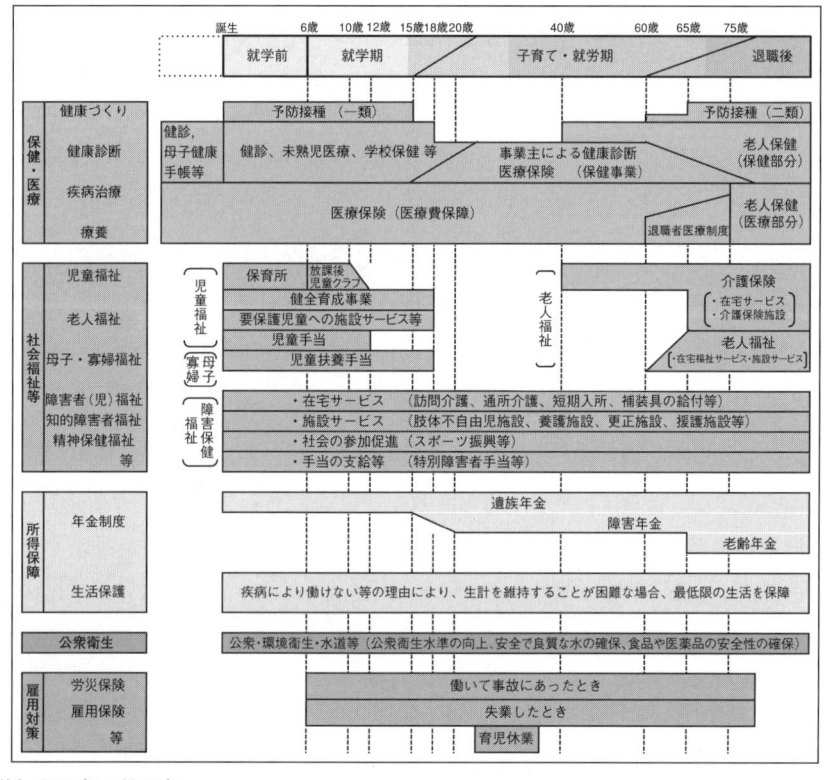

第1部　社会保障一体改革に向けて

図1-1　ライフステージ別に見た社会保障制度

注）2006年4月現在。
出所）厚生労働省『平成13年版厚生労働白書』125頁を参考に作成。

からお年寄りまで非常に多岐にわたっている（図1-1）。

　このような社会保障の充実は、急速な人口の高齢化とあいまって、社会保障による給付の総額を著しく増大させてきた。2006年現在の社会保障給付費は、国民の経済規模を表す指標の一つである国民所得[4]と比べると23.9％に相当する規模となっている。バブル崩壊直後の1992年には14.6％であったので、いわゆる「失われた10年」と呼ばれる経済停滞を含む期間中に約1.6倍に拡大したことになる。

　ここで、わが国の現在の社会保障給付の規模が国際的にみてどれくらいの水準にあるのかみてみよう。図1-2には、各国の社会保障給付費の規模が対国民所得比で示してある。実際には各国で社会保障給付の構成に違いがあるもの

第1章 社会保障の現状と課題

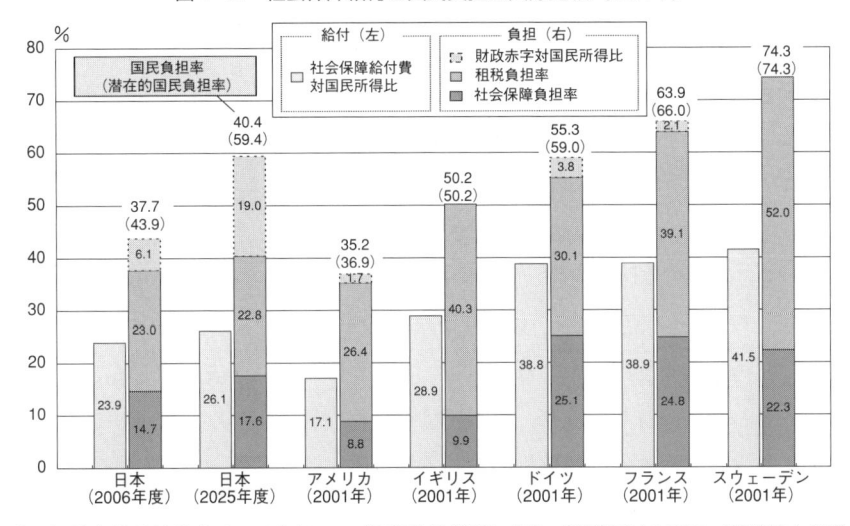

図1-2 社会保障給付と国民負担の国際比較（2001年）

	日本(2006年度)	日本(2025年度)	アメリカ(2001年)	イギリス(2001年)	ドイツ(2001年)	フランス(2001年)	スウェーデン(2001年)
国民負担率（潜在的国民負担率）	37.7(43.9)	40.4(59.4)	35.2(36.9)	50.2(50.2)	55.3(59.0)	63.9(66.0)	74.3(74.3)
財政赤字対国民所得比	6.1	19.0	1.7	—	3.8	2.1	—
租税負担率	23.0	22.8	26.4	40.3	30.1	39.1	52.0
社会保障負担率	14.7	17.6	8.8	9.9	25.1	24.8	22.3
社会保障給付費対国民所得比	23.9	26.1	17.1	28.9	38.8	38.9	41.5

注1）社会保障給付費は、日本がILO（国際労働機関）基準で諸外国はOECD（経済協力開発機構）基準。OECD基準には施設設備整備費などが含まれており、ILO基準に比べて給付費の範囲が広い。日本の社会保障給付費（対国民所得比）でみると、2001年のOECD基準は23.7％で、2001年度のILO基準22.14％に比べて1.56％高い。

注2）2025年度の国民負担は、『社会保障の給付と負担の見通し―平成16年5月―』と同じ経済前提に基づく川瀬・北浦・木村・前川（2007）に、『同見通し―平成18年5月―』の医療・介護の改革効果を加味したものである。なお、医療・介護の改革効果の算出にあたっては、『同見通し―平成18年5月―』に2025年度の社会保障にかかる負担の内訳が記載されていないため、医療・介護の2015年度の保険料負担、公費負担が給付費と同じ割合で伸び、公費負担の減少は財政赤字の減少につながると仮定して算出した。

出所）厚生労働省『社会保障の給付と負担の見通し―平成18年5月―』
財務省『財政関係諸資料（平成16年8月）―国民負担率の国際比較』
財務省『財政関係諸資料（平成18年9月）―国民負担率の推移（対国民所得比）』
川瀬・北浦・木村・前川（2007）

の、全体でみるとわが国の社会保障給付は、対国民所得比で30％台が多いヨーロッパ諸国に比べさほど規模が大きくないことがわかる。

一方、負担の面からみるとどうであろうか。国民がどれだけの負担をしているのかをみる際には、社会保障の範囲にとどまらず公共事業などへの支出のための負担も含めた全体で評価するのが一般的である[5]。ここでは、国民所得に対する社会保険料と租税を合計した総負担額の比率である国民負担率と、これに財政赤字の比率を加えた潜在的国民負担率という指標を用いて、わが国の国

民負担の規模が国際的にどの程度なのかをみてみよう。

　図1-2には、各国の国民負担率および潜在的国民負担率が給付費と同様に示してある。これによると、わが国は国民負担率でみると37.7%と、35.2%のアメリカとほぼ同じ水準であり、潜在的国民負担率でみても36.9%のアメリカと50.2%のイギリスの間に位置しており、現時点においては比較的低負担の国であるといえる。また社会保障給付と国民の負担を比べてみた場合、完全な対応関係はないものの、社会保障給付として国民の手元に戻ってくるのは負担全体のおよそ半分であり、その点ではヨーロッパ諸国に比べて低く、アメリカとよく似ている。

　次に負担の構成をみてみよう。租税、社会保険料という表面化している負担の組み合わせに着目した場合、わが国は社会保険料負担のウェイトが比較的高い国に該当しており、国民負担のあり方を議論するにあたっては社会保険料負担の行方が非常に重要であることがわかる。潜在的な国民負担まで考えた場合には、財政赤字の対国民所得比が非常に高く、国民負担増大の顕在化を避けていることがわが国の著しい特徴である。

　総じて、わが国は現時点においては、社会保障給付も国民負担も諸外国に比べ低く抑えられているといえよう。しかし、将来においても同じであるとは限らない。わが国は今後、諸外国に比べ急速に少子高齢化が進展する見込みである。65歳以上のお年寄り1人を2000年には生産年齢人口（15歳から64歳）3.96人で支えていたのを、2025年には2.01人で支えなくてはならなくなると予想されている（図1-3）。高齢期は年金、医療、介護と社会保障制度が最も必要とされる時期であり、したがってわが国にとっては諸外国以上のスピードで拡大していく社会保障給付への対応が不可避となる。また先に述べたように、わが国の国民負担の構造は、社会保障給付を含めた政府支出に対する国民の負担を将来に先延ばしにして負担増の顕在化を避ける形となっている。先送りにしてきた分を、少子化により減少してゆく社会の担い手がいかに負担していくか。給付と負担、いずれの側面においてもわが国にとっては諸外国以上に将来の行方が非常に重要になってくる。

　そこで、わが国の社会保障給付と国民負担の将来見通しがどのようになってい

第1章 社会保障の現状と課題

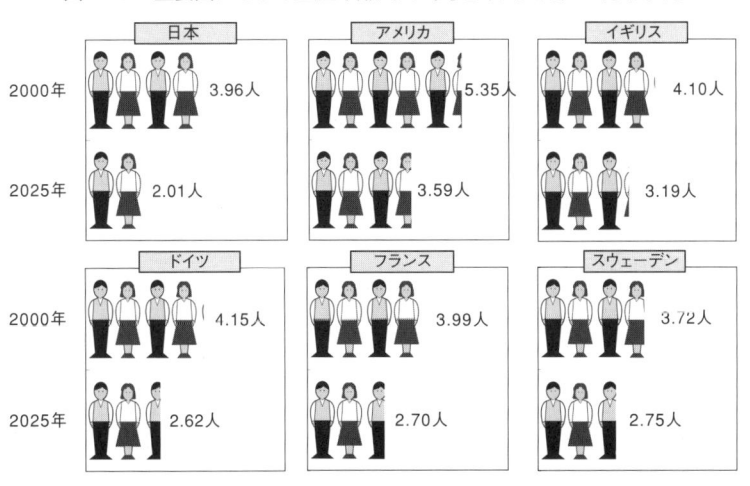

図1-3 主要国における生産年齢人口（対老年人口比）の将来予測

	日本	アメリカ	イギリス
2000年	3.96人	5.35人	4.10人
2025年	2.01人	3.59人	3.19人

	ドイツ	フランス	スウェーデン
2000年	4.15人	3.99人	3.72人
2025年	2.62人	2.70人	2.75人

注）数字は、15歳から64歳までの生産年齢人口を65歳以上の老年人口で割ったもの（老年人口1人あたりの生産年齢人口）。
出所）UN *World Population Prospects: The 2004 Revision*（中位推計）より作成。

るかみてみよう。見通しにあたっては、2004年から2006年にかけて行われた年金制度改革、介護保険制度改革、医療制度改革の影響も重要である。特に年金制度改革では最終保険料率を18.3％に固定することで社会保障負担率（社会保険料対国民所得比）の上昇の抑制が図られており、その結果、改革前と比べて社会保障負担率を2025年度時点で1.7ポイント（20.5％→18.8％）抑える効果をもつとみられている[6]。また、医療と介護の改革は、給付費の対国民所得比を1.5ポイント（10.3％→8.8％）、0.6ポイント（3.7％→3.1％）抑制するとみられている。

しかし、年金改革では社会保障負担の上昇抑制の一部を基礎年金の国庫負担引上げによって実現しており、そのツケが租税負担や財政赤字の増加にまわる。その結果、潜在的国民負担率で見ると、年金改革の効果は1.2ポイントの低下にとどまる。また、医療や介護を含めた改革によっても高齢化による社会保障給付の増加を避けることはできず、他の歳出構造を見直さなければ、わが国の国民負担は潜在的国民負担率でみて59.4％と、ドイツを抜いて比較的高負担の国であるフランスに近づくことが明らかとなっている。

13

なかでも財政赤字の対国民所得比は19％と、国際的にみてかけ離れた水準になると予想される。財政赤字を削減するためには、増税ないし歳出削減が考えられる。増税をすれば、租税負担率（租税対国民所得比）を上昇させて負担を顕在化させてしまう。一方、歳出削減をすれば負担の顕在化を避けつつ財政赤字を削減することができるが、需要面で経済にマイナスの影響を与える。したがって、歳出構造の見直しをするのか否か、しないのであれば20年余りの短期間で急速に負担を顕在化させることに国民が同意できるか、もしくは現在のように財政赤字で負担の顕在化をできるかぎり避ける形を果たして続けることができるか、ということがわが国に課せられた課題になる。

次節では、現在わが国がおかれた財政状況をみることで負担の先延ばしの可能性について考えてみよう。

2．財政の現状

政府が借金をして国民に負担を求めることを先延ばしできるかどうかを考えるには、まず政府の借金の残高が現在どの程度なのかを把握する必要がある。図1-4は、2005年現在の国、地方をあわせた政府の債務残高を一国の経済が1年間に生み出した付加価値の合計である国内総生産（GDP）に対する比率で表して、諸外国と比較したものである。これによると、わが国の政府の債務残高はGDP比で173.1％と、GDPを全て債務の返済に充てたとしても足りない非常に高水準にある。諸外国と比較してもイギリスの3.7倍、高負担高福祉の国であるスウェーデンの2.9倍という群を抜いた規模であり、わが国の政府債務の状況は国際的にみてきわめて悪いことがわかる。

財政状況を把握するには、債務残高の水準に加えて、その残高が今後減少し改善に向かうのかそうでないのかをみることも非常に重要である。そのためには、政府の1年間の歳出・歳入の構造を把握しなければならない。図1-5は、社会保険部門を除く国と地方の歳入・歳出を純計したものである。これによると、現在わが国の財政は歳入の実に3割を借金（公債・借入金）で賄っている。借金の返済（公債費）に充てているのは歳入の2割であるので、歳入の1割に

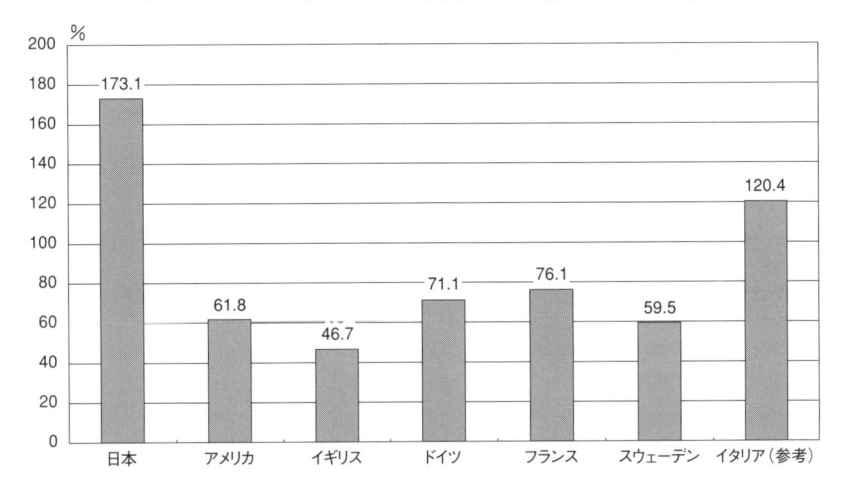

図1-4 対GDP比でみた政府債務残高の国際比較（2005年）

国	%
日本	173.1
アメリカ	61.8
イギリス	46.7
ドイツ	71.1
フランス	76.1
スウェーデン	59.5
イタリア（参考）	120.4

注）政府債務はグロス（総計）の値。
出所）OECD OECD *Economic Outlook* No.80 database

相当する額の借金が新規に生み出されている形となっている[7]。

このように、わが国の財政はフロー（収支）、ストック（残高）の両面にわたりきわめて厳しい状況にある。そのようななかで負担を先延ばしにすることは、債務残高の累増と後年度の利払い費の増加による財政収支の圧迫という悪循環を発生させることになり、とても永続できるものではない。前節で財政赤字の対国民所得比が急増した背景には、この悪循環が背景にある。したがって、わが国にとって長期的には財政赤字の削減が必要不可欠であるといえよう。特にわが国は人口構造が急速に高齢化するため、否応なく負担が増えていく。負担の急増をできるだけ避けようと思えば、歳出削減をするしかないのである。

では、どのように削減すればよいのであろうか。前節で述べたように、わが国は諸外国に比べ公共事業など社会保障関係以外への支出が多い。そのため歳出削減をする際には、それらを優先的に削減すればよいではないか、とまず思われるだろう。しかし、図1-5をみればわかるように、すでにわが国においても歳出に占める社会保障関係費のウェイトは非常に高く、実に歳出の4分の1を占める最大項目となっている。高齢化によって、社会保障関係費のウェイト

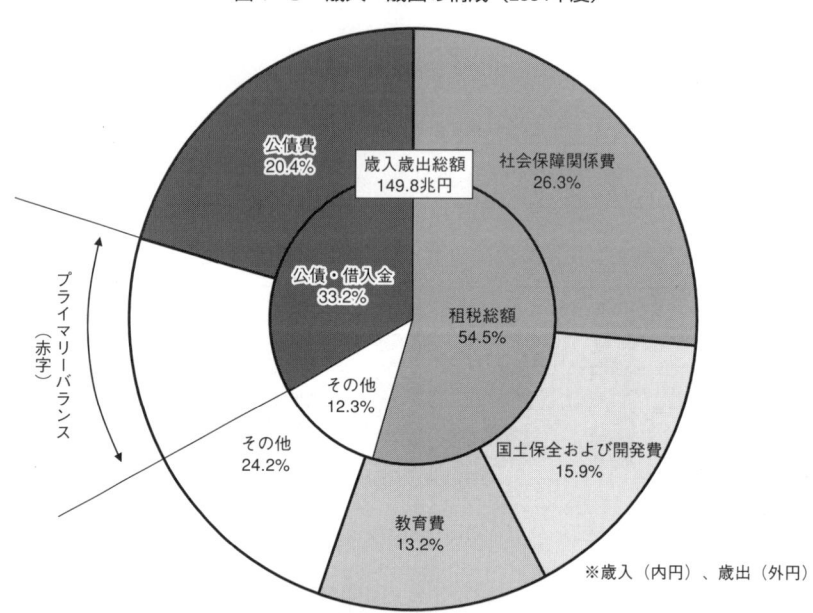

図1-5 歳入・歳出の構成（2004年度）

歳入歳出総額 149.8兆円

公債費 20.4%
社会保障関係費 26.3%
公債・借入金 33.2%
租税総額 54.5%
その他 12.3%
その他 24.2%
国土保全および開発費 15.9%
教育費 13.2%

プライマリーバランス（赤字）

※歳入（内円）、歳出（外円）

注）国と地方の純計対象は地方財政白書に準拠。
出所）総務省『地方財政白書（平成18年版）』、財務省『平成16年度一般会計歳入歳出決算書』『平成16年度特別会計歳入歳出決算書』より作成。

は何もしなくても今後高まっていく。そのような状況の下で、社会保障を聖域にして歳出見直しの対象から外すことは到底できない。社会保障の改革は、わが国の今後の財政運営や国民負担の行方にとって必要不可欠であるといえる。

3．社会保障一体改革の必要性

わが国において社会保障制度の改革が不可欠であるとしても、必要な社会保障まで削減することはわが国の経済・社会にとってマイナスである。したがって、社会保障の改革に対する基本姿勢として最も重要なことは、本当に社会全体でカバーすることが必要なものとは何なのかを常に問い続けることである。

では、どの視点からその作業を行えばよいのだろうか。一つは、国や地方といった公がサービス供給をカバーする必要があるかどうかという視点である。たとえば、わが国の公的医療保険制度や公的年金制度は皆保険・皆年金が成立して40

年以上も経過している。その間に、経済は大きく成長しており、かつて不可能と思われた分野の多くに民間活動がかかわっている。また医療や介護の市場は今後急速に拡大していくことが見込まれ、21世紀における成長産業ともいえる。個人の選択の幅を広げるためには医療・介護需要の増大を全て公的保険でカバーするのではなく、民間保険による供給を一層拡大させる余地は十分にあるといえよう。

　もう一つの視点は、多岐にわたり複雑化している社会保障制度を各制度別に考えるのではなく、一体的に考えて制度間の重複や無駄を整理しスリム化していくという、いわゆる「社会保障一体改革」という考え方である。わが国の社会保障制度は、既存の制度を引き継ぎつつ、それに改正を重ねたり新たな制度を付加する形で発展してきた、いわば継ぎ接ぎのような、非常に複雑な制度となっている。

　近年、国民年金の未加入が問題になるなかで、職業変更の際に手続きをし忘れたことが原因となっているケースがクローズアップされ、制度の簡素化を求める声が高まったことは記憶に新しい。このように職業別に扱いが異なっている制度は年金制度にとどまらない。表1-1は、20歳以上の国民がどのような社

表1-1　20歳以上の職業別にみた加入社会保険制度

主たる生計者	年金	医療	介護	業務災害・雇用
民間企業のサラリーマン	厚生年金	組合管掌健康保険（大企業）政府管掌健康保険（中小企業）	介護保険40歳以上居住市町村	労働者災害補償保険雇用保険
国家公務員	国家公務員共済			国家公務員災害補償 —
地方公務員	地方公務員共済			地方公務員災害補償 —
私立学校教職員	私立学校教職員共済			労働者災害補償保険雇用保険
自営業 学生（アルバイトなし）	国民年金	国民健康保険（居住市町村）		—
パート・アルバイト	国民年金（条件次第で厚生年金）	国民健康保険（居住市町村）（条件次第で組合or政管）		労働者災害補償保険（条件次第で雇用保険）
高齢者（退職）	加入していた制度より給付	老人保健制度（75歳以上）		—

出所）『保険と年金の動向2006年』より筆者作成。

会保険制度に加入しているかを職業別に示したものである。サラリーマン、自営業という職種によっても加入先が異なるだけでなく、民間企業のサラリーマン同士でも、医療に関して大企業のサラリーマンは組合管掌健康保険に加入し、中小企業のサラリーマンは政府管掌健康保険に加入するという具合である。公務員についても、国家公務員と地方公務員で加入先が異なる。このような制度の分立は、創設当時から問題とされてきたが、現在に至るまで解消されていない。

社会保障制度を改革するには、このような複雑な制度を、年金や医療、介護、生活保護、児童手当等々、個別の内容を検討することはもちろんのこと、ライフスタイル、世代別、職業別、所得階層別など様々な角度から見直す、という困難な作業が要求される。なかでも、年金・医療・介護は給付全体の約90％[8]と大きなウェイトを占めており、これら社会保険の改革が社会保障一体改革の中心を成すことになる。

以降の章では、個別の制度ごとにその現状と課題を、官民の役割分担と社会保障一体改革の観点から他の制度との関係を意識しながら詳細に検討し、改革の方向性を述べていく。

COLUMN

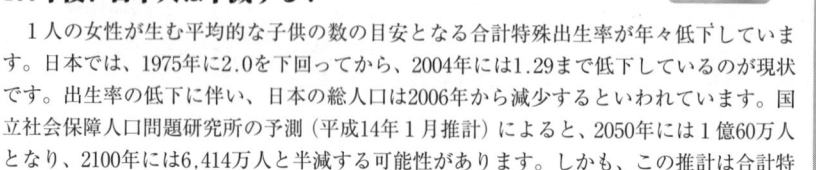

100年後、日本人は半減する？

1人の女性が生む平均的な子供の数の目安となる合計特殊出生率が年々低下しています。日本では、1975年に2.0を下回ってから、2004年には1.29まで低下しているのが現状です。出生率の低下に伴い、日本の総人口は2006年から減少するといわれています。国立社会保障人口問題研究所の予測（平成14年1月推計）によると、2050年には1億60万人となり、2100年には6,414万人と半減する可能性があります。しかも、この推計は合計特殊出生率が2025年以降約1.38に回復するという楽観的な見通しに基づいたものです。

人口の減少は、経済に大きなインパクトを与えます。人口が半分になれば国内の消費市場の規模も半減してしまいます。人口の減少に応じて、国内市場向けの生産も半減させなければなりません。もっとも人口の減少は悪いことばかりともいえません。東京ディズニーランドでの行列もだいぶ短くなるでしょう。少子高齢化が問題とされていますが、老人の数も2043年をピークに少しずつ減っていきます（ただし子供の数の減り方の方が大きいので高齢者人口比率はしばらくは上昇していきます）。もともと日本の人口は、江戸時代には3,000万人程度だったわけですから、6,000万人が適正規模かもしれませんね。

（橋本　恭之）

1) 日本における具体的な社会保障制度としては、社会保険、公的扶助、社会福祉、公衆衛生及び医療、恩給および戦争犠牲者援護がある。詳細については、第7章を参照のこと。
2) 日本国憲法第25条および総理府社会保障制度審議会『社会保障体制の再構築（勧告）～安心して暮らせる21世紀の社会を目指して～（平成7年7月）』第1章第1節を参照。詳しくは第7章で述べる。
3) 総理府社会保障制度審議会『社会保障体制の再構築（勧告）～安心して暮らせる21世紀の社会を目指して～（平成7年7月）』。
4) 国民所得とは、一国の国民の経済規模を表す指標の一つで、雇用者報酬、財産所得、企業所得の総和である。
5) 他にも、社会保障負担のなかに将来の給付に備えて負担している部分が含まれていることや、政府が借金をしている状況では社会保険料負担以外の給付の財源として租税か借金のどちらが充てられているか区別できないことにより、現在の給付と完全に対応させることが難しいというのがその理由として考えられる。
6) 川瀬・北浦・木村・前川（2007）を参照。
7) このように歳入・歳出のうち公債関係の項目を除いた収支をプライマリーバランスという。
8) 厚生労働省『社会保障の給付と負担の見通し―平成18年5月推計―』によると、2006年度当初予算の社会保障給付費は89.8兆円で、うち年金47.4兆円、医療27.5兆円、介護6.6兆円となっている。

【参考文献】
川瀬晃弘・北浦義朗・木村真・前川聡子（2007）「2004年年金改革のシミュレーション分析」『日本経済研究』No.56, 近刊
厚生統計協会『保険と年金の動向2006年』
厚生労働省『社会保障の給付と負担の見通し―平成18年5月―』
厚生労働省『平成13年版　厚生労働白書』
財務省『平成16年度　一般会計歳入歳出決算書』
財務省『財政関係諸資料（平成16年8月）―国民負担率の国際比較』
財務省『財政関係諸資料（平成18年9月）―国民負担率の推移（対国民所得比）』
財務省『平成16年度　特別会計歳入歳出決算書』
総理府社会保障制度審議会『社会保障体制の再構築（勧告）～安心して暮らせる21世紀の社会を目指して～（平成7年7月）』
総務省『地方財政白書（平成18年版）』
OECD（Organisation for Economic Co-operation and Development）OECD *Economic Outlook* No.80 database
UN（United Nations）*World Population Prospects: The 2004 Revision*

第2章　年金制度の現状と2004年年金改正

山口　耕嗣

　老後の所得保障を基本的な役割とする公的年金制度。日本では、1961年に皆年金体制を整えたが、歴史的な経緯もあって複雑な制度になってしまった。その後も経済構造の変化に伴い、大きな改革を何度も繰り返してきた。その経緯と現状をここでは解説する。

1．公的年金制度のしくみ

(1) 加入制度

　わが国の公的年金制度は、図2-1に示したように、20歳以上60歳未満の国民全てが加入する制度（国民年金）を基盤とし、その上で職業ごとに異なる制度に加入するという、二階建て（ないし三階建て）の制度となっている[1]。具体的には、一般の民間サラリーマンは国民年金と厚生年金保険、公務員は国民年金と共済組合というように同時に二つの制度に加入し、自営業者や学生、サラリーマンの被扶養配偶者（専業主婦等）は国民年金のみに加入することになっている[2]。

　とりわけ国民年金においては、民間サラリーマンや公務員（被用者という）の被保険者を第2号被保険者、その被扶養配偶者を第3号被保険者、それ以外の自営業者や学生などを第1号被保険者と呼んでいる。わが国は、この国民年金によって全ての国民が公的年金制度に加入する、いわゆる国民皆年金体制を実現している。

　なお、公的年金と関連のある年金制度に、企業年金である厚生年金基金や自営業者などを対象とする任意加入の制度としての国民年金基金がある[3]。特に

第2章　年金制度の現状と2004年年金改正

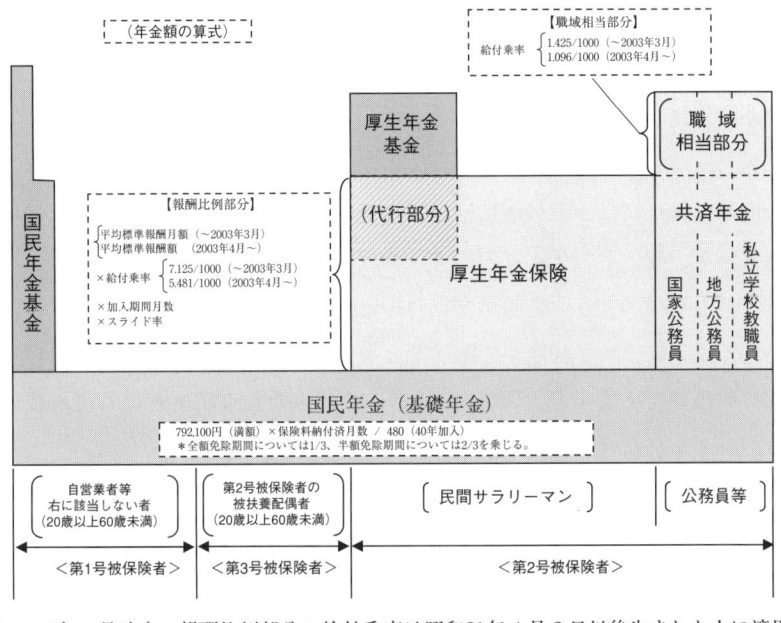

図2-1　公的年金制度の加入制度、給付の姿

注）2006年9月時点。報酬比例部分の給付乗率は昭和21年4月2日以後生まれた人に適用される数字。

　厚生年金基金は、企業年金として各企業が公的年金に対して独自の上乗せ給付を行うだけでなく、公的年金として老齢厚生年金の一部を代行給付している点で、適格退職年金など他の企業年金と異なっている[4]。

　公的年金制度がこのように職業によって加入先の異なるものとなったのは、制度発足の経緯に由来する。わが国の年金制度は、古くは軍人・官吏（現在の公務員の一部に該当）への恩給にさかのぼることができ、その後、労働者に対して船員保険、厚生年金保険や様々な共済組合が創設され、最終的に1961年にそれまでにカバーされなかった自営業者等に対して国民年金（現在と異なる）が創設された。

　当時は、現在のように厚生年金や共済組合に加入する者を国民年金に同時加入させる形となっておらず、完全に職業ごとに分立した制度となっていた。しかし、産業構造の変化によって衰退産業で被保険者数が減少し、制度間で高齢

化率に差が出るなど、財政状況の制度間格差が問題となってきた。そこで、年金財政の安定化を図るべく、1985年の改正により国民年金を自営業者等だけでなく、国民に共通の基礎年金に改組することになった。現在の制度は、この1985年改正による枠組みが基本となっている。

(2) 給付

公的年金給付には、高齢期に受け取る老齢年金、障害を負ったときに受け取る障害年金、配偶者の死亡などにより受け取る遺族年金の3種類がある。ここでは、最も規模の大きい老齢年金給付のしくみについて解説をする。

1985年改正によって制度が二階建てとなったのにあわせて、年金の給付も同じ様に二階建てとなった。図2-1には、先にみた加入制度とともに現在の制度における年金給付の算式も示してある。

一階部分の基礎年金は、25年以上の加入を支給の要件とし、40年加入で満額支給される。支給開始は原則65歳からである。給付額は、2006年度現在、満額で年間792,100円（月額66,008円）となっており、保険料の納付月数や免除期間に応じて減額されるしくみとなっている。

一方、二階部分にあたる厚生年金と共済年金（うち報酬比例相当部分）は、同制度の加入履歴があり、かつ基礎年金の支給要件を満たしていることを支給の要件とする。支給開始年齢は原則として基礎年金と同じ65歳からである[5]。給付には、退職して受け取る老齢年金と、働きながら受け取る在職老齢年金の2種類がある。老齢年金は、過去に納めた保険料に応じて決まる報酬比例年金となっており、現在の価値で再評価した勤労期間の収入の平均に、給付乗率（生年によって異なる）と加入期間、物価スライド率を乗じて給付額を算出する。一方、在職老齢年金は、図2-2のように勤労収入に応じて老齢年金の給付額が減額される形で給付される。

以上みてきた給付の算出方法には、公的年金の特徴となっている、年金額の実質的な価値を維持する二つのしくみ（賃金スライド・物価スライド）が組み込まれている。一つは、支給開始時の年金額を決定する際に年金額をその時の経済実勢にあった価値にするためのものである。5年ごとの財政再計算において、基

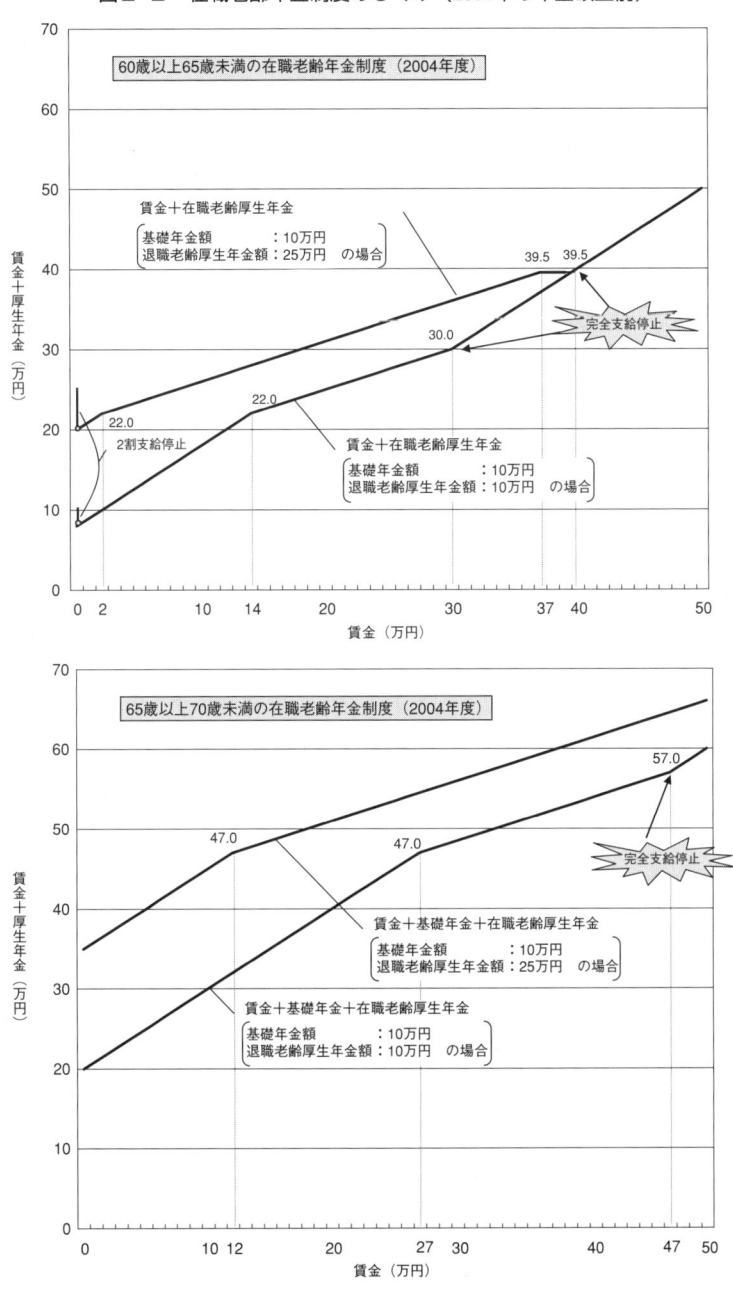

第 2 章　年金制度の現状と2004年年金改正

図2-2　在職老齢年金制度のしくみ（2004年の年金改正前）

礎年金については国民生活の動向にあわせた政策改定を行い、報酬比例年金については年金額の算定基礎となる過去の報酬を賃金動向（可処分所得の上昇率）に応じて再評価をする（賃金スライド）というしくみが適用されている[6]。いま一つは、支給開始時に決定された年金額のその後の実質価値を維持するためのものである。支給開始時に決まった年金額を物価の変動（消費者物価の上昇率）に応じて毎年調整させるしくみ（物価スライド）になっており、基礎年金と報酬比例年金の両方に適用されている。

たとえば厚生年金の受給者の場合、65歳で新たに年金が支給される時（新規裁定）には、賃金スライドにより現在の価値に変換した過去の報酬に比例して給付額が決定され[7]、66歳以降のすでに年金をもらっている時（既裁定者）には65歳の時に決定された年金額が物価スライドで調整されて給付されることになる。

賃金スライドは、高度成長期前の賃金水準が現在と比べるときわめて低く、保険料拠出額も現在と比べると低かったため、そのまま当時の拠出金額を基準にして年金給付額を決定すると、少額の年金しか受け取れなくなってしまう事態を避けるために設けられたものである。また、物価スライドも、インフレによって年金額の実質価値が低下するのを防ぐためのものである。

(3) 保険料負担

上に述べたような加入制度や給付に対し、保険料負担については、1985年改正以後も基本的に職業ごとに保険料納付先が異なる従来の形が残された。図2-3は、2005年時点の保険料負担のしくみを図2-1の加入制度や給付のしくみと対比する形で示したものである。

自営業者や学生等は、一階部分の保険料として定額の国民年金保険料を負担する。2006年度における保険料は月額13,860円で、所得によっては減免される[8]。一方、民間サラリーマンや公務員は、保険料を報酬に比例して負担する。このとき、保険料は雇い主と折半する。2006年9月時点における厚生年金保険料率は労使合わせて14.642％であり、本人の負担はその半分の7.321％である。なお国家公務員、地方公務員、私立学校の教職員の保険料率は、それぞれが加

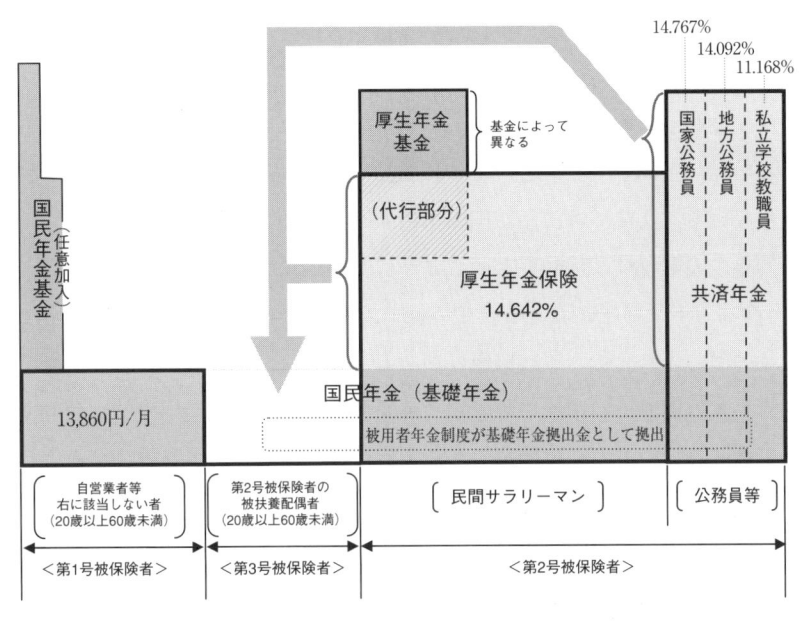

図2-3 公的年金制度の負担の姿

注) 2006年9月時点。被用者年金の保険料は労使計の数字。

入する共済年金の財政状況を反映したものとなっている。

　被扶養配偶者（専業主婦等）の保険料負担に関しては、その配偶者（婚姻相手）の職業によって扱いが異なっている。自営業者の場合、被扶養配偶者であっても国民年金制度上は第1号被保険者とされ、定額の保険料を納付しなければならないのに対し、同じ国民年金の加入者である民間サラリーマンや公務員の被扶養配偶者（国民年金第3号被保険者）には、直接の保険料負担は無い。第3号被保険者の国民年金保険料は、図2-3にあるように、その配偶者の加入する制度が負担することになっている。つまり、配偶者や独身の加入者達が負担する保険料のなかに含まれることになる。

　保険料に関する自営業者とサラリーマンとの違いは、定額と報酬比例という負担の形式やその配偶者の扱いだけではない。その徴収方法も異なっている。サラリーマンは給料から保険料を源泉徴収されるのに対し、自営業者等は保険

料を自主的に納付しなければならない。そのため、保険料を滞納する者も多く、近年問題となっている。この点については第5節で、その実態を詳しく述べる。

⑷　財政のしくみと方式

　公的年金制度は職業ごとに分立している側面があり、年金財政において収入（保険料）と支出（給付）がどのように結びついているのかが非常にわかりにくくなっている。ここでは、わが国の公的年金財政のしくみを解説する。

　公的年金の財政は、保険料と同じように基本的に職業ごとに分けられている。図2-4は、年金制度における資金の流れを表したものである。ポイントとなる資金の出し入れを行う銀行口座にあたるものは六つある。国の特別会計である国民年金特別会計の国民年金勘定と基礎年金勘定、同じく国の特別会計である厚生保険特別会計の年金勘定、そして国家公務員、地方公務員、私立学校教職員の三つの共済組合が、それである。

　国民年金特別会計の国民年金勘定、厚生保険特別会計の年金勘定、各共済組合では、それぞれ自営業者等、民間サラリーマン、公務員等の保険料収入、それまで各々で将来の給付に備えて積み立てられてきた積立金およびその運用収入、国庫負担を元に支出が行われる。支出は主に2種類ある。受給者への二階部分の給付、そして一階部分の給付のための支出である。ここまでは完全に職業ごとに分かれたものとなっている。

　一方、職業間で共通化されている部分もある。それが基礎年金の給付を行う部分であり、国民年金特別会計の基礎年金勘定がその役割を果たしている。基礎年金の給付は職業ごとの各年金会計が直接行うのではなく、いったん各会計から一階部分の給付のための資金を基礎年金勘定という共通の口座に集めてから、同勘定が一元的に給付を行うしくみとなっている。一階建ての保険料、二階建ての給付という複雑な制度のからくりは、このような基礎年金のしくみに由来する。

　資金の流れに続いて把握しなければならないのが、年金の給付と負担の収支尻をどのようにあわせるかという、資金繰りの問題である。わが国の公的年金は、加入者が勤労期間中に保険料を負担し、退職後に給付を受けるという保険

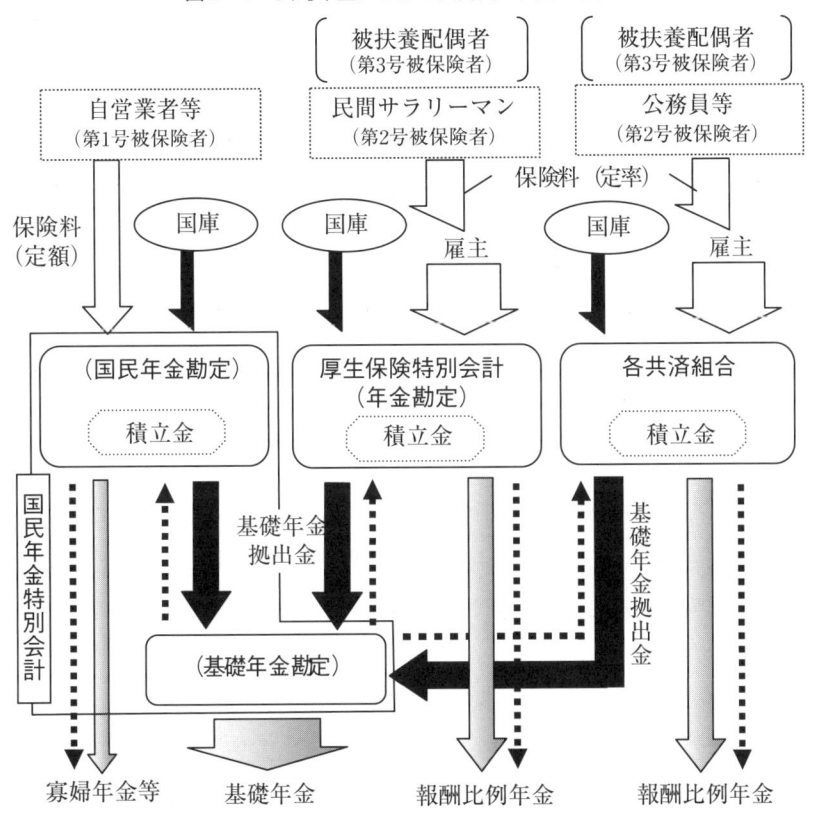

第2章 年金制度の現状と2004年年金改正

図2-4 公的年金における会計間の資金の流れ

点線の矢印は、1985年改正以前の旧制度における基礎年金に相当する給付（みなし基礎年金）に関する資金の流れを表す。
いったん現行の基礎年金と一緒に拠出したのち、交付金として再び独自給付を行う各制度会計に戻し、そこから給付する形をとる。

方式を採用しているため、各会計では保険料の納付実績に基づいた給付が行われなければならない。

　一般に、このような年金の収支をやりくりするために用いられる財政方式には積立方式と賦課方式の2種類がある。積立方式とは、保険料を集めてそれを積み立て、積立金とその運用収入を元手に給付を行う財政方式である。一方、

賦課方式とは、毎年の年金給付の財源を事前の積み立てによらず、全てそのときの加入者の保険料に求める財政方式である。

　財政方式に加えて重要なのが、給付を確定するか、拠出を確定するかという方式の選択である。保険料に応じて給付が決まる拠出建ての年金では収入の規模に応じて支出を決める形の財政となる。他方、約束した給付が賄えるように保険料を決める給付建ての年金では必要な支出の規模を賄うために財源を調達するという形の財政となる。

　わが国の公的年金には、給付の実質価値を維持するしくみがあるなど、一階部分の基礎年金、二階部分の報酬比例年金ともに給付建ての年金であり、各年金会計において積立方式に賦課方式の要素が加わった修正積立方式という財政方式で管理運営されている。

　このような二つの要素が加わった財政方式となったのは、歴史的な経緯に由来する。発足当初は給付建ての完全積立方式でスタートした。給付建ての積立方式は、運用環境の変化に応じて必要な積立金の規模を確保できるよう保険料を調整する方式である。しかし、高度成長期のインフレによって積立金の実質価値が大幅に低下する一方、保険料を引き上げることへの抵抗が強かったこと、年金給付額の充実を求める声が強かったことなどにより、最終的に積立不足を許し、賦課方式の性格を持つようになった。ただし、財政再計算においては徐々に保険料を引き上げることで将来的に積立不足を解消することを想定しているため、修正積立方式とよばれている。

　1985年改正を経た現在は、これに基礎年金拠出金という新たな要素が加わっている。基礎年金拠出金とは、その年の基礎年金給付のために職業ごとの各年金会計から基礎年金勘定へ拠出するお金のことである。その年の給付に必要な額の拠出を求める点から、基礎年金については完全な賦課方式ということができる。しかしその特徴は、各制度会計が負担する拠出額がその被保険者数に応じて決定されるという点にある[9]。

　仮に拠出金が基礎年金受給者の職業ごとの各年金会計への加入期間の合計に応じて決定されるとしよう。これは事実上、職業ごとの各年金会計が基礎年金

を直接給付することと同じことを意味する。各年金会計は修正積立方式という賦課方式の性格をもっているため、基礎年金給付に限ると、その財源の一部は被保険者の保険料に求めなければならない。しかし、産業構造の変化によって、受給者数に対する被保険者数の規模は制度間で格差が生じており、それが財政状況の格差にもつながっている。このような状況下で、各制度会計が基礎年金を直接給付することは、公的年金全体の財政の安定化には寄与しないことになる。被保険者数に応じた拠出というしくみは、この点を考慮したものだったのである。

　加えて基礎年金拠出金に対しては、さらなる安定化を図るため、国の財政が一定割合を負担するしくみ（国庫負担）が導入されている[10]。つまり、基礎年金の財源には保険料だけではなく、公費も投入されているのである。公費のうち税は、保険料を負担する勤労世代だけでなく受給者である高齢者も負担している。また財政赤字分は、現世代だけに負担を負わせず将来世代にも負担を求めることを意味する。

　現在では、このように様々な政策手段によって年金財政の安定化が図られている。しかし同時に、基礎年金の導入という一部制度の一元化によって本来簡素化されるはずの年金制度がかえって複雑となり、問題の多くが見えにくくなってしまった側面もある。さらに、公的年金を議論する際には、もはや年金制度だけをみるだけでは不十分であり、国の財政までも視野に入れる必要が生じている。

２．2004年の年金改正の概要

　2004年の改正は、人々のライフスタイルの多様化への対応に関する部分と年金の財政方式にかかわる部分に大別することができる。表２-１は、その概要をまとめたものである。

　ライフスタイルの多様化への対応に関する改革の大きなものとしては、在職老齢年金の改革が挙げられる。これまで、在職者の老齢年金をその収入に応じて一部支給停止するという在職老齢年金の制度は、70歳未満の者を対象として

表2-1　2004年の年金改正の概要

	改正前	改正後
厚生年金保険料率	13.58％から段階的に引上げ 最終（見込み）は22.8％	2004年10月から毎年0.354％ずつ引上げ 最終18.30％で固定
国民年金保険料	13,300円/月から段階的に引上げ	2005年4月から毎年280円ずつ引上げ 最終（2017年）16,900円/月で固定
国庫負担	基礎年金に要する費用の1/3	基礎年金に要する費用の1/2
年金改定方法	物価スライド+賃金スライド	マクロ経済スライドの導入
在職老齢年金	60歳代前半の在職者は賃金の多寡にかかわらず一律2割支給停止（図2-2参照）	一律2割支給停止を廃止 70歳以上にも適用拡大

おり、なかでも60歳台前半の者に対しては、図2-2の上図にあるように、少しでも働くと老齢年金が一律2割支給停止されるしくみとなっていた。しかし、70歳を境に一律に在職者の年金の扱いを変えることや、勤労を理由に一律に支給停止することで賃金によっては年金と合わせた収入が働かない場合よりも減る場合を生じさせることは、高齢者の勤労選択を著しく歪めることになる。そこで2004年の改正では、在職老齢年金の適用を70歳以上にも拡大し、60歳台前半の一律2割支給停止措置を廃止するように改められることになった。

　ライフスタイルの多様化への対応に対して、もう一つの改正の柱である年金の財政方式に関しては、図2-1で示したような二階建ての基本構造を変えるほどのものではないが、これまでの年金の給付と負担の方法を大きく転換するものとなった。

　保険料については、2009年に基礎年金の国庫負担を１／２へ引き上げることでその上昇を抑えつつ[11]、最終的に国民年金保険料を月額16,900円（平成16年度価格）、厚生年金保険料率を18.3％に固定する方式が採用され、給付についてはマクロ経済スライドと呼ばれる自動的な給付削減方式が導入された。これまでの年金改正では、年金の給付水準を維持するために保険料率の段階的な引上

げが前提とされてきたのに対して、保険料率の段階的引上げを2017年までとし、その代わりに給付水準の方を抑制するという確定拠出型への転換が図られたことになる。

マクロ経済スライドとは、賃金スライド、物価スライドをそれぞれ被保険者数減少率と平均余命伸び率を勘案して調整するしくみのことである。保険料収入を決める大きな要素は、被保険者1人あたりの賃金と被保険者数で、給付総額を決める大きな要素は、1人あたりの年金給付額と受給者数である。これまでの制度では、1人あたりの賃金動向にあわせて賃金スライドを行っていたが、一方で、被保険者数の減少による保険料収入の減少や、高齢者が長生きをすることによる受給者数の増加を考慮していなかった。マクロ経済スライドは、これを考慮しようというものである。厚生労働省の予測では、賃金や物価の上昇分から差し引くスライド調整率は、2023年まで平均0.9%（被保険者数減少率0.6%、平均余命伸び率0.3%）になるとされている。

2004年改正の過程では、出生率のさらなる低下の公表の遅れが批判を浴びた。マクロ経済スライドのもとでは出生率の低下はスライド調整率を上昇させるので、年金給付が抑制される。しかし、少子化が一層進んだ場合には、マクロ経済スライドの調整期間を延長しなければならないという問題が残されている[12]。

この2004年改正において解決されずに残された問題点を指摘するためには、その改正が世代間や世帯類型間の拠出、負担構造にいかなる影響を与えることになるかを把握しておくことが必要である。そこで次節以降では、年金改正が家計に及ぼす影響をシミュレーションにより明らかにする[13]。

3．年金改正と世帯類型別の影響

年金給付水準の目安としてよく使われるのが所得代替率（新規裁定年金／可処分所得）である。所得代替率とは、現役で働いている者の所得と比べてどの程度の割合を年金受給者が獲得することになるかを示すものである。改正前までは、60%を確保することが目安とされてきたが、2004年の年金改正において

は、「標準的な厚生年金の世帯の給付水準は少なくとも現役世代の平均収入の50％を上回るものとする」とされた。

表2-2は、厚生労働省による世帯類型別の所得代替率の試算を示したものである。この表からわかるように、所得代替率50％が確保されるのは標準世帯（専業主婦世帯）だけであり、共稼ぎ世帯のそれは38.9％、男子単身世帯のそれ

表2-2 厚生労働省による所得代替率の試算

		2004年	2025年
夫のみ40年間就労（専業主婦世帯）	年金月額	23.3万円	23.7万円
	現役世代の手取賃金	39.3万円	47.2万円
	所得代替率	59.3％	50.2％
40年間共働き（共稼ぎ世帯）	年金月額	30.1万円	30.6万円
	現役世代の手取賃金	63.8万円	76.6万円
	所得代替率	45.9％	38.9％
妻は出産で一時退社しその後フルタイム就労＊	年金月額	27.4万円	27.9万円
	現役世代の手取賃金	55.3万円	66.4万円
	所得代替率	49.6％	42.0％
妻は出産で退社して専業主婦に＊＊	年金月額	24.4万円	24.8万円
	現役世代の手取賃金	43.4万円	52.1万円
	所得代替率	56.1％	47.5％
男子単身	年金月額	16.7万円	17万円
	現役世代の手取賃金	39.3万円	47.2万円
	所得代替率	42.5％	36.0％
女子単身	年金月額	12.9万円	13.1万円
	現役世代の手取賃金	24.5万円	29.4万円
	所得代替率	52.7％	44.7％

注１）＊妻は通算26年2月就労、＊＊妻は通算6年9月就労
注２）2025年時点の金額はその名目額を物価上昇率で現在価値に割り戻したもの
注３）年金月額は、夫婦なら2人分、単身なら1人分の基礎年金を含む。
出所）厚生労働省・社会保障審議会年金部会（第27回）資料

は36.0%となっている。

　所得代替率という指標は、あくまでも現役労働者と年金受給者の所得のバランスを示すものであり、世代間の助け合いの程度を示したものにすぎない。これから年金の保険料を納める世代の人たちにとっては、むしろ自ら支払った保険料と将来受け取る年金給付のバランスの方が関心を呼ぶだろう。そこで、年金給付が拠出に見合ったものになっているかを、給付負担比（年金給付／年金保険料）という指標で確認してみよう[14]。表2-3は、世帯類型別にそれを推計したものである。給付負担比が1を超える場合は、生涯にわたって受け取る給付総額が生涯にわたって支払う保険料負担総額を上回っていることを意味し、1未満の場合は逆に生涯負担が生涯給付を上回っていることを意味している。現行制度では、世帯類型間で給付負担比に大きな格差が生じている。最も高いパート世帯の1.44は、男子単身世帯の0.82と比べると、約1.79倍にも達する。男子単身世帯は、78歳という男子の平均寿命の短さもあり、納めた保険料に見合う年金給付が期待できない。また、基礎年金の受け取りでもパート世帯よりも不利である。単身世帯は、当然のことながら1人分の基礎年金しかもらえない。しかし、パート勤めの妻を持つ同じ年収の同僚は、保険料が同じであるのにもかかわらず、本人分と妻の分の2人分の基礎年金が支給される。

　2004年の年金改正は、パート世帯の給付負担比を1.2%改善し、男子単身世帯

表2-3　世帯類型別給付負担比

	専業主婦世帯	共稼ぎ世帯	パート世帯	男子単身世帯
改正前	1.36	1.11	1.44	0.82
改正後	1.40	1.13	1.46	0.84
変化率	2.7%	1.7%	1.2%	1.9%

注1）2004年時点で20歳である1984年生まれ世帯を想定した。
注2）年金保険料には雇用主負担分を含み、年金給付には遺族給付も含む。
注3）パート世帯には、20歳から26歳まで共稼ぎ、妻は27歳退職後、42歳から60歳までパートに復帰と想定した。
注4）寿命は平均寿命である男性：78歳、女性：85歳とおいた。
出所）橋本・山口（2005）

のそれを1.9%改善する。男子単身世帯の改善率の方が高いものの、格差解消には至っていない。なお、すべての世帯類型について給付負担比が改善しているのは、改革において保険料の抑制が国庫負担の引上げに伴い実施されるためである。給付負担比の分母には税負担が含まれないために、保険料から税へのシフトは見かけ上の給付負担比を改善させる[15]。世帯類型間の格差を是正する手法としては、パートや専業主婦にも保険料負担を求めるような措置などが考えられている。この問題は、第8章、第12章で扱う年金一元化問題とも関係している。

4．年金改正と世代別の影響

2004年の改正の影響が及ぶのは、世帯の違いによる給付水準の格差だけではない。現役世代の保険料負担をもとに年金給付を賄うという世代間扶養のしくみを一部取り入れている制度のもとで、保険料率の固定と給付の抑制を行うことは、世代間の負担と給付の関係にも影響を与えることになる。

表2-4は、生涯にわたる年金給付額と負担額との関係を世代別に推計した結果である[16]。この結果から明らかなのは、現状では、1930～50年生まれの世代が受益超過になっているのに対して、1970～90年生まれの若い世代については負担超過になるということである。たとえば1950年生まれと1990年生まれの給付負担比はそれぞれ1.06と0.44となっており、約2.4倍の世代間格差が生じている。

2004年の年金改正は、表2-4に示されているように、1930年生まれから1970

表2-4 2004年改正による世代別給付負担比の変化

	1930年生まれ	1950年生まれ	1970年生まれ	1990年生まれ
改正前	3.42	1.06	0.69	0.44
改正後	3.41	1.03	0.62	0.46

注）各世代の勤労者世帯（片稼ぎ世帯）の世帯主の負担と給付を想定。負担には雇用主負担分を含む。
出所）川瀬・北浦・木村・前川（2007）

年生まれまでの給付負担比を引き下げ、1990年生まれのそれを改善させる。これは、改正で設けられたマクロ経済スライド適用期間中に年金を受け取り始める世代（1930～70年生まれ）の年金給付が低下する一方、1990年生まれの若い世代については、保険料の引上げが抑制されるからである。この結果、1950年生まれと1990年生まれの改正後の給付負担比は、それぞれ1.03と0.46となり、改正前の約2.4倍から約2.2倍に世代間格差が縮小している。

しかしながら、それでも世代間格差は依然として存在し、その隔たりはまだ大きい。加えて、現時点ですでに負担超過となっている世代の中には、1970年生まれのように、2004年の改正で給付負担比が改善されずに、むしろ低下してしまう世代もある。

なお今後、出生率のさらなる低下が生じた場合には、マクロ経済スライド適用期間が延長されることになる。その場合、若い世代についてもマクロ経済スライドにより給付が削減されてしまうので、世代間格差是正につながらなくなる。

5．国民年金の未納・未加入問題

年金制度の持続可能性や世代間、世帯類型間の影響といった観点からの問題点に加えて、2004年の改正にあたっては、国民年金の未納・未加入問題が大きな注目を浴びた。未納・未加入が生じる基本的な原因は、自営業、大学生、非就業者等の国民年金の第1号被保険者は、加入や納付が自己申請・申告になっていることにある。

実際の未納者には、生活が困窮し保険料を支払えない人と意図的に支払わない人の双方が含まれる。生活困窮者に対しては免除制度があるものの、免除申請を怠っているケースもあると考えられる。社会保険庁『平成14年国民年金被保険者実態調査の結果（速報）』によると、未納者の64.5％が「保険料が高く、経済的に支払うのが困難」であることを未納の主要理由として回答している。次に回答割合が高かったのが「国民年金をあてにしていない、またはあてにできない」という年金制度への不信であり、未納者のうち15.0％がこの点を主要

な理由としている。

　一方、未加入者が発生する背景には、年金制度に対する不信感から自営業者が加入していないケースに加えて、サラリーマンが失業や転職等で厚生年金を脱退したときに、国民年金への加入を忘れるケースが考えられる。

　2004年度における国民年金の未納・未加入者は460万人（未納者424万人、未加入者36万人）であり、公的年金加入対象者全体（6,848万人）の6.7％を占める[17]。未納・未加入者は2003年度をピークに近年やや減少しているものの、それが国民年金保険料の納付率の低下を招いている[18]。1998年度に76.6％であった納付率は、2002年度に最低の62.8％を記録したのち2005年度の67.1％まで回復したが、以前に比べて低い水準のままであり[19]、この傾向が続けば、年金財政の悪化は避けられない。さらに、将来的には未納・未加入者が無年金者となり、生活保護の対象者となる可能性があることを考えると、年金だけではなく他の社会保障にとっても問題となる。無年金者への生活保護の財源確保まで考慮すれば財政全体にも影響を与えかねない。

　そこで、未納・未加入問題の解決に向けて、政府はさまざまな対策を打ち出している。2004年の改正では、多段階免除制度の導入、若年者に対する納付猶予制度の創設、強制徴収の強化や社会保険料納付証明書の発行、免除制度の周知、ポイント制（保険料納付実績（ポイント）や年金見込額の定期的な通知）等が実施されることになった。

　多段階免除制度では、従来の全額免除と半額免除に加えて、3／4免除と1／4免除の2段階が追加される。若年者に対する納付猶予制度では、本人が将来に保険料を負担できるようになった時点まで保険料の免除を認め、負担できるようになった時点から10年間は追納が可能になる。

　社会保険料納付証明書の発行は、所得税の申告の際にそれを添付した場合にのみ社会保険料控除の適用を認めるようにすれば、多少は納付率の向上につながるだろう。ポイント制の導入も、年金についての国民の周知を促すことにつながるといえるだろう。

　しかしながら、いずれの制度も抜本的な未納・未加入の対策とは言い難い。

多段階免除制度は申請をしなければ適用されず、保険料を納めなければ未納のままである。納付猶予制度も10年間の時限措置である。保険料実績（ポイント）を周知徹底しても、納付率向上には直接つながらない。保険料の強制徴収は、対象者の多さゆえに、ひどいケースを除いて実施することが難しい。2003年度の差押執行件数は29件にすぎない。政府は国民年金特別対策本部を引き続き設置し、収納対策の充実強化を掲げているが、既存の収納方法の強化にすぎない。

現行制度の下で年金に対する不信感を払拭し納付率を向上させるには、負担と給付を明確にして国民の理解と信頼を得るとともに、確実に徴収できる体制を早急に確立することが必要だ。それには、社会保険庁の業務の抜本的見直しだけでなく、社会保障番号の活用による徴収体制の整備、第16章で説明する社会保障個人会計の導入が有効である。また、第8章、第12章で説明する年金制度の一元化や、基礎年金部分の税方式での調達なども未納・未加入問題の解決につながる可能性がある。

COLUMN

正直者は損をする？国民年金

　国民年金の「未納」と「未加入」は似て非なるものです。いずれも支払うべき国民年金保険料を負担していないという点では同じですが、年金の受取に大きな違いが出てきます。「未納」の場合、年金は減額されて支給されますが、「未加入」の場合は支給される年金はゼロ、無年金となってしまいます。

　国民年金に加入さえしていれば、保険料を払っていなくても年金はちゃっかりもらえるの？！と不公平に思うかもしれません。これは本書で説明している基礎年金の国庫負担のせいなのです。基礎年金の財源の一部は保険料ではなく国庫負担（税収等）で賄われているため、国民年金に加入していれば保険料を負担していなくても国庫負担に相当する部分の年金は保障されるのです。2004年の改正で基礎年金の国庫負担割合は1/3から1/2に引き上げられることが決まりましたから、未納者であっても基礎年金支給額（加入期間に依存）の1/2は受け取れることになります。

　このことが周知されれば、今以上に未納者が増え、真面目な人がバカをみる不公平感が募る恐れが出てきます。いっそのこと基礎年金の財源を全額国庫負担にすれば未納自体がなくなりますので、不公平も解消されます。もちろん、その代わり財源確保のための増税は覚悟しなければなりません。みなさんなら、保険料と税、どちらの負担が良いですか？

（前川　聡子）

1) 民間サラリーマンや公務員については、20歳未満でも国民年金に加入する。
2) 厚生年金保険は70歳まで加入することができる。
3) 公務員の加入する共済年金については、厚生年金に相当する給付に加えて、企業年金にあたる職域相当の給付がある。ただし、厚生年金基金の運営主体が二階部分である厚生年金と別であるのに対し、共済年金では厚生年金相当と職域相当の給付を行う主体は同じである。このため、企業年金と同じように共済年金の職域相当部分を三階部分と呼ぶこともできるが、加入制度からみた場合には、企業年金が三階部分の制度であるのに対して、共済年金の職域相当部分は二階部分の制度ということになる。
4) 適格退職年金とは、法人税法で定められた14の適格要件を満たし、かつ国税庁長官の承認を受けた企業年金のことである。掛金のうち事業主負担分について損金算入できるなど、税制上の優遇措置を受けられる一方、近年は積立不足が問題となっていた。2002年の確定給付企業年金法の施行によって、2012年度末をもって廃止されることになった。
5) 基礎年金導入前の旧制度においては60歳から支給されていたため、2024年度(男性の場合。女性は2029年度)までは経過措置として60～64歳(生年により異なる)から支給される(60歳代前半の老齢厚生年金)。特に2012年度(男性の場合。女性は2017年度)までは、報酬比例年金だけでなく定額の特別支給もなされる。
6) 財政再計算とは、年金の給付と負担の将来推計のことで、将来にわたって年金財政の均衡を保つのに必要な改革(保険料の引上げなど)の計画を立てるために行われる。予測と実績のずれを定期的に将来推計に反映させるために、再計算は5年ごとに行われている。
7) 過去の報酬は再評価率表を用いて現在の金額に換算される。詳しくは社会保険研究所『年金の手引き』を参照されたい。
8) 免除制度には①法定免除と②申請免除の2種類がある。①法定免除は、生活保護受給者や障害年金等の対象者となる者(1級、2級)に自動的に認められる免除(届け出必要)。②申請免除は、所得が低く保険料の支払いが困難である場合に、申請によって承認されれば保険料免除が認められる。所得の水準によってa.全額免除とb.半額免除がある(毎年の申請が必要)。また免除ではないが、納付猶予を認める制度として「学生納付特例制度」と「若年者納付猶予制度」がある。「学生納付特例制度」は、大学、短大、専門学校等に在学する20歳以上の者で所得が一定以下である者を対象としており、「若年者納付猶予制度」は、30歳未満で申請者本人および配偶者の所得が一定以下の者を対象としている(毎年の申請が必要)。ただし、納付猶予期間は、加入期間に算入されるものの、年金額には反映されない点が免除制度と異なる。
9) このとき第3号被保険者については、その配偶者が加入する被用者年金制度の被保険者数に含めて計算される。
10) 地方公務員共済に関しては地方自治体が負担する。なお、基礎年金国庫負担割合は2003年度まで1/3で、後述の2004年改正によって2009年度までに1/2に引き上げられることとなった。
11) ただし、国民年金法等の一部を改正する法律には「所要の安定した財源を確保する税制の抜本的な改革を行った上で」とされているだけで、具体的な財源は確定していない。2004年度の税制調査会答申で打ち出された将来的な定率減税の廃止は、国庫負

12) マクロ経済スライドの期間については第8章第5節で詳しく述べる。
13) シミュレーションにあたっては、基礎年金に加えて報酬比例年金を受け取るサラリーマン世帯を対象とした。
14) 世代間の不公平をはかる指標としては他にも内部収益率(跡田・大竹 (1989))や世代会計(麻生・吉田 (1996))などもある。
15) 詳細は橋本・山口 (2005) を参照されたい。
16) 過去のデータを使わない世代会計の計測やコーホートデータを用いる計測との違いに関して、詳しくは前川 (2004) を参照されたい。
17) 未納者数は社会保険庁『平成16年度の国民年金の加入・納付状況』、未加入者数と公的年金加入対象者の全体は社会保険庁『平成16年公的年金加入状況等調査結果(速報)』より
18) 納付率とは、本来納付されるべき保険料に対する実際に納付された保険料の割合をいう。具体的には、納付率＝納付月数／納付対象月数×100　で計算される。
19) 社会保険庁『平成17年度の国民年金の加入・納付状況』より。納付率の低下は1998年度あたりからみられるようになってきたが、その低下がとりわけ顕著になったのが2002年度以降のことである。2001年度の納付率70.9%が2002年度には62.8%まで低下した。2002年度以降、それまで市町村が行っていた保険料の徴収業務を社会保険庁が一括して行うことになっており、この徴収業務の変更も納付率低下の一つの要因ではないかともいわれている。

【参考文献】

麻生良文・吉田浩 (1996)「世代会計からみた世代別の受益と負担」『フィナンシャル・レビュー』第39号，pp.1-31.
跡田直澄・大竹文雄 (1989)「税制改革と公的年金制度」『季刊社会保障研究』Vol.25, No.1，pp.76-86.
川瀬晃弘・北浦義朗・木村真・前川聡子 (2007)「2004年年金改革のシミュレーション分析」『日本経済研究』No.56，近刊．
橋本恭之・山口耕嗣 (2005)「公的年金改革のシミュレーション分析:世帯類型別の影響」財務省財務総合政策研究所PRI Discussion Paper Series (No.05A-01)、2005年1月1.
前川聡子 (2004)「社会保障改革による世代別受益と負担の変化」『フィナンシャル・レビュー』第72号，pp.5-19.
社会保険研究所『年金のてびき』
社会保険庁『平成14年国民年金被保険者実態調査の結果(速報)』
社会保険庁『平成16年度の国民年金の加入・納付状況』
社会保険庁『平成17年度の国民年金の加入・納付状況』
社会保険庁『平成16年公的年金加入状況等結果調査(速報)』

第3章　医療保険の現状

川瀬　晃弘・小川　亮

　日本人の平均寿命と健康寿命を国際比較すると、2004年の平均寿命は81.9歳（男性79.0歳、女性86.0歳）、2002年の健康寿命は75.0歳（男性72.3歳、女性77.7歳）と、いずれも男女ともに世界一の高さを誇っている[1]。こうした健康長寿な社会を生み出した要因は、栄養状態の改善や衛生状態の向上とわが国の高度な医療供給体制である。そして、それを支えてきたのが、すべての国民が健康保険証だけでどの医療機関でも受診が可能なフリーアクセスを基本とした、世界にあまり類をみない国民皆保険制度であるといわれている。

　その一方で、制度設計の失敗や急速な高齢化にともない、医療費は増大してきた。医療費の拡大は負担を増大させる側面もあるが、産業面からみればGDPの増大に貢献するものでもある。負担軽減のために医療費を削減すべきなのか、公的保険の範囲を抑制しつつその自由な拡大を認めていくのか、現在議論が進められている。本章では、医療保険改革の方向性を考えるために、医療保険制度の現状を明らかにする。

1．医療保険制度のしくみ

　われわれには病気になるというリスクがある。ひとたび病気になり医療を受けられなければ、なかなか回復しないばかりか死亡につながる可能性もある。病気の治療には多額の費用がかかり、特に一家の大黒柱が傷病のために働けなくなれば、収入は減るうえに医療費がかさみ家計は崩壊しかねない。このような疾病によるリスクを社会全体でプールし、必要な医療を保険給付するのが公的医療保険である。

わが国で最初の医療保険制度は、1922年に制定された健康保険法であるとされている。その後、1938年には農村を対象とした国民健康保険法が、1939年には雇用者を対象とした職員健康保険と船員を対象とした船員保険が設けられ、1942年に職員健康保険は健康保険制度に統合された。そして、1961年に全ての国民がいずれかの医療保険制度に加入する「国民皆保険体制」を確立した。しかし、さまざまな保険制度がそれぞれ独立して発展してきたという歴史的経緯のため、わが国の医療保険制度は複雑なしくみとなっている[2]。

(1) 加入制度

表3-1は、わが国の医療保険制度の概要をまとめたものである。保険事業を運営するために、保険料を徴収したり保険給付を行う運営主体のことを保険者という。現行制度は、職業によって加入する保険が異なる職域保険と、居住する地域によって保険者が異なる地域保険とに大別される。主な職域保険には、主として大企業のサラリーマンやその扶養家族が加入する組合管掌健康保険（以下、組合健保）、中小企業のサラリーマンやその扶養家族が加入する政府管掌健康保険（以下、政管健保）、公務員やその扶養家族が加入する共済組合などがある。サラリーマンであっても、勤め先の規模によって加入している健康保険が異なるだけでなく、組合健保については1,600近くも加入先が分かれている。政管健保は、政府（社会保険庁）が運営している。共済組合も、国家公務員については21、地方公務員については54もの組合が分立している。

一方、地域保険には市町村を保険者とする国民健康保険（以下、国保または市町村国保）があり、自営業者等を加入対象としている。ただし、国保のなかには被用者保険の退職者を対象とした退職者医療制度が含まれている。政管健保や組合健保に所属していたサラリーマンは、退職後には国保から医療給付を受け取ることになる。その財源は、退職者本人の保険料と政管健保、組合健保などの各被用者保険からの拠出金によって賄われている。

公的医療保険は、強制力を持つ社会保険として疾病によるリスクを社会的にプールする「リスク分散機能」を果たしている。しかし、高齢者については、病気になる確率が高い割に負担能力が必ずしも十分でないため、若年者と同じ

表3-1　医療保険制度の概要

制度名		保険者 (2005年3月末)	加入者数 (2005年3月末) 千人	医療給付 (2006年10月 以降) (一部負担)	財源 (2006年4月現在)	
					保険料率	国庫負担 ・補助
健康保険	一般被用者 政管	国	35,616	3割 ただし 3歳未満 2割 70歳以上 1割 (一定以上所 得者は3割)	8.2%	給付費の13.0% (老健拠出金分 16.4%)
	一般被用者 組合	健康保険組合 1,584	29,990		ー	定額(予算補助)
	健康保険法第 3条第2項被 保険者	国	28		1級日額150円 13級　3,010円	給付費の13.0% (老健拠出金分 16.4%)
船員保険		国	175		9.1%	定額
各種共済	国家公務員	21共済組合	9,711		ー	なし
	地方公務員等	54共済組合			ー	
	私立学校教職員	1事業団			ー	
国民健康保険	農業者自営業者等	市町村 2,531	51,579 市町村 47,609 国保組合 3,970		世帯毎に応益割 (定額)と応能割 (負担能力に応 じて)を賦課 保険者によって 賦課算定方式は 多少異なる	給付費等の43%
		国保組合 166				給付費等の32% ～55%
	被用者保険の 退職者	市町村 2,531				なし
老人保健		[実施主体] 市町村	(2005年2月末) 14,532 被用者保険 2,676 国民健康保険 11,857	1割 (一定以上所 得者は3割)	[費用負担] ・各制度の保険者　50% ・公費　　　　　　50% (公費の内訳) 国：都道府県：市町村 4：　　1　：　1 (2006年10月以降)	

注1) 老人保健制度による医療の対象者は、各医療保険制度加入の75歳以上の者(2002年9月末に70歳に達している者を含む)と65歳以上75歳未満の寝たきり等の状態にある者である。
注2) 国保組合の定率国庫補助は、1997年9月1日以降に政管健保の適用除外承認を受けて新規に加入する者とその家族については政管健保並みとする。
注3) 低所得者は、市町村民税非課税世帯に属する者等である。
出所) 厚生統計協会『保険と年金の動向2006年』pp.46～47より抜粋。

条件ではその機能を果たすことが難しい。そこで、75歳以上の高齢者及び65〜74歳の寝たきり等の状態にある者については[3]、老人保健制度により医療給付がなされている[4]。その財源は、上述の各医療保険からの拠出金と公費で賄われている。つまり、75歳以上の高齢者の医療給付は、各医療保険制度からの援助と税または借金で賄われていることになる。

(2) 保険料

組合健保、政管健保、共済組合といった職域保険では報酬比例の保険料が課される。保険料は、被保険者の標準報酬月額、標準賞与額に一般保険料率（介護保険第2号被保険者に該当する場合は一般保険料率と介護保険料率を合算した率）を乗じた額であり、これを毎月負担する。保険料は原則として事業主と被用者がそれぞれ半額ずつ負担するが、組合健保では事業主負担分を増加させることができるとされており、使用者側が多く負担している場合が多い。政管健保の一般保険料率は2006年4月現在8.2%となっているが、それ以外では保険料率は各保険で異なっている。

国保の保険料については、世帯ごとに定額と報酬比例の保険料もしくは保険税が賦課されることになっており、その定額保険料の水準や負担能力に応じた保険料率は地域ごとに決められている[5]。正確には、所得に応じて保険料を負担する所得割、資産に応じた資産割、被保険者数に応じた被保険者均等割、均一の世帯別平等割の四つの方法がある。これらのうち、所得割と資産割は応能負担（負担能力に応じた負担）であり、被保険者均等割と世帯別平等割は応益負担（受益に応じた負担）である。保険者は、応能原則と応益原則とを勘案しながら、これらの方法を組み合わせ総額に対する負担割合を決める。具体的には、4方式（所得割40%、資産割10%、被保険者均等割35%、世帯別平等割15%）、3方式（所得割50%、被保険者均等割35%、世帯別平等割15%）、2方式（所得割50%、被保険者均等割50%）のうちいずれか一つの方式に従うことになるが、どの方式であっても応能分と応益分の割合は50対50となっている。

(3) 公費

これらの医療保険は、加入者の保険料だけで運営されているのではなく、公

費が投入されている。公費負担は、税または借金で賄われるものであり、最終的には全て国民の負担である。公費負担の投入割合は制度によって異なっている。公費は、政管健保では給付費の13％にすぎないのに対して、国保では給付費の43％にのぼっている。老人保健については、給付費の50％が公費によって賄われている。

　実際に使った医療費に応じてそのまま保険料を徴収すると、収入の低い加入者の多い保険者や高齢者などの病気にかかりやすい加入者の多い保険者は、高額の保険料を課すことが必要となる。そのため、加入する医療保険の違いによって保険料負担に大きな差が生じないように、政府が公費で保険料収入の不足分を補填しているのである。

　組合健保や共済組合などの大企業のサラリーマンや公務員が加入する制度では、基本的に保険料だけで加入者の医療費を賄っている。中小企業のサラリーマンが加入する政管健保では、組合健保の加入者と比較すると加入者の収入が低い傾向がある。このため、医療費を保険料だけで賄うことは難しく、給付費の13％が公費によって賄われているのである。さらに、自営業者らが加入する国保では、収入が低い上に事業主負担もないため、平均して給付費等の約4割を公費によって賄っている。退職者医療制度は各保険制度からの拠出金で賄われるため公費は投入されていないが、老人保健制度は50％が公費によって賄われている。

(4)　自己負担

　医療サービスを受ける場合、患者は窓口で医療費の一部を自己負担として支払う必要がある。自己負担については、3割負担が原則である[6]。しかし、3歳未満の乳幼児は2割負担、70歳以上の高齢者は1割負担となっており、年齢によって自己負担には違いがある[7]。ただし、70歳以上の高齢者については、一定以上の所得があれば2割負担となり、経済的能力に応じた負担が求められるしくみとなっている。また、重い病気などで病院等に長期入院する場合や治療が長引く場合には医療費の自己負担額が高額となるため、自己負担には限度額が設けられており、限度額を超えた部分が払い戻される高額療養費制度があ

る。

　医療保険によって医療費の全額が給付されるとすれば、患者はかかった費用を正確に認識しないため必要以上に医療サービスを需要してしまう可能性がある。このように、医療保険があるために医療サービスを過剰に需要してしまうことを「モラル・ハザード」と呼ぶ。医療費の一部を自己負担にすることによって、患者は医療サービスの対価の一部を窓口で負担しなくてはならなくなるため、過剰な医療需要を抑制することができる。自己負担はモラル・ハザードを抑制するための一つの方策であるといえる。

2．医療費の現状

　図3-1は、国民医療費の推移を描いたものである。国民医療費とは、医療機関などにおいて国民が1年間に使った医療費の合計であり、保険給付分だけでなく患者負担分も含んだ額である[8]。1982年度に13.9兆円だった国民医療費は、2004年度には32.1兆円へと、22年間で約2.3倍に増加した。その対国民所得比は、

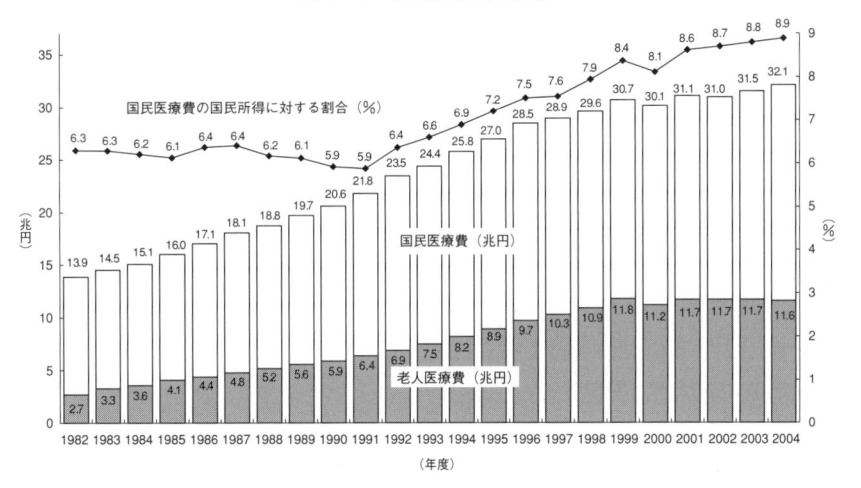

図3-1　国民医療費の推移

注1）国民所得は、内閣府発表の国民経済計算（平成18年5月発表）による。
注2）2000年度の介護保険の創設により老人医療費の一部が介護保険へ移行している。
出所）厚生労働省『国民医療費』『老人医療事業年報』より作成。

同じ期間に6.3％から8.9％にまで上昇している。

　国民医療費が増えてきた主な要因として考えられるのが、人口高齢化にともなう老人医療費の増大である。老人医療費は、1982年度に2.7兆円だったのに対して、2004年度には11.6兆円と、4倍以上に膨らんでいる。国民医療費に占める老人医療費の割合は、1987年度には19.5％だったものが、2004年度には36.1％になっている。

　2000年度に創設された介護保険は、この老人医療費の増大を抑制することを目的の一つとしていた。老人の介護を病院に押しつけるという「社会的入院」を減らすことで、老人医療費を軽減できると期待されていたわけである。確かに、2000年度の老人医療費の対国民所得比は、前年度の3.2％から2.9％へと減少した。しかし、早くも2001年度には再び3.2％に上昇してしまった。介護保険の導入により一時的には抑制効果が見られたものの、当初の予想ほど老人医療費の抑制にはつながらなかったということである。

　高齢化の進展は医療費を増大させる。高齢者は受療率が高く、いったん罹病するとその傷病期間も長期にわたるため、医療費も高額となる。2002年度でみて、1人あたり医療費は65歳未満が15.3万円なのに対して、65〜74歳では51.6万円、75歳以上では82.0万円となっていることから、高齢者の増大は確実に医療費を増大させる。

　厚生労働省の推計によると、国民医療費は2010年度に41兆円（対GDP比7％）、15年度に49兆円（同8％）、25年度には69兆円（同9.5％）にも達する[9]。諸外国では65歳以上の1人あたり医療費は65歳未満の2〜4倍であるのに対して、わが国のそれは4.9倍にも達している。それだけわが国の老人医療には効率化の余地があるといえよう。

3．医療保険財政の現状

　高齢化の進展によって増大すると予想される医療費を、今後どのような形で負担していくかは非常に重要な問題である。そこで、現在の医療保険制度がどのような形で支えられているかを確認しておくために、以下ではわが国の医療

第3章　医療保険の現状

保険財政についてみておこう。

各保険制度（政管健保、組合健保、市町村国保）の収支状況は、**図3-2**に示したように、90年代後半から悪化傾向にあったが、2003年4月から保険料が課される対象としてそれまでの月収（標準報酬）にボーナスまで加えた総報酬とする総報酬制が実施されたことや自己負担が3割に引き上げられたことなどを受け、近年は持ち直しの傾向がみられる。

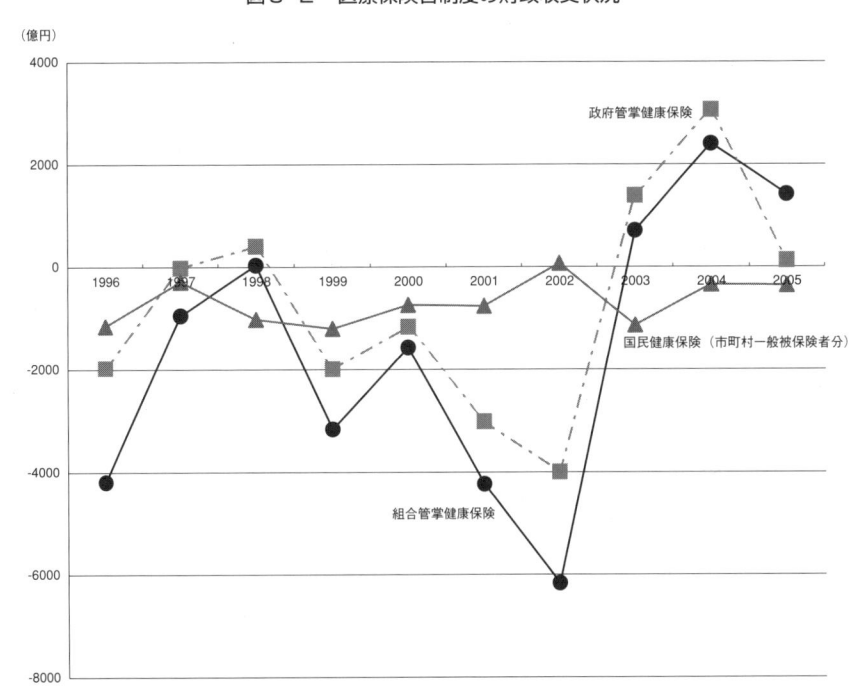

図3-2　医療保険各制度の財政収支状況

注1）2000年度以降については医療分の収支。
注2）国保2005年度の数値は見込み、組合健保の2005年度の数値は予算。
注3）国保の財政収支は、収入から基金繰入金・繰越金を除き、支出から基金積立金および年度繰上充用（欠損補填）金を除き、収支差は国庫支出金精算額を加味して算出。政管健保は単年度収支差。健保組合は経常収支差引額。
出所）厚生労働省資料『医療保険各制度の財政状況』、第22回政府管掌健康保険事業運営懇談会（2006年8月3日）資料『政府管掌健康保険の単年度収支決算（医療分）の推移』、健康保険組合連合会『健保組合適用・財政状況等の推移』、厚生労働省『国民健康保険（市町村）の財政状況について：速報（各年度版）』より作成。

自営業者や無職の者が加入している市町村国保の加入者平均年齢は2002年度で52.8歳（政管健保は37.1歳、組合健保は34.0歳）、老人加入率は同年度で25.1％（政管健保は5.4％、組合健保は2.6％）であり、他の保険制度と比べると疾病リスクが高いため医療費も高くなっている。そのうえ、1世帯あたり年間所得は153万円（2001年度厚生労働省推計）と、政管健保の237万円（同）や組合健保の381万円（同）より低く、低所得の加入者が多い。このように、市町村国保は財政状況が悪化しやすい性格を有しているため、赤字基調が続いている。2004年度には赤字保険者数が1,489となり、全体の約6割に達している。

　中小企業のサラリーマンが加入している政管健保では、保険料収入の低下と老人保健制度への拠出金の増加が赤字発生の原因となっている。保険料収入の低下は、この不況下で被保険者数が2000年度の1,945万人から2002年度には1,881万人へと減少していることに基因している。また、高齢化の進展にともなう老人保健制度に対する拠出金の増大も支出を増加させている。その結果、2002年度の赤字は6,169億円と過去最大となった。しかし、その後、平均標準報酬月額が下げ止まったことや被保険者数が増加したため保険料収入が増加し、2005年度には1,419億円の黒字となった。

　主に大企業のサラリーマンが加入している組合健保でも、赤字の原因は保険料収入の減少と拠出金の増大にある。被保険者数は1,518万人（2000年度）から1,479万人（2002年度）へと減少傾向にあり、保険料収入を低下させている。老人保健拠出金の増大も財政を圧迫している。2002年度には全体の約8割に相当する1,347組合が赤字を計上し、その総額は4,003億円に達している。2003年度からは、総報酬制の導入によって保険料収入が増加したり、7割給付の実施によって給付費が減少したため、収支は黒字に転じている。

　では、医療保険財政を圧迫している主な要因である老人保健拠出金とは何なのだろうか。図3-3は、老人医療費の負担のしくみを示したものである。老人保健制度は高齢者の医療費を現役世代が負担するしくみとなっており、老人が負担する一部負担金を除き、必要な費用は各保険制度が分担して負担する拠出金と公費により賄われる制度となっている。現在は、50％が各制度の保険者

第3章　医療保険の現状

図3-3　老人保険制度による老人医療費の負担のしくみ

老人医療費
11.2兆円（2005年度予算ベース）

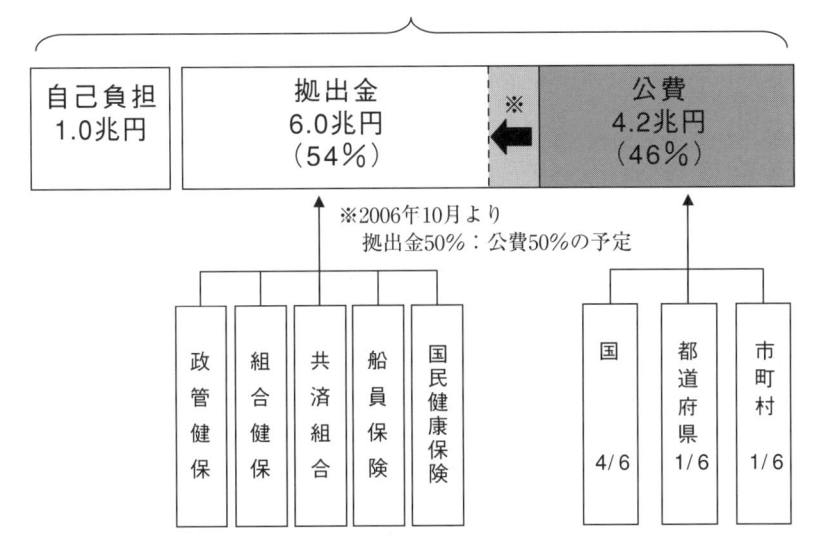

| 自己負担
1.0兆円 | 拠出金
6.0兆円
（54％） | ※ | 公費
4.2兆円
（46％） |

※2006年10月より
拠出金50％：公費50％の予定

拠出金の内訳：政管健保、組合健保、共済組合、船員保険、国民健康保険

公費の内訳：国 4/6、都道府県 1/6、市町村 1/6

出所）厚生労働省資料『老人保健制度による老人医療費の負担の仕組み』より作成。

からの拠出金、残りの50％が公費によって賄われている[10]。

　高齢者だけを別会計にして賄うのは、現役時代は被用者保険に加入している者も退職後は市町村国保に加入することから各保険者の老人加入割合には違いがあり、医療費のかさむ高齢者が国保に集中するためである。このような各々の保険者の責任に帰しがたい老人加入割合の差異による老人医療費の負担の不均衡を是正し、組合健保と比べ国保の負担が過大になるのを防ぐのが狙いである。

　各保険者の拠出金額は大きく分けて二つの要素で決まる。一つはその保険に実際に加入している高齢者が使った医療費であり、いま一つはその保険者の高齢者の加入率が全国平均と同じだと仮定して金額を調整する点である[11]。2002年度でみると、全ての医療保険の平均高齢者加入率は12.4％である。これに対し国保は25.1％、政管健保は5.4％、組合健保は2.6％となっている。簡

単にいえば、組合健保は自らの加入者が実際に使った高齢者医療費の約6倍の拠出金を支払っているのに、国保は実際の費用の約半分の拠出金を支払えば済むことになる。

このように、老人保健拠出金は老人医療費の負担を各保険制度で分担することで医療保険制度間の財政調整機能を果たしていることになる[12]。しかし、保険者の間で実際に使った費用と支出が異なる拠出金制度では、老人加入率の低い保険者の負担が高まる一方、全体として医療費の抑制効果も働きにくい。

4．診療報酬制度の現状

医療費の水準は医療機関の行動にも左右される。その行動に影響を与える要因の一つとして、診療報酬制度が挙げられる。診療報酬制度とは、医療機関が提供した保険医療サービスの対価を診療報酬の点数表に従って各種健康保険に請求し、受け取るシステムである。診療報酬とは、医師や保険薬局による検査・治療・投薬・調剤などの医療行為ごとの公定価格であり、医師の技術料など医療機関への報酬（本体部分）と薬価からなる。改定はほぼ2年に1度行われ、厚生労働大臣の諮問機関である中央社会保険医療協議会（中医協）が個々の診療行為の単価を決める。

診療報酬点数表は、個々の医療サービスを原則として1点10円として点数化したものである。表3-2はこれらの一部を示したものであり、たとえば初診料は270点（2,700円）、再診料は病院だと57点（570円）、診療所だと71点（710円）となっている[13]。つまり、この点数はさまざまな医療サービスの公定価格となっており、その決定を間違えれば医師や医療機関の行動を歪めてしまうことにもなりかねない。

診療報酬制度は従来、出来高払い制度のもとで運用されてきた。出来高払い制度とは、ある疾病に対する検査、注射などの診療行為に関する点数の合計を診療報酬とするものである。この方式のもとでは、時間をかけて投薬、検査などを繰り返す手厚い診療をすると点数が高くなる。

この診療報酬制度については、2000年度の見直しで入院基本料が導入された。

表3-2　診療報酬点数の例（平成18年4月～）

基本診療科	初診料	病院、診療所	270点
	再診料	病院	57点
		診療所	71点
	入院基本料	（例）一般病棟入院基本料 7対1入院基本料（1日につき）	1555点
特掲診療科	検査	（例）尿中一般物質定性半定量検査	28点
	画像診断	（例）写真診断（単純、胸部）	85点
	投薬	（例）調剤料（外来）（内服薬・頓服薬） 処方料（6種類以下の内服薬の投薬の場合） 薬剤料は別途薬価基準による	9点 42点
	注射	（例）注射料（皮下、筋肉内注射） 薬剤料は別途薬価基準による	18点
	リハビリテーション	（例）心大血管疾患リハビリテーション料（Ⅰ）	250点
	処置	（例）創傷処理（100平方センチメートル未満）	45点
	手術	（例）虫垂切除術	6210点
	麻酔	（例）閉鎖循環式全身麻酔（2時間まで）	6100点
	放射線治療	（例）体外照射（エックス線表在治療（1回目））	110点

注）1点の単価は10円
出所）厚生労働省・中央社会保険医療協議会総会（2006年2月15日）資料『平成18年度診療報酬改定について』および「しろぼんねっと」（http://shirobon.net）より作成。

　入院基本料とは入院治療を行うために基本的に必要な費用（診察料や看護料等）のことであり、これは従来の出来高払い制度から包括払い制度への一部移行を意図したものである。包括払い制度とは、ある疾病に対して、予め決まった診療報酬が支払われる制度である。この場合、医療機関としては、できるだけ少ない投薬量、検査で完治させた方が手取りは高くなる。この改正により、手術料などについては出来高払いが続く一方、入院に伴う諸費用は定額払いとなった。その後、2002年度改正では、診療報酬が初めて引き下げられた（マイナス改定）。

　薬価基準制度とは、保険薬として認可された薬剤に製造コストを考慮して公

定価格を定める制度である。しかし、従来からこの制度には薬価差益を発生させるという批判がある。薬価差益とは、薬価と実際に病院が購入する価格の差のことであり、医療機関の収入源の一つとなっていることから、その存在が不必要な投薬を招いているとされてきた。2000年度の見直しでは、従来の改訂前薬価の一定割合を加算するR幅方式（5％）から調整幅方式（2％）へと変更され、薬価基準が市場価格に近づけられることになった[14]。

厚生労働省『社会医療診療行為別調査』によれば、総点数に占める薬剤点数の割合を示す薬剤料比率は入院、入院外ともにやや減少傾向にある。一方、一日あたり点数をみると入院については増加傾向にあり、入院外についてはほぼ横ばいとなっている。入院基本料の導入という部分的な包括払い制度への移行では不十分だったことを示しており、入院コストの抑制には、診療報酬制度のさらなる見直しが必要である。

5．医療における地域格差の現状

近年膨張を続ける国民医療費だが、その一方で地域ごとにみると医療費にはかなりの格差が存在している。図3-4は、1人あたり国民医療費の地域格差を示したものである。一般的に医療費は「西高東低」といわれており、この図からも、中国・四国・九州といった西側の地域の方が医療費が高いことがわかる。

医療費の地域格差の原因の一つとして考えられるのが、「医師誘発需要」と呼ばれる考え方である[15]。医療サービスは通常の財・サービスと違い、患者の意志だけでその需要が決定されるとは限らない。たとえば患者が入院するかどうかには、供給側である医師や受け入れ能力を示す病床数が大きく影響すると考えられる。厚生労働省の推計（2001年度）でも、老人1人あたり入院医療費と人口10万人対病床数との間に正の相関があるとされている。

供給側の要因以外にも、都道府県別の高齢者比率や医療機関へのアクセス時間などが地域格差を生むとされている。また、予防医療への取り組みの差が医療費の地域差を生んでいる可能性もある。

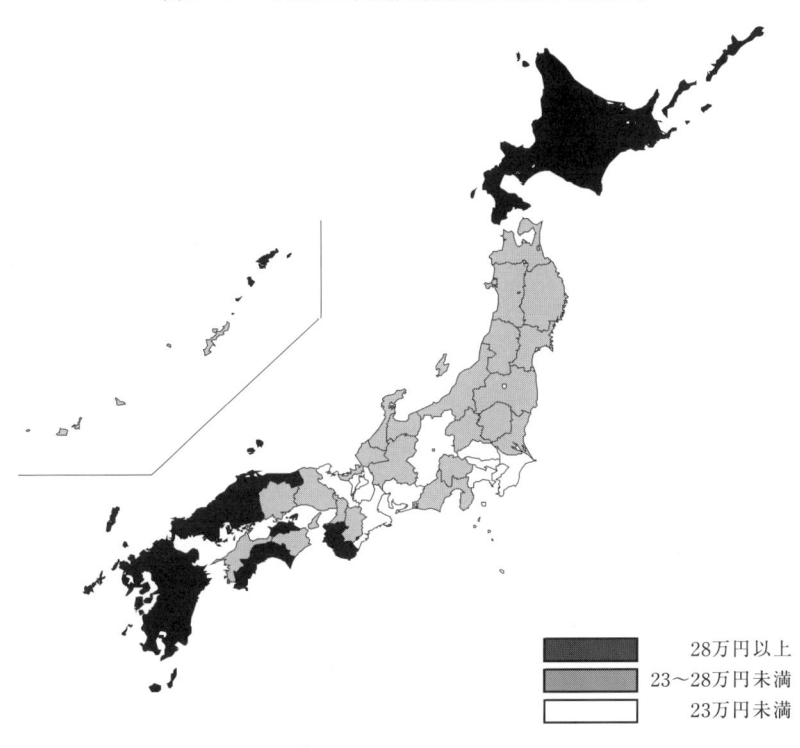

図3-4　1人あたり国民医療費の地域格差（2002年）

28万円以上
23～28万円未満
23万円未満

出所）厚生労働省『平成14年度国民医療費』より作成。

　地域間での医療費の格差の存在は、逆に効率的な医療を進めている地域から学ぶことで医療費の抑制が可能であることを意味する。表3-3は老人医療費の地域格差を示したものである。1人あたり老人医療費の全国平均が78.0万円であるのに対して、最低の長野県が63.5万円、最高の福岡県は96.5万円となっている。医師誘発需要理論が正しければ、この格差は病床数の違いで説明できることになる。しかし、長野県の人口あたり病床数は1,231であり、全国平均の1,420と比べてそれほど低いわけではない。さらに、人口あたり病床数が1,250とほぼ同水準の兵庫県（1人あたり老人医療費79.4万円）と比較すると、長野県の医療費の低さが際立っていることがわかる。

　国民健康保険中央会の調査では、長野県の老人医療費が低い要因として、高

表3-3 老人医療費の地域格差（2004年度）

	1人あたり老人医療費（万円）	人口10万対病床数	在宅死亡率（％）
全国平均	78.0	1,420	12.4
＜上位5県＞			
1．長野	63.5	1,231	15.5
2．新潟	65.1	1,301	15.9
3．山形	66.1	1,371	15.0
4．静岡	67.1	1,165	13.5
5．岩手	67.4	1,658	12.0
・			
40．兵庫	79.4	1,250	14.2
・			
＜下位5県＞			
43．高知	89.8	2,740	10.0
44．長崎	90.2	2,300	9.0
45．大阪	91.3	1,320	13.9
46．北海道	95.5	2,063	8.2
47．福岡	96.5	1,998	9.4

注）人口10万対病床数は、病院病床数と一般診療所病床数の合計から人口10万人に対する病床数を算出したものである。
出所）1人あたり老人医療費は厚生労働省『老人医療事業年報』。人口10万対病床数は厚生労働省『平成16年医療施設調査』より作成。在宅死亡率は厚生労働省『平成16年人口動態統計』

齢者単身世帯の比率が低いなど在宅ケアを可能にする条件が整っていることや在宅での死亡率が高いことなどが指摘されている。表3-3においても長野県の在宅死亡率が15.5％であり、全国平均の12.4％より高いことが確認できる。この事実は、終末期医療のあり方についても示唆を与えてくれる。病院で終末期を迎える場合は、延命治療により多大な医療費が投入されることになるから

である。

　このような地域格差の存在は、1人あたり医療費の高い地域において効率化できる余地があるということを意味している。したがって、いかに保険者に医療費効率化のインセンティブを促すかが重要である。国保のような市町村単位での取り組みでは財政基盤も弱く、保険者としての機能も低い。一方、政管健保のように全国一律では規模が大きすぎてきめ細かな対応ができない。保険者機能を有効に発揮するとともに、患者への予防医療教育なども徹底できる規模としては、県レベルが少なくとも必要だろう。保険者の再編を早急に検討・実施すべきである。

COLUMN

老人は何歳からか？

　みなさんは老人というと何歳からだと思いますか．世間では60歳になると還暦のお祝いをしますよね。会社の定年も60歳のところが多くなっています。でも最近では60歳でお年寄り扱いすると失礼ですよね。年金関係では、65歳以上が高齢者として取り扱われています。全ての国民に支給される基礎年金は、65歳支給です。サラリーマンに対しては退職を要件として60歳から特別支給の厚生年金が支給されてはいますが。医療関係では、以前は老人を対象とした老人保健制度に所属する年齢を70歳としていました。ところが、平成14年度の改正で老人保健の対象は70歳から段階的に75歳まで引き上げられることになりました。厚生労働省は、65歳から75歳までを前期高齢者、75歳以上を後期高齢者と呼んでいます。何歳から老人と呼んでもかまわないような気がしますが、1人あたりの老人医療費、高齢者人口比率といった統計指標によって年齢がまちまちなのは困りものです。

（橋本　恭之）

---

1) 健康寿命（Healthy Life Expectancy）とは、健康で自立した生活を送ることができる年数をいい、WHOにより報告されている（World Health Organization, 2004）。
2) わが国の医療保険制度の変遷に関するサーベイとして、小椋（1990）がある。医療保険制度史の詳細については、吉原・和田（1999）を参照されたい。
3) 2002年の改正により、老人医療の受給対象年齢は70歳以上から75歳以上に引き上げられた。
4) 40歳以上の者が検診を受けることを義務付ける内容も含まれるため「保険」ではなく「保健」となっている（池上（2002））。

5) 国保は1948年に市町村公営を原則とする強制加入の制度となったが、当時は住民の関心や認識が十分でなく、保険料と税とでは住民の義務観念に大きな相違があった。そのため、納付率を上げるべく1951年に地方税法の中に目的税として国民健康保険税が創設され、保険者である市町村は徴収金として保険料と保険税のいずれかを採用できることになった。それ以来、国保には全く同じ目的のために2種類の徴収金がある。詳細については、厚生省保険局国民健康保険課（1993）を参照されたい。
6) 窓口で支払う医療費自己負担のことを、健康保険法では「一部負担金」と呼ぶ。従来、一部負担金は2割負担が原則であったが、2002年の改正で2003年4月1日より3割負担に引き上げられた。
7) 3歳未満の乳幼児については、2002年の改正で少子化対策の観点から2002年10月より2割負担とされた。
8) ただし、国民医療費の範囲は傷病の治療費に限られているため、妊娠や分娩に要する費用や健康の維持・増進を目的とした健康診断や予防接種に要する費用などは国民医療費に含まれていない。
9) 厚生労働省『医療制度改革について』（第7回社会保障の在り方に関する懇談会（2005年3月18日）提出資料）参照。
10) 負担割合は、2002年9月までは拠出金70％：公費30％だったが、2002年10月から公費負担割合が1年に4％ずつ段階的に引き上げられ、2006年10月からは拠出金50％：公費50％となっている。
11) 各保険者の老人保健拠出金は、老人の負担する一部負担金を除き、細かな調整を無視すれば、以下のように計算される（詳細については『保険と年金の動向2004年』p.151参照）。

老人保健拠出金＝当該保険者の老人医療費×$\dfrac{老人加入率の全国平均}{当該保険者の老人加入率}$×（1－公費負担率）

12) これらの詳細については、勝又（1994）、一圓（1995）を参照されたい。
13) 病院と診療所のちがいは医療法第1条の5に規定されており、入院のためのベッドが20床以上あるものを「病院」、19床以下のものを「診療所」という。
14) 「R幅」とはリーズナブル・ゾーン（Reasonable Zone）の略であり、妥当な幅という意味である。従来の薬価は、2年ごとに薬剤の市場実勢価格の加重平均値に改正前薬価の一定割合を加算したものを新しい薬価としており、この上乗せ幅を「R幅」と呼んでいた。この「R幅方式」は、大きな薬価差益を生じて問題となった「バルクライン方式」に変わって1992年4月から採用された。薬価差益に対する批判が強まる中、1992年に15％あったR幅は1998年には5％に縮められ、2000年には2％に圧縮された上に、医薬品の流通安定のために最小限必要な調整幅という理由から「調整幅方式」という呼び方に変更された。
15) わが国の医師誘発需要に関する研究としては、西村（1987）、泉田・中西・漆（1998）、岸田（2001）がある。

【参考文献】

池上直己（2002）『ベーシック医療問題』日本経済新聞社
泉田信行・中西悟志・漆博雄（1998）「医師誘発需要仮説の実証分析：支出関数アプローチによる老人医療費の分析」『季刊社会保障研究』第33巻第4号，pp.374-381．
一圓光彌（1995）「医療保障における世代間移転」『季刊社会保障研究』第31巻第2号，pp.

142-150.
小椋正立(1990)「医療保険政策と年金保険政策」貝塚啓明・石弘光・野口悠紀雄・宮島洋・本間正明編『変貌する公共部門』有斐閣，第2章, pp.31-88.
勝又幸子(1994)「社会保障における制度間財政調整の現状と問題点」『季刊社会保障研究』第30巻第2号, pp.195-206.
岸田研作(2001)「医師誘発需要仮説とアクセスコスト仮説：2次医療圏、市単位のパネルデータによる分析」『季刊社会保障研究』第37巻第3号, pp.246-258.
厚生省保険局国民健康保険課編(1993)『平成4年度版・国民健康保険基礎講座』社会保険実務研究所
西村周三(1987)「医師誘発需要をめぐって」『医療の経済分析』東洋経済新報社, pp.25-45.
吉原健二・和田勝(1999)『日本医療保険制度史』東洋経済新報社
健康保険組合連合会『健保組合適用・財政状況等の推移』
厚生統計協会(2004)『保険と年金の動向2004年』
厚生統計協会(2006)『保険と年金の動向2006年』
厚生労働省『医療制度改革について』(第7回内閣府社会保障の在り方に関する懇談会提出資料(2005年3月18日))
厚生労働省『医療保険各制度の財政状況』
厚生労働省『社会医療診療行為別調査』(各年版)
厚生労働省『老人医療事業年報』(各年版)
厚生労働省『国民健康保険(市町村)の財政状況について：速報(各年度版)』
厚生労働省『国民医療費』(各年版)
厚生労働省『平成14年度国民医療費』
厚生労働省『平成16年医療施設調査』
厚生労働省『平成16年人口動態統計』
厚生労働省資料『老人保健制度による老人医療費の負担の仕組み』
厚生労働省・中央社会保険医療協議会総会(2006年2月15日)資料『平成18年度診療報酬改定について』
医療従事者支援サイト「しろぼんねっと」(オンライン)，入手先(http://shirobon.net)
第22回政府管掌健康保険事業運営懇談会(2006年8月3日)『政府管掌健康保険の単年度収支決算(医療分)の推移』
World Health Organization(2004) *The World Health Report.*

第4章　介護保険の現状

北浦　義朗

　2000年4月に介護保険が新たに導入された。それまでは、高齢者に対する介護サービスは福祉あるいは医療のなかで提供されていた。福祉として提供される介護では、行政がその必要性を「措置」として決定し、提供されるサービスに利用者の希望や選択がほとんど反映されなかった。医療面では、対象となる高齢者を一般病院に長期にわたり入院させる「社会的入院」という形で提供されていた。措置を受けられるのは比較的低所得層に限定され、病院に長期入院できるのは比較的高所得層に限定されていたため、多くの平均的所得層では高齢者の介護が家族介護とならざるをえなかった。それが社会問題化していた。

　加えて、高齢化の急速な進行にともなう寝たきりや認知症の高齢者の増加、核家族の増加や女性の社会進出等により家族介護が不可能になってきたため、社会介護の必要が強く主張されるようになった。そこで、医療費を削減するとともに、利用者が自由に介護サービスを選択できるようにするために、社会保険として介護保険制度が導入された。導入後5年を経過して、現在、予想以上の給付拡大が生じ、新たな改革が進められている。

　本章では、まず、介護保険制度の特徴に注目しながらその概要を説明する。その上で、予想以上の給付拡大の現状を示しながら、給付拡大の要因とその背景にある現行制度の問題点を明らかにする。

1．介護保険のしくみ

　現行制度を概観する前に、介護保険とはどのような保険なのか、他の社会保険（年金、医療）との違いに注目しながら、そのしくみを紹介しておこう。介

護保険制度の目的・意義・特徴を理解することによって、介護保険の現状を把握し、その中で何が問題なのかを明らかにすることができる。

(1) 介護保険とは

そもそも保険とは、将来発生する恐れのあるリスクへの備えを加入者同士でプールしあうしくみである。具体的には、加入者が予め保険料を拠出し、その保険料収入でリスクが顕在化したときにかかる費用を賄う。人が人生において直面するさまざまなリスクのうち、現代のように生活が豊かになり平均寿命が上昇すると、高齢時のリスクに備えることが必要となってくる。高齢時のリスクとしては、大きく分けて、働けなくなって所得がなくなるリスクと、身体機能が低下して自力では日常生活が営めなくなるリスクが挙げられる。介護保険は、このうち後者のリスクに対応するために設けられた保険であるといえよう[1]。

問題はなぜそれを公的な保険として行うか、という点である。保険という分野に政府が介入する必要が出てくるのは、民間保険で行うと、リスクの低い人は保険に加入せず、リスクの高い人だけが保険に入ってしまい、保険というリスクをお互いにプールしあうしくみ自体が成立しない場合である[2]。そのために、ニーズはあるにも関わらず民間保険が育たないという状況が生まれてしまう。

このように民間保険だけでは十分に機能することが難しい状況を受けて、政府が全国民をカバーする公的保険という形で対応したものが介護保険であると位置づけられる。

(2) 介護保険の特徴と制度の概要

高齢化が急速に進む中で、高齢時のリスクに備える社会保険を運営するためには、何よりも持続可能な財政を確立しなければならない。そのためには、負担面では公正な保険料負担を求め、給付面では公的給付の過度な拡大を抑えるしくみをつくることが重要となる。介護保険制度の導入にあたっては、既存の社会保険の経験と反省を踏まえ、加入対象者を絞って給付状況を反映させるような負担配分を設計するとともに、効率的な給付が行われるインセンティブが

働くよう民間事業者の参入を認めた。以下では、加入対象者、負担のあり方、給付体制の三つの側面から、既存の他の社会保険とは異なる介護保険制度の具体的な特徴を明らかにし、あわせて現行制度の内容を紹介しよう。

(3) 加入者

まず、加入対象者については、介護保険制度では、将来、介護を受ける可能性が高いというリスクに直面している中高年齢層に対象を絞っていることに特徴がある。身体機能が低下するかもしれないというリスクは誰もが直面するものの、その発生する確率は年齢が上がるにつれて上昇する。また、親が介護を受ける可能性も加齢とともに高まる。このことから、現行の介護保険制度では対象者の年齢が中高年に絞られたのである。

具体的には40歳以上の者が加入対象者となっている。このうち65歳以上の者は第1号被保険者、40歳以上65歳未満の者は第2号被保険者として、現役と高齢者とは区別されている。年金では20歳以上、医療では扶養者を含めると0歳からが対象者であることを踏まえると、40歳以上という対象年齢の設定は介護保険の特徴であるといえよう。

(4) 保険料負担

利用者自身が給付に応じた負担をしない限り、給付の際限ない拡大に歯止めがきかなくなることは、既存の社会保険制度、とりわけ医療保険で経験済みである。この経験から、高齢化社会において持続可能な社会保険を運営していくためには、保険の給付と負担の関係を明確にすることがいかに重要であるかが明らかである。そのため介護保険では、主たる利用者である高齢者にも保険料負担を求め、その負担水準は利用者が介護給付を受ける地域（市町村）の給付水準に応じて設定することとなった。ただし、年齢による経済状況を考慮して、負担のあり方は現役の加入者（第2号被保険者）と高齢者（第1号被保険者）とで分けている。具体的には、現役の加入者は医療保険料に上乗せする形で医療保険料と一括して負担している[3]。一方、高齢者は市町村ごとに設定された基準額（定額）に対して、表4－1にあるような所得状況に応じた保険料負担が課されている。

表4-1　第1号被保険者の保険料設定（2005年改革前）

段階	基準	保険料率
第1段階	・生活保護受給世帯 ・市町村民税非課税かつ老年福祉年金受給者	基準額×0.5
第2段階	・市町村民税世帯非課税	基準額×0.75
第3段階	・市町村民税本人非課税	基準額×1
第4段階	・市町村民税本人課税 （被保険者本人の合計所得金額が200万円未満）	基準額×1.25
第5段階	・市町村民税本人課税 （被保険者本人の合計所得金額が200万円以上）	基準額×1.5

出所）厚生労働省（2004）『介護保険制度の見直しについて』
　　　厚生統計協会『保険と年金の動向2003年』

（参考：2005年改革後）

段階	基準	保険料率
第1段階	・生活保護受給者等[注1] ・市町村民税世帯非課税[注2]かつ老齢福祉年金受給者	基準額×0.5
第2段階	市町村民税世帯非課税[注2]で課税年金収入額と合計所得金額の合計が80万円以下	基準額×0.5
第3段階	市町村民税世帯非課税[注2]で課税年金収入が80万円超266万円未満等[注1]	基準額×0.75
第4段階	市町村民税本人非課税等[注1]	基準額×1
第5段階	市町村民税本人課税等[注1] （被保険者本人の合計所得金額が200万円未満）	基準額×1.25
第6段階	市町村民税本人課税 （被保険者本人の合計所得金額が200万円以上）	基準額×1.5

注1）生活保護受給者および老齢福祉年金の受給者
注2）市町村民税世帯非課税：第1号被保険者の属する世帯の全員について、市町村民税が非課税
注3）各市町村の実情に応じ、各段階の基準額に対する割合を変更することや、市町村民税本人課税者を3段階に区分しての7段階による区分設定も可能
出所）厚生統計協会『保険と年金の動向2006年』

さらに特徴的なのは、高齢者の負担水準が居住地域（市町村）の給付水準や受給者の状況に応じて設定される点である。高齢者の保険料水準は、各地域（市町村）においてかかると予想される介護給付費の一定割合を、その地域に住む第1号被保険者の負担でカバーできるよう算定される[4]。したがって、介護給付費が増加すると、それに応じてその地域に住む高齢者の保険料水準も高くなる。**表4-2**は都道府県別でみた高齢者（第1号被保険者）の保険料水準をまとめたものである。この表に示されているように、地域間で比較すると、介護給付水準の違いや介護利用者数、被保険者の経済状況によって、高齢者の保険料負担が異なる状況となっている。

(5) 給付体制

　給付の状況を反映させる負担配分を設計したとしても、給付自体が効率的に行われず、その規模がいたずらに拡大し続けたのであれば、持続可能な保険運営は成り立たない。従来の社会保障制度では、医療のように営利団体による提供を認めない、あるいは福祉のように政府が「措置」として一方的にサービス内容を決めてしまうといった点で給付体制の非効率性が指摘されてきた。それを踏まえて介護保険では、介護サービスの供給主体として民間事業者の参入を認め、業者によって提供されるさまざまなサービスの中から利用者が必要なサービスを自由に選択できるしくみを取り入れることで、効率的な給付が行われることを目指したのである。

　では、実際にどのようなしくみで介護サービスを受けることができるのだろうか。**図4-1**は介護サービスを利用するまでの一連の手続きを図示したものである。利用者はまず市町村の窓口を通じて利用申請を行う。それを受けて認定調査として心身の状況に関する調査が行われ、コンピュータによる第一次判定と医師の意見書に基づく要介護認定（介護認定審査会による二次判定）を経て、要支援（軽度）から要介護5（重度）までの6段階の介護状態の判定が出される。利用者はその要介護度に応じた各種の介護サービスを選択・利用することになる。

　介護サービスには施設サービスと在宅サービスの2種類があり、それぞれ要

表4-2　都道府県別平均介護保険料（第1号被保険者・月額）

	都道府県名	保険料額（月額：円） 第2期 (H15-H17)	保険料額（月額：円） (参考) 第3期 (H18-H20)		都道府県名	保険料額（月額：円） 第2期 (H15-H17)	保険料額（月額：円） (参考) 第3期 (H18-H20)
1	北海道	3,514	3,910	25	滋賀県	3,148	3,837
2	青森県	4,029	4,781	26	京都府	3,562	4,427
3	岩手県	3,018	3,686	27	大阪府	3,480	4,675
4	宮城県	3,007	3,648	28	兵庫県	3,310	4,306
5	秋田県	3,334	3,988	29	奈良県	3,154	3,957
6	山形県	3,107	3,799	30	和歌山県	3,527	4,513
7	福島県	2,640	3,496	31	鳥取県	3,635	4,321
8	茨城県	2,613	3,461	32	島根県	3,461	4,267
9	栃木県	2,807	3,549	33	岡山県	3,658	4,440
10	群馬県	3,010	3,980	34	広島県	3,570	4,444
11	埼玉県	2,859	3,581	35	山口県	3,617	4,088
12	千葉県	2,872	3,590	36	徳島県	4,251	4,861
13	東京都	3,273	4,102	37	香川県	3,289	3,812
14	神奈川県	3,124	3,977	38	愛媛県	3,546	4,526
15	新潟県	3,347	4,047	39	高知県	3,866	4,453
16	富山県	3,789	4,461	40	福岡県	3,725	4,584
17	石川県	3,753	4,548	41	佐賀県	3,666	4,514
18	福井県	3,470	4,128	42	長崎県	3,573	4,765
19	山梨県	2,836	3,616	43	熊本県	3,800	4,412
20	長野県	3,072	3,882	44	大分県	3,433	4,216
21	岐阜県	2,962	3,819	45	宮崎県	3,637	4,133
22	静岡県	2,939	3,590	46	鹿児島県	3,814	4,120
23	愛知県	2,946	3,993	47	沖縄県	4,957	4,875
24	三重県	3,090	4,089		全国平均	3,293	4,090

※　第1号被保険者1人あたり都道府県別平均及び全国平均（月額・加重平均）
※　上記の保険料額は、各保険者の保険料基準額を平均したものである。
出所）厚生労働省『第3期計画期間における第1号保険料（確定値）について』より作成。

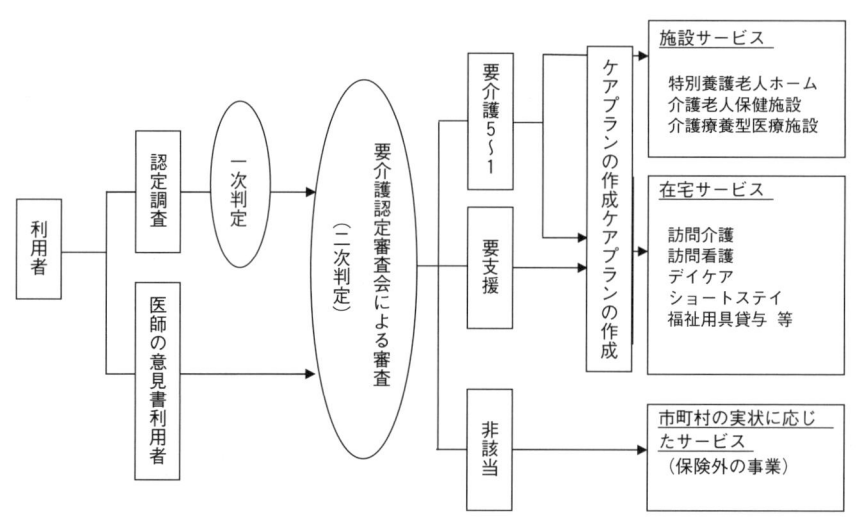

図4-1　介護サービス給付までの手続き

注）2006年4月からは要支援に対して「予防サービス」が給付される。
参考）厚生労働省（2004）『介護保険制度の見直しについて』
　　　厚生統計協会『保険と年金の動向　2003年』

介護度に応じたサービスが行われている。施設サービスは要介護度1～5に判定された要介護者のみを対象としており、施設サービスを選択した場合、介護老人福祉施設（特別養護老人ホーム）、介護老人保健施設、介護療養型医療施設の3種類のいずれかに入所してサービスを受けることになる[5]。

　一方、在宅サービスは、要支援も含めた要介護者全てを対象とし、文字通り在宅で受けるサービス（訪問介護、訪問看護、訪問リハビリ）や短期的な通所によるサービス（デイサービス、デイケア、ショートステイ）の他に、グループホームや有料老人ホームでのサービス、福祉用具の貸与・購入費の支給、住宅改修費の支給、ケアプランの作成等（居宅介護支援）の費用支給も含まれている。

(6) ケアマネジメント

　先述したように、介護保険ではこのような多岐にわたる施設サービスや在宅サービスの中から必要なものを利用者が自由に選ぶことが可能となっている。しかしながら、実際には、どのサービスをどのように利用すればよいのかは一

般の利用者には判別しがたい。そこで設けられているのが介護支援専門員（ケアマネジャー）によるケアマネジメントである。

ケアマネジメントとは、介護サービスを実際に利用するにあたって個々の利用者の状態を把握し、要介護度に応じたさまざまなサービスのなかからそれに見合ったサービスを選択・組み合わせて介護方針（ケアプラン）を設計・作成することをさす。図4-1では「ケアプランの作成」と表示されている部分であり、これを担うのは、介護サービスの場合と同様、民間事業者である。

介護保険導入時に在宅介護を支援するために設けられたケアマネジメントは、2003年度から施設介護にもケアマネジャーが配置されるようになったこともあり、現在では、介護サービス利用者に広く利用される制度となっている。

実際にケアマネジメントはどのように行われるのだろうか。その手順を紹介しておこう。まず、ケアマネジャーが介護サービスの利用を希望する人の状態を把握し（アセスメント）、それに基づいてケアプランの原案を作成する。次に、ケアマネジャーと実際のサービス提供担当者等の関係者が集まってサービス担当者会議を開き、プランの内容を検討・決定する。それを受けてケアマネジャーは介護サービスの利用者やその家族に決定したプランを説明し、文書による同意を得ることができれば、実際のサービス利用が開始される。利用開始後も、ケアマネジャーは利用者宅に訪問するなどして実際の利用状況、利用者の心身の状況をモニタリングし、必要な介護サービス・プランの変更を行うこととなっている。

(7) 保険者とその財政

以上のようなケアマネジメントも含めたサービスの提供に対し、利用者は自己負担としてサービスにかかった費用の1割を負担する[6]。残る9割については保険料収入と公費で賄うことになっている。このような保険料・公費からの収入を財源として介護サービスの給付を管理するのがいわゆる保険者である。介護サービスは日常生活を支援するためのものであることから、日本における介護保険では日常生活に最も身近な行政である市町村がその役割を担っている。

ここで介護保険の財源について詳しくみておこう。図4-2は自己負担を除

いた公的給付に対応する財源構成を示したものである。この図から明らかなように、自己負担分を除いた保険給付費に対しては、保険料と公費で50％ずつを負担している。保険料の内訳をみると、65歳以上（第１号被保険者）が19％、40歳以上65歳未満（第２号被保険者）が31％となっている。公費負担の内訳をみると、国：都道府県：市町村＝２：１：１となっている。なお、国の負担のうち５％は市町村間の第１号保険料率の格差を調整するための交付金として使われている。

　図４-２で示されている介護保険財政は日本全体での保険給付総額でみたときのものであり、個々の保険者（市町村）の財政状況はその地域の給付実態を反映して異なってくる。とりわけ保険料については３年間の介護給付の見込額をベースに算定されているため、実際の保険給付額が多くなると保険料収入が不足し、財政が悪化する。そのような財政的に困難な状況に陥った保険者（市

図４-２　介護保険の財源構成

市町村の介護保険財政（平成18年度予算ベース）

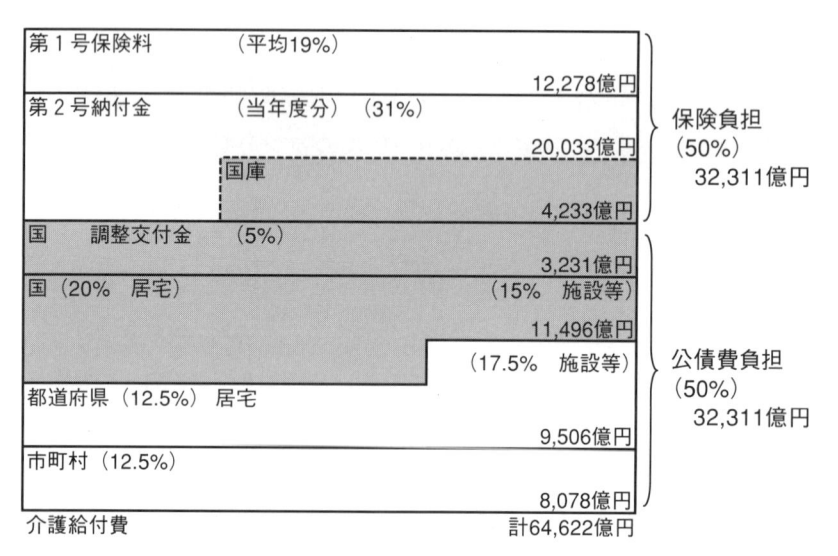

第１号保険料　（平均19％）	12,278億円	保険負担（50％）32,311億円
第２号納付金　（当年度分）（31％）	20,033億円	
国庫	4,233億円	
国　調整交付金　（5％）	3,231億円	公債費負担（50％）32,311億円
国（20％　居宅）（15％　施設等）	11,496億円	
都道府県（12.5％）居宅（17.5％　施設等）	9,506億円	
市町村（12.5％）	8,078億円	
介護給付費	計64,622億円	

出所）厚生統計協会『保険と年金の動向　2006年』より

町村)に対しては、都道府県単位で設けられている財政安定化基金から財政支援(貸付・交付)が行われる。この財政安定化基金の財源は国、都道府県、市町村(第1号被保険者からの保険料)がそれぞれ1/3ずつ負担している。

以上、既存の社会保険・社会保障制度との違いを明らかにしながら、介護保険制度における保険料負担、給付体制、保険財政の概要を紹介した。介護保険制度の最大の特徴は、サービスの供給主体に民間事業者が参入してさまざまなサービス提供を行うことを認めた点である。そうすることによって必要かつ適切な介護サービスの提供が行われることが期待されたのである。果たして、実際に当初の目的どおりに適切な供給が行われているのだろうか。

次節では、導入から現在に至るまでの介護保険給付と財政の実態を明らかにし、それに基づいて第3節以降では、現行の介護保険制度の抱える問題点を整理しよう。

2. 介護費の現状

(1) 保険財政を悪化させる介護費の増大

介護保険導入後、わずか5年が経過したにすぎないが、介護費は急速に拡大している。表4-3に示されているように、2000年度には3.6兆円であった介護費は、2004年度には約1.7倍の6.2兆円にまで増加した。それに応じて介護保険からの給付額も、3.2兆円から5.5兆円にまで拡大している[7]。

第1節で述べたように、一口に介護といっても、そのサービスには在宅サービスと施設サービスの2種類がある。そこで、介護費の推移をサービスの種類別にみてみよう。表4-3に示されているように、在宅サービス、施設サービスともに費用は増加している。特に在宅サービスの費用の伸びは著しく、2000年度の約1.2兆円から2004年度の約3.0兆円へと約2.5倍にもなっている。それに対して施設サービス費用は、2000年度で約2.4兆円、2004年度では約3.2兆円となっており、規模としては在宅サービス費用より大きいものの、その伸びは在宅サービスよりも小さく、2004年度は2000年度の約1.3倍であった。

このような介護費の増大は、市町村の介護保険財政に大きな影響を与えてい

表4-3 介護費・保険給付費の推移

(単位：億円)

		2000年度	2001年度	2002年度	2003年度	2004年度
介護費		36,273	45,919	51,929	56,891	62,025
	在宅サービス	12,081	17,563	21,694	25,946	29,804
	施設サービス	24,192	28,356	30,234	30,945	32,222
保険給付費		32,291	40,884	6,761	50,653	55,221

備考) 2000年度のみ11ヶ月分。他は12ヶ月分。
出所) 厚生労働省『介護保険事業状況報告』各年度版

る。その実態を都道府県単位で設けられている財政安定化基金の利用状況からみてみよう。財政安定化基金から貸付を受けている保険者は、2000年度には全保険者の2.7%であったが、2003年度には6.2%までに増加している[8]。介護費の増大にともない、各保険者の財政がいかに悪化したかがみてとれる[9]。

(2) 高齢化にともなう介護費増大のおそれ

現状でもこれだけ財政が悪化しているのに、今後高齢化が進展することを考えると一体どうなるのだろうか。厚生労働省の『社会保障の給付と負担の見通し―平成18年5月推計―』によると、2006年度には6.6兆円であった介護給付費が、2011年度には約9兆円、2025年度にはその約2倍の約17兆円と高齢者人口の伸び（1.2倍）を上回って増加すると予測されている[10]。

近年になって新たに導入された介護保険は、既存の他の社会保険の経験と反省を踏まえて、適切な給付が行われるしくみを取り入れたにもかかわらず、予想以上の給付拡大とそれにともなう財政難に直面している。介護費が増加することは、保険料や税といった負担のさらなる上昇を招くことになり、このまま放置しておくわけにはいかない。より一層の適切なサービスの給付を行い保険財政の健全化を図るための抜本的な改革が、他の社会保険と同じように介護保険にも求められているのである。

介護費の増加を抑制するには、その増加の要因を明らかにしておく必要がある。介護費は利用者数と介護サービスの単価によって決まることから、介護費

を増加させる要因としては、利用者数が増えたことと、介護サービスの単価が上昇したことの二つが考えられる。そこで以下では、利用者と介護単価それぞれの推移を詳しくみていこう。

3．要介護認定者の推移

　介護費を増大させる二つの要因のうち、まず本節では利用者の増加を取り上げる。介護保険の加入者には65歳以上の者（第1号被保険者）と40歳以上65歳未満の者（第2号被保険者）がいるが、このうち65歳以上の者が介護保険受給者の9割以上を占めている実態を踏まえ、以下では65歳以上の加入者に焦点を絞ってみていく[11]。

　表4-4は65歳以上の要介護認定者数の推移をまとめたものである。65歳以上で介護保険の利用が認められた人（要介護者総数）の推移をみると、2000年度では247万人だったのが2004年度には394万人と約1.6倍も増加した。65歳以上の高齢者人口が2000年度から2004年度にかけて約1.13倍に増加していることと比較すると、介護保険の利用認定者の数の伸びがいかに急速であるかが明らかである[12]。

　介護費の動向はどのような介護サービスが利用されるかに左右され、その介

表4-4　要介護者数の推移（65歳以上加入者（第1号被保険者）分）

（単位：万人）

	2000年度	2001年度	2002年度	2003年度	2004年度
要介護者総数	247.1	287.7	332.4	370.4	394.3
要支援	31.8	38.5	49.3	58.4	65.9
要介護1	68.0	84.8	102.2	119.8	128.2
要介護2	46.1	53.6	60.5	56.7	58.2
要介護3	34.1	37.3	40.8	46.6	50.1
要介護4	35.1	37.6	40.5	45.7	47.6
要介護5	32.1	36.0	39.0	43.2	44.3

出所）厚生労働省『介護保険事業状況報告』各年度版

第1部　社会保障一体改革に向けて

護サービスの選択は認定される要介護度によって決まってくる。そこで介護保険の利用が認められた人の推移を要介護度別にみてみよう。表4-4に示されているように、要介護度別の認定者数を導入時と2004年度末現在で比較すると、最も軽い要支援の認定者数は約2.07倍、次に軽い要介護度1の認定者数は約1.89倍に増加している。これに対して、重度の要介護度4や5の認定者数はいずれも約1.4倍の増加であった。したがって、要介護認定者数全体の増加は、軽度の要介護度者急増の影響を大きく受けているといえる。このような軽度の要介護度者の拡大は、図4-3に示されているように、厚生労働省の予測をはるかに上回るものであった。

　高齢化が進む中、高齢者の増加に応じて介護を必要とする人の数が増えることは当然であり、要介護認定を受ける人の数が増えているのは介護保険が充実してきていることの現れであると評価できる。しかし、その伸びは高齢者人口の伸びよりも大きく、なかでも軽度の要介護度の認定者の伸びが他の要介護度の

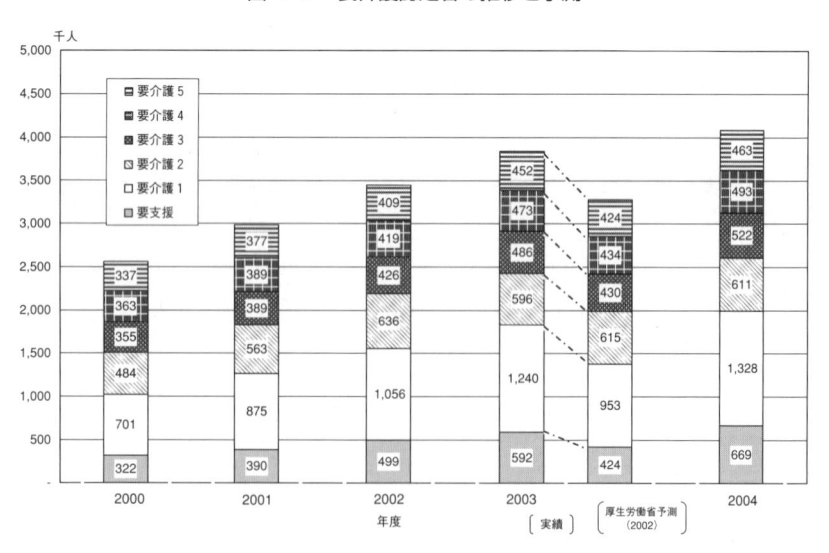

図4-3　要介護認定者の推移と予測

出所）厚生労働省『介護保険事業状況報告』各年度版
　　　全国介護保険担当課長会議資料『介護サービス量等の見込み（6月値）』2002年9月4日

70

表4-5　要介護度別出現率（65歳以上加入者（第1号被保険者）分）

	2000年度	2001年度	2002年度	2003年度	2004年度
要支援	1.4%	1.7%	2.1%	2.4%	2.7%
要介護1	3.1%	3.7%	4.3%	4.9%	5.2%
要介護2	2.1%	2.4%	2.6%	2.3%	2.3%
要介護3	1.5%	1.6%	1.7%	1.9%	2.0%
要介護4	1.6%	1.6%	1.7%	1.9%	1.9%
要介護5	1.5%	1.6%	1.7%	1.8%	1.8%
合計	11.2%	12.6%	14.1%	15.3%	15.9%

出所）厚生労働省『介護保険事業状況報告』各年度版

認定者の伸びと比べて大きいのはなぜなのだろうか。

　表4-5は65歳以上の介護保険加入者に対する要介護認定者数の比率（出現率）を要介護度別に示したものである。この表から明らかなように、要介護2以上の出現率はこの5年間でほとんど変わらないのに対し、それ以下の軽度の要介護度（要支援、要介護1）の出現率は年々上昇し続けている。要介護1の出現率は、2000年度から2004年度にかけて約2％ポイント上昇している。要支援の出現率にいたっては1.4％（2000年度）から2.7％（2004年度）へと2倍近く上昇している。このような出現率の上昇が、軽度の要介護認定者数の急速な拡大に寄与してきたのである。

　介護保険の充実にともない要介護認定の精度が改善されたならば、その傾向は全ての要介護認定に現れるはずであり、軽度の要介護度の出現率に限って上昇傾向にあるのはおかしい。介護を必要とする心身の状態が重ければ重いほど、その判断は厳密に行われやすく、むしろ心身の状態が軽ければ軽いほど、その判断に裁量が働きやすいと考えられる。したがって、軽度の要介護度の出現率だけが上昇しているのは、それだけ裁量が働いて要介護認定が甘く行われている可能性があることを示唆している。つまり、介護費の急速な拡大の背景には、単に高齢化にともなって介護を必要とする人が増えただけでなく、要介護認定

上の問題も隠されているといえよう。

4．介護報酬の改定

　次に、介護費増大のいま一つの要因であるサービス単価の推移に注目しよう。介護サービスの対価として事業者に支払われる報酬は介護報酬と呼ばれ、厚生労働省が定めた各サービスの単価（介護給付費単位数）にサービスの提供量（時間や日数）をかけることで計算される。介護給付費単位数は、それぞれのサービスごとに、単位時間・日数や要介護度に応じて細かく定められている。

　介護報酬については3年ごとに改定が行われることになっており、導入後3年たった2003年度に第1回目の改定が行われた。この時の見直しの基本的な考え方は、介護費用の抑制を図り、在宅介護を重視することであった。そのため、費用のかかる施設介護の評価を抑制するとともに、在宅介護については評価を引き上げている。

　具体的には、在宅サービスの中でも評価が低いといわれていた居宅介護支援（ケアマネジメント）や訪問介護の評価を引き上げた。一方、施設サービスについては、サービスの質の向上を図るため、介護老人福祉施設（特別養護老人ホーム）におけるユニットケア（個室、少人数での生活環境での介護）を新たに介護報酬に入れ、その評価については他の従来型サービスより高く設定した。それ以外については、ほぼ全てのサービスの評価単位が引き下げられることとなった。その結果、施設については平均−4.0％、在宅については平均+1.0％の改定となり、介護報酬全体として平均で−2.3％の改定であった。

　このような介護サービス単価の見直しは、在宅サービスと施設サービスの1人あたり費用の推移に影響を与えている。先に述べたように、サービス単価は介護報酬の評価単位としてサービスごとに細かく決められているため、単価自体を一つ一つ比較することは難しい。そこで、総費用を利用者数で除した1人あたりの費用を比較しよう。表4-6にあるように、1人あたり費用の水準は各年度とも施設サービスの方が在宅サービスよりも高い。しかしながらその推移をみると、在宅サービスの1人あたり費用が上昇しているのに対して、施設

第4章　介護保険の現状

表4-6　サービス別1人あたり費用の推移

(単位：円)

	2000年度	2001年度	2002年度	2003年度	2004年度
在宅サービス	88,806	96,285	98,259	101,221	103,350
	100	108	111	114	116
施設サービス	364,084	360,638	360,085	352,268	351,626
	100	99	99	97	97

備考）各サービスの下段は2000年度を100とした場合の指数
　　　受給者数については各年度の累積値
出所）厚生労働省『介護保険事業状況報告』各年度版

　サービスの1人あたり費用はわずかに低下している。具体的には、2004年度の在宅サービスの1人あたり費用は2000年度の1.16倍であるのに対して、2004年度における施設サービスの1人あたり費用は2000年度の0.97倍であった。このような施設サービスの1人あたり費用の低下傾向は、2003年度の介護報酬の改定において、施設サービス単価のマイナス改定を反映していると考えられる。

　したがって、介護費の急速な拡大に歯止めをかけるためには、介護サービスの単価を見直すことが一定の効果を持つといえるだろう。施設サービスについては、もともと費用水準が高いことから、今後も引き続きサービス単価を抑制していくことが必要である。一方、在宅サービスについては、在宅介護重視の観点から2003年度の見直しでプラス改定が行われたが、これは在宅サービス利用者である軽度の要介護認定者数の増加と相まって、さらに在宅サービス費用を拡大させることになる。加えて、要介護認定における軽度の要介護認定の出現率が高いことも考慮すると、在宅サービス単価の引上げが甘い要介護認定に拍車をかけかねない。

　介護費用を抑制し、制度の持続可能性を確保するためには、施設介護のさらなる見直しとともに、要介護認定の甘さをはじめとする、在宅介護の主たる利用者である軽度の要介護者をめぐる問題点への対応策を講じる必要がある。その点については、具体的な問題点の整理を第10章で、2005年度の介護保険改革

における対応については第13章でまとめている。

> **COLUMN**
>
> **今が買いだ！介護ビジネス**
>
> 　2004年4月に導入された介護保険は、民間に大きな介護ビジネスのチャンスを作り出しました。医療の分野では構造改革特別区域内を除けば、現在でも株式会社による病院の経営が禁止されているのに対して、介護サービスは株式会社によっても提供されているからです。介護市場の民間シェア1位のニチイ学館は、東証1部上場企業です。もっともニチイ学館でも、介護ビジネスが大きな利益を生むところまではいっていません。介護拠点の拡大による費用増大などにより2004年4〜12月期の連結業績は経常利益が40億円と前年同期を62％下回っています。
>
> 　介護需要は急速に拡大している一方で、民間の介護事業者がそれほど潤っているわけではありません。これらの民間事業者のサービスが訪問介護などの在宅サービスを中心としていることが原因の一つに挙げられます。在宅サービスの場合には、点在する老人の自宅を巡回するだけに、移動時間などの無駄がどうしても生じてしまいます。介護サービスには基本的にはマンパワーを必要としますから経営努力によるコスト削減にも限界があります。しかし、急速に進む少子高齢化を考慮に入れると、若い人たちを対象とする産業よりもよほど有望だと思いませんか。
>
> （橋本　恭之）

---

1) 働けなくなって所得がなくなるリスクに対しては、年金保険がカバーしている。
2) このような場合を経済学では「逆選択」と呼んでいる。詳しくは第7章第2節を参照のこと。
3) 政府管掌健康保険の場合は、おおむね総報酬の1％（ただし労使折半）。国民健康保険の場合は、各市町村において介護保険の費用として負担しなければならない額（納付金賦課総額）を国民健康保険料と同じ配分方法で所得割、資産割、均等割、平等割に賦課し、それを国民健康保険料に上乗せしている。
4) 給付費の見通しは3年ごとに行われる。2002年度に第2回目の見通しが行われ、2003〜2005年度の介護給付費の見込みに基づき第1号被保険者の標準保険料水準が改定された。この改定により、第1号被保険者1人あたりの月額保険料（全国平均）は、2,911円から3,293円となった。また2005年度に3回目の見通しが行われ、同保険料月額の全国平均は4,090円となった（表4-2）。
5) 各施設の対象者は以下のようになっている。介護老人福祉施設（特別養護老人ホーム）については、常時の介護を必要とするが、居宅で受けることは困難な要介護者を対象とする。介護老人保健施設については、病状が安定し入院の必要はないが、リハビリや看護、介護を必要とする要介護者を対象とする。介護療養型医療施設については、病状が安定している長期療養患者のうち、常時医学的な管理が必要な要介護者を対象とする。

6）ただし、在宅サービスのうち、ケアプラン作成の費用（居宅介護サービス計画費）についての利用者負担はない。
7）表4-3では2000年度の数字は11か月分であるので、12か月で換算するならば2004年度は2000年度に比べて約1.6倍になる。以下も同様に本章では、2000年度の数字は11か月分であることに留意する必要がある。
8）第14回社会保障審議会介護保険部会資料『(資料5) 資料編―介護保険4年間の検証―』より
9）市町村の介護保険財政の悪化についての詳細は田近・油井（2004）参照。
10）65歳以上の高齢者人口は2010年において約2,873.5万人、2025年には約3,472.6万人と推計されている（出所：国立社会保障・人口問題研究所『日本の将来推計人口（平成14年1月推計）』）。なお、その後新しく行われた人口推計（2006年12月推計）では、65歳以上の高齢者人口は2005年に約2,576.1万人から、2010年には2,941.2万人、2025年には3,635.4万人とさらなる高齢化が予測されており、介護給付費のさらに増加することが予測される。
11）平成18年7月審査分では、65歳以上の者は要介護（要支援）認定者の96.5%を占めている（厚生労働省『介護保険事業状況報告月報（平成18年7月審査分）』）。
12）高齢者人口（65歳以上）は2000年度2,201万人、2004年度2,479万人であった（総務省2000年度『国勢調査』、並びに推計人口より）。

【参考文献】

田近栄治・油井雄二（2004）「介護保険：4年間の経験で何がわかったか」『フィナンシャル・レビュー』第72号、pp.78-104.

厚生統計協会『保険と年金の動向』各年版

厚生労働省　介護制度改革本部（2004）『介護保険制度の見直しについて』（2004年9月22日）

厚生労働省『社会保障の給付と負担の見通し―平成16年5月推計―』

厚生労働省『介護保険事業状況報告』各年度版

厚生労働省『介護保険事業状況報告月報』

厚生労働省『第3期計画期間における第1号保険料（確定値）について』

国立社会保障・人口問題研究所『日本の将来推計人口（平成14年1月推計）』

第14回社会保障審議会介護保険部会資料『(資料5) 資料編―介護保険4年間の検証―』

全国介護保険担当課長会議資料『介護サービス量等の見込み（6月値）』（2002年9月4日）

総務省『国勢調査』、並びにそれを基にした推計人口（2000年度）

第5章　社会福祉の現状

　　　　　　　　　　　　　　　　　　北浦　義朗・林　宏昭

　福祉という概念は非常に広い。衣食住も含めて人々の生活面での利便性や満足度も福祉である。しかし、本章では、政府予算を通じて実施される福祉政策の範囲で社会福祉の現状をみていくことにする。社会福祉政策は、従来、社会的、経済的弱者の生活支援的な側面を強くもっていた。つまり、両親の共働き等によって十分な保育を受けることができない児童の保護や、経済力の弱い母子家庭、障害者、高齢者等の生活支援、そして、生活困窮者に対する公的扶助であった。

　しかし近年、福祉政策の目的が生活支援から自立支援へと転換してきており、各分野で行政措置から利用者の選択への移行が進められている。特に、児童福祉の分野では、少子化への対応のための幅広い子育て支援策が折り込まれている。

　本章では、政府が展開している社会福祉政策のうち、児童福祉（母子家庭福祉を含む）と障害者福祉のしくみと現状について述べる。高齢者福祉については、その中心となる介護保険が第4章で解説されている。また、公的扶助は第6章において独立して取り上げる。

1．社会福祉制度の変遷と現状

　わが国の社会福祉制度の変遷を表5-1でみてみよう。1947年に児童福祉法、1949年には身体障害者福祉法が制定された。これらはいずれも戦争によって生じた戦災孤児や傷病軍人などに対する支援という時代の要請から生まれたものである。その後、1951年には、社会福祉事業の基本的事項を定めた社会福祉事

表5-1 主な社会福祉制度の沿革

	法律等の制定	概要
1947年	児童福祉法	児童の健全育成を目的とした一般施策
1949年	身体障害者福祉法	傷病軍人援助が当初の目的
1951年	社会福祉事業法（現社会福祉法）	社会福祉事業の全分野における基本的事項を定めたもの
1964年	母子福祉法	総合的な母子福祉対策をめざしたもの
1971年	児童手当法	当初の目的は、経済的困窮の原因とされる「多子」対策
1989年	高齢者福祉推進十か年戦略（ゴールドプラン）	在宅福祉サービスの支援強化と施設介護の体制整備
1990年	社会福祉事業法改正	在宅福祉サービスの支援強化
1994年	子育て支援のための施策の基本的方向について（エンゼルプラン）	子育て支援の総合施策
1995年	障害者プラン	住まい、働く場、地域における自立支援、介護サービスの充実等
1996年	児童福祉法改正（1998年実施）	行政措置から選択へ
1997年	介護保険法	
1999年	重点的に推進すべき少子化対策の具体的実施計画について（新エンゼルプラン）	従来のエンゼルプランに加え、相談支援体制、母子保健、教育、住宅などの総合的な実施計画
2001年	障害者福祉法等改正（2003年実施）	支援費制度の導入
2002年	新障害者プラン	共生社会の実現
2005年	障害者自立支援法	地域での生活支援
2006年	新しい少子化対策	「社会全体の意識改革」と「子どもと家族を大切にすると言う視点に立った背策の拡充」

出所）厚生統計協会『国民の福祉と動向』各年度版より作成。

業法が制定された。また、1964年に制定された母子福祉法によって総合的な母子福祉政策が展開されるようになり、1971年には児童手当法が制定された。地方団体が実施する福祉行政、社会福祉協議会の設置なども含め、今日の社会福祉制度の基本的な枠組みはこれらの法制度のもとで構築されてきたものである。

　一方、高度成長期、安定成長期を経てわが国の生活水準は欧米並みの水準に達した。そうしたなかで、欧米諸国の福祉理念やその動向も参考にしながら、障害のある人もない人も分け隔てなく、豊かに暮らしていける社会を目指す「ノーマライゼーション」の理念に基づき、社会福祉に対する考え方が保護施策から自立支援へと切り替わってくる。その契機となったのが1989年12月に策定された「高齢者保健福祉推進十か年戦略」、いわゆるゴールドプランとその後の介護保険制度の確立に向けた議論である。介護保険は、介護の必要な高齢者に対して行政措置として福祉施策を提供するのではなく、高齢者それぞれが生活する地域での自立を支援することが重要な理念として打ち出された。これまで社会福祉政策の一環として措置によって提供されてきた高齢者に対する介護サービスが保険制度を通じて提供されるようになったことで、現在では、社会福祉制度の対象は主に児童（母子を含む）と障害者となっている。

　高齢者福祉における自立支援の強化という流れを受けて、その他の分野でも在宅福祉サービスの強化といった自立支援への流れが形成されるようになった。たとえば、1990年には社会福祉事業法が改正され、地域での生活を実現することを目指した在宅福祉サービスの支援強化が図られた。

　このような社会福祉における保護から自立へのシフトは、近年の財政悪化によってさらに拍車がかかる。GDPの1.7倍にも達する累積赤字を抱える日本の財政にとって、歳出の抑制は大きな課題である。社会保障関係費についても例外ではない。高齢者の増加など社会状況を考慮すれば、社会保障給付費全体の拡大は避けられないにしても、少なくともその伸びの抑制には着手しなければならない。たとえば経済財政諮問会議では、社会保障給付費の伸び率をGDP成長率などの経済指標の範囲内に抑えることが議論されている。このような伸び率抑制の具体化のためには、自立の可能性を持つ人に対しては自立の実現に向

けた適切な支援策を講じ、保護的な給付や施策の対象はそれらを真に必要としている人びとにとどめることが必要である。

一方、近年の児童福祉も、1994年の「子育て支援のための施策の基本的方向について」（エンゼルプラン）、1999年の「重点的に推進すべき少子化対策の具体的実施計画について」（新エンゼルプラン）を経て、従来の弱者保護から、母子家庭福祉も含めた総合的な子育て支援へとシフトしつつある。この背景には、出生率の低下に伴い本格的な少子化対策が必要とされるようになったことがある。

このような社会福祉制度の変遷にともなって、社会保障関係予算全体に占める社会福祉費の比率は2001年以降しだいに低下し、2004年度では8.3％、2007年度予算案では7.7％となっている[1]。以下では、社会福祉の中心的な位置を占めている児童福祉と障害者福祉の変遷と現状を概観する。

2．変革期を迎えた児童福祉

保育と手当がその柱である児童福祉は、近年大きな変革期を迎えており、まずこの流れを解説しておく。

大きな変化の一つは、従来の児童福祉政策が備えていた経済的弱者の救済としての意味が弱くなってきたことである。保育所等による児童保育は、「保育に欠ける」児童を対象としたものである。わが国では長く、父親が主たる稼得者として家計を支え、母親は家庭にいるか補助的な稼得者にとどまるケースが一般的であった。そのため、公的な保育の提供は主に、世帯の所得が十分ではないために母親が所得を得る必要が生じる家庭の児童、あるいは低所得の母子家庭の児童を対象としてきた。こうしたパターンの保育需要は、今日でも、リストラや倒産等のために世帯主の所得が減少し、それまで家庭で子育てをしていた母親がパート等に出かけることを余儀なくされることによって発生している。

さらに近年は、女性の社会進出の後押しや、あるいは高齢化が進むなかで女性に対する労働力としての期待の高まり、といった事情から社会的な保育の必要が生じている。また、女性がフルタイムの勤労者であるケースが増えており、

世帯の所得としてはむしろ高所得層に属する家庭の児童であっても、保育サービスへの需要が発生してきている。

　保育を巡るもう一つの環境変化が先ほども触れた少子化の進展である。少子化の進行を食い止めるための現在の子育て支援策には、すでにいる児童に対するケアだけでなく、それを通じて出産も推進しようとするねらいが付け加えられるようになってきている。保育環境の整備は、子どもが生まれた後も安心して仕事を続けられることのアピールにもなるからである。このような保育需要の多様化と拡大が生じた結果、少子化が進行しているにもかかわらず、保育所への入所待ち、いわゆる待機児童の増加が各地方団体にとって大きな課題としてのしかかってきている。

　児童福祉のもう一つの柱である児童手当も、時代とともにその意味は大きく変化してきた。1971年の創設当初、児童手当は、当時の経済的困窮の原因とされていた「多子」家庭への経済的援助を目的としたものであった。しかし、その後の日本経済の成長と少子化の進行のなかで、「多子」による困窮世帯は減少してきている。現在は、子育てに伴う経済的負担の軽減という意義は継続しているものの、それと同時に児童手当を活用して出産の促進を期待するという発想もある。

3．児童保育の現状

　上記のような保護的な措置から選択や自立への動きは、児童福祉においてもみられる。1996年の「児童福祉法」の改正（1998年施行）によって、従来、市町村長の行政措置[2]として実施されてきた保育サービスが、利用者の選択と契約によって実施されるものと位置づけられた。保育行政の責任は引き続き市町村にあり、国庫負担等の経費負担にも変更はなかったが、父母が入所を希望する保育所を選んで申請する一方で、市町村は保育所の情報を提供することが義務づけられることになった。

　他方、保育も含めた広い意味での今日の子育て支援は、基本的には2003年に制定された次世代育成支援対策推進法や少子化対策基本法に沿って展開されて

いる。少子化問題に対しては、その重要性が認識されて以来、さまざまな施策が講じられてきたが、2004年6月には少子化対策大綱が閣議決定され、12月にはこの大綱に基づく重点施策の具体的実施計画（子ども・子育て応援プラン）が決定された。その内容は、家庭、地域、職場を含めた社会全体での子育て機能の充実を目指したものである。施策は多方面に及び、保育行政の充実もその重要な位置を占めていた。

しかし、今までの少子化対策では十分な効果が得られなかったという問題意識から、2006年に「新たな少子化対策」が決定された。この新たな少子化対策では、「社会全体の意識改革」と「子どもと家族を大切にするという視点に立った施策の拡充」を重視している。

前者では、子どもを守り育てることが社会の責任であることを重視し、社会の宝として子どもを位置づける意識改革を求めている。そして後者では、子育て家庭を社会全体で支援すること、親の就労にかかわらず全ての子育て家庭を支援すること、出産前後や乳幼児がいる家庭を重点的に支援すること等を基本においている。

では、保育の現状はというと、積極的な意味での女性の社会進出や長引く不況下での世帯収入の減少から女性が働く必要が生じたケースなど、その要因はさまざまであるが、近年特に保育に対する需要は高まりつつある。

図5-1は、全国の公・私立保育所における受け入れ児童の定員の総数とその利用児童数の推移を示したものである。定員数は徐々に引き上げられているが、利用者数はそれを上回る増加をしていることがわかる。この図では、現状では定員が利用者数を上回っており、キャパシティの問題はないようにみえる。しかし、保育を必要とする児童と施設や保育士の供給が各地域内でマッチするとは限らない。実際には、特に都市部では希望しても入所ができない、待機児童が発生するようになってきた。

これを受けて、2001年には「待機児童ゼロ作戦」が閣議決定され、2002年度から実施されている。厚生労働省によって発表されている2005年4月現在の待機児童数は2万3,338人で、2003年（2万6,383人）、2004年（2万4,245人）と

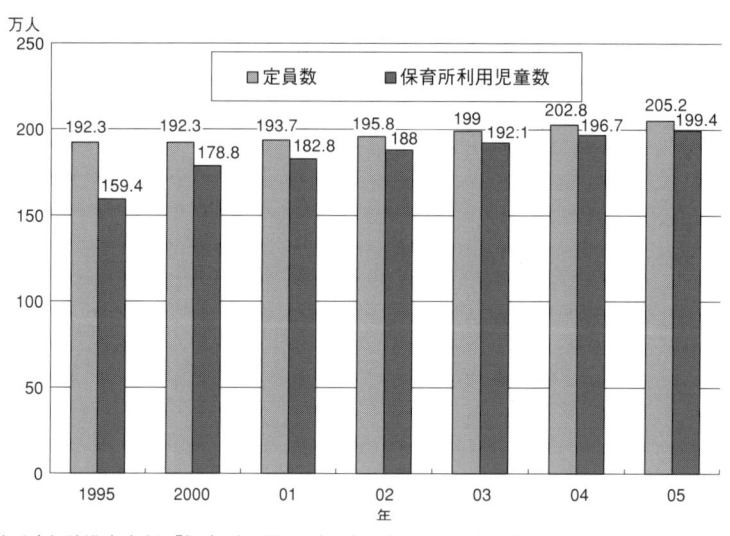

図5-1　保育所（公立＋私立）の受け入れ児童の定員数と利用児童数

年	定員数	保育所利用児童数
1995	192.3	159.4
2000	192.3	178.8
01	193.7	182.8
02	195.8	188
03	199	192.1
04	202.8	196.7
05	205.2	199.4

出所）厚生労働省資料『保育所の状況（平成17年4月1日）等について』より作成。

比べて徐々に減少しつつある[3]。現在の待機児童の定義は、「認可保育所への入所申込みをしており、入所要件に該当しているが、入所していない児童から、認証保育所・保育室・家庭福祉員・自治体独自の施策等で保育を受けている者、及び近くに入所可能な保育所があるにもかかわらず、保護者の都合で入所しない者を除いた児童の数」[4]である。保育が必要な児童数は転居や親の職業関係で変動するものであり、待機児童の生じない状態を常に維持するためには定員を相当数多めに設定しておく必要がある。だが、現実には財源的な問題もあり、そのような対応は難しい。

保育のキャパシティ拡大のために、これまでにいくつかの方策が展開されている。それには、公立保育所の整備、規制緩和の一環としての定員の弾力化や設置基準の緩和、国の設置基準を満たさない認可外保育所であっても自治体が独自の基準に基づいて財政的な支援を行う保育所[5]での受け入れの拡大、保育所運営の民営化や民間委託によるコスト削減などの施策が含まれる。特に後の三つは、限られた財源の中で入所可能な児童数を拡大するために実施されてき

たものである。

　市町村が実施する保育の費用は、これまで国、地方自治体からのいわゆる公費負担と利用料[6]によって賄われてきたが、地方分権を目指した「三位一体改革」の中で、2004年度から公立保育所運営に対する国庫負担金1,700億円が税源移譲の対象として廃止された。このような動きも、保育所運営の効率化や民間の活用をさらに促進させるものとなっている。

4．児童福祉における現金給付の現状

　施設での児童保育とともに、今日、子育て支援の一環として位置づけられるのが、広く児童の養育に関する経済的な負担を軽減するための現金給付である。これには、一般家庭への現金給付である児童手当と母子家庭等への現金給付である児童扶養手当がある。

　図5-2は、児童関係給付費の推移を描いたものである。先述のように、児童手当制度は創設当初「多子」から来る経済的困窮の救済を主要な目的としていたが、1970年頃の第2次ベビーブーム以降、少子化や経済成長にともなって児

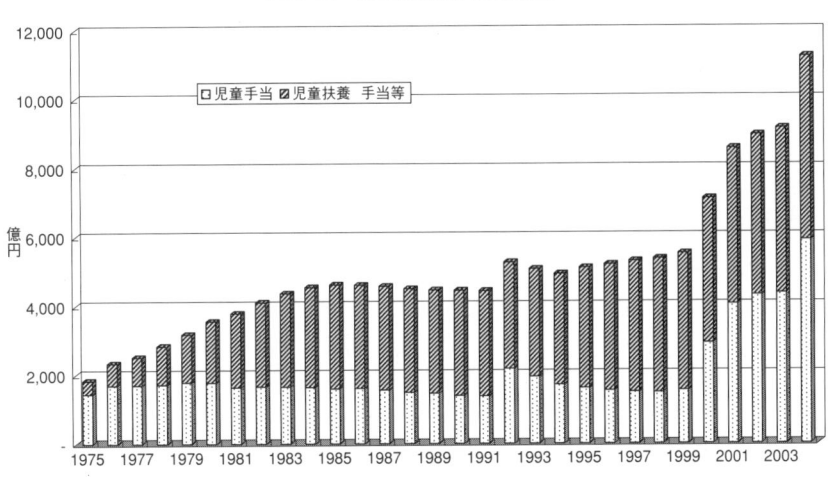

図5-2　児童関係給付費の推移

出所）国立社会保障・人口問題研究所『平成16年度社会保障給付費』より作成。

童手当の総額は減少していく。1985年には、それまでの第3子からの支給が第2子からに変更されるが、1980年代に入り所得制限の強化に加えて支給期間の短縮も実施されたことから、支給総額の減少が続く。1991年には第1子から支給されるようになり、その後、若い世代の出産に重点がおかれるようになった1990年代以降、支給額は拡大傾向を示すようになる。

図5-2からは、2000年に給付総額が急増していることがわかる。この年には支給対象年齢がそれまでの3歳未満から義務教育就学前に引き上げられ[7]、その後2004年には小学校第3学年修了前、2006年度には小学校修了前までに拡充された。児童手当の給付対象児童数は、1990年度に368.7万人であったものが、1995年度には227.5万人にまで減少する。しかし、2000年の改正以降は飛躍的に増加し、2002年度には688.1万人、支給対象が拡大された2004年度には964.5万人に達している。

児童手当の支給月額（2004年度）は、第1子5,000円、第2子5,000円、第3子以降10,000円となっている[8]。

図5-3は、児童手当のしくみを示したものである。児童手当は、市町村を通じて給付される。そしてその費用負担は、サラリーマン世帯では、事業主：国：地方（都道府県と市町村が折半）＝7：1：2、自営業者等の世帯では、国：地方（都道府県と市町村が折半）＝1：2となっている[9]。

なお、所得制限の適用によって、サラリーマン世帯の支給率は自営業者等の世帯に比べて低くなる。これを調整するために所得制限を上回る世帯であっても、一定の所得額以下の世帯では児童手当と同額の特例給付が受けられることになっており、その費用は全額事業主負担によって賄われる[10]。

児童手当とならんで、福祉的な観点から実施されている現金給付が、児童扶養手当である。これは、「父と生計を同じくしていない児童」、つまり多くは母子家庭で育てられている児童に対して給付される。その支給総額は、近年まで児童手当を上回る規模に達していた。

2006年度の給付額は、全額支給の場合は月額41,720円、一部支給が月額9,850円から42,360円までで、世帯の所得水準に応じて決まる。一部支給がこのよう

第5章 社会福祉の現状

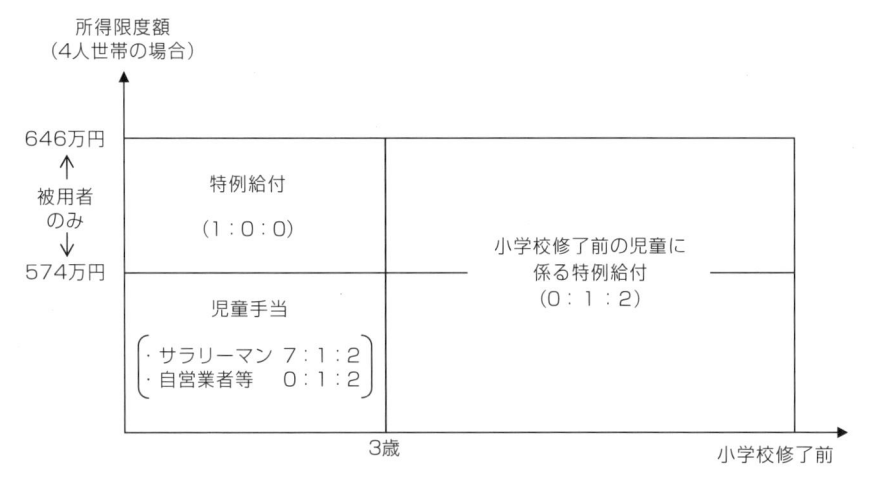

図5-3 児童手当のイメージ図

```
所得限度額
(4人世帯の場合)
  ↑
646万円 ┼─────────────────┬──────────────────┐
  ↑    │                  │                  │
被用者  │    特例給付      │                  │
 のみ   │    (1:0:0)      │ 小学校修了前の児童に │
  ↓    │                  │ 係る特例給付       │
574万円 ┼─────────────────┤  (0:1:2)         │
       │    児童手当      │                  │
       │ ・サラリーマン 7:1:2│                  │
       │ ・自営業者等   0:1:2│                  │
       └─────────────────┴──────────────────┘→
                      3歳              小学校修了前
```

出所) 厚生統計協会『国民と福祉の動向2006年』より作成。

表5-2 児童扶養手当の給付額例（子ども1人の母子家庭、2006年度）

所得額（年額）	手当額（月額）
57万円	41,720円
100万円	33,680円
130万円	28,070円
160万円	22,450円
190万円	16,840円
220万円	11,230円

出所) 厚生統計協会『国民の福祉の動向2006年』並びに、厚生労働省ホームページ（http://www.mhlw.go.jp/topics/2002/06/tp0626-2.html）より作成。

なしくみに改められたのは2002年で、それまでは、所得が制限を超えると支給が全額支給から一部支給（28,350円）になるか、もしくは一部支給からゼロになるというしくみであったために、保護者の勤労意欲に対してマイナスの影響をもたらしていた。それを改善するために、所得額の増加に応じて次第に減額し、勤労所得が増加すれば世帯収入も増加するしくみに変更されたのである。

表5-2は、2004年度現在の児童扶養手当の支給額（子ども1人の母子世帯）を、世帯所得[11]との対比で示したものである。所得金額がおおむね230万円未満であれば、その金額に応じて児童扶養手当が支給されることになる。

なお、扶養する子供の数が増加すれば所得制限額もそれに応じて引き上げられ、支給額は第2子に関しては5,000円、第3子以降は3,000円ずつ増額される。この児童扶養手当の財源は、国庫が1/3、都道府県が2/3の負担をすることになっている[12]。

児童扶養手当の支給対象者数は、1996年度末で62.4万人であったものが2003年度末には87.1万人、2005年度末には93.6万人に上っている[13]。近年、離婚の増加等によって母子家庭は増加する傾向にあり、今後も児童扶養手当の必要性は拡大することが予想される。経済的な支援と同時に、自立へ向けた環境作りも欠かせない。

5.障害者福祉—措置から支援費制度へ—

人は、常に何らかのハンディキャップを背負う可能性を持つ。それは生まれつきのこともあるし、健康な人が突然の事故や疾病によって回復が困難な状況になることもある。障害を持つことになると、多くの場合その経済的な基盤は弱められる。それと同時に、日常生活において健常者よりも費用を要することも多い。そのような状況下でも安心して日々の生活を営むことができるようにするしくみが、障害者保健福祉制度である。

表5-3は、厚生労働省実施の調査による2001年現在の障害者数の状況である。現在は、何らかの福祉サービスを受けるためには障害者としての認定が必要であり、障害者数という場合にはこの認定に基づいてカウントせざるを得ない。実際にはこの認定を受けない人もいると考えられること、そして複数の障害認定を重複して受ける人もいることを考慮すると厳密な人数の把握は難しいが、その数は、身体障害者（児）が約350万人、知的障害者（児）が約46万人、そして精神障害者約200万人、合計ではおおむね600万人である。

次に障害者施策に関連する国の予算についてみてみよう。障害者を対象とした施策の幅は広く、たとえば交通関係の事業や自治体の都市計画に基づく建設事業で移動におけるバリアフリー化が進められており、学校教育の場では障害を持つ児童・生徒向けの教育が行われている。したがってその全てを把握する

第5章 社会福祉の現状

表5-3 障害者数の概況

(単位:万人)

区分	総数	在宅者	施設入所者数
身体障害児（18歳未満）	9	8.2	0.8
身体障害者（18歳以上）	342.6	324.5	18.1
身体障害児・身体障害者合計総数	351.6	332.7	18.9
区分	総数	在宅者	施設入所者数
知的障害児（18歳未満）	10.3	9.4	0.9
知的障害者（18歳以上）	34.2	22.1	12.1
年齢不詳	1.4	1.4	0
知的障害児・知的障害者合計総数	45.9	32.9	13
区分	総数	在宅者	施設入所者数
精神障害者	204	170	34

注）厚生労働省『平成13年身体障害児・者実態調査結果』等をもとに作成。
出所）『平成14年版障害者白書』（参考資料）

のは難しいが、厚生労働省が展開する障害者福祉施策に限定すると、2005年度の予算額は前年度比で8％程度増加して約7,700億円となっている[14]。また、その内訳の大半は「障害者の地域政策を支援するための施策の推進」に充てられ、居宅生活支援サービスの推進に3,900億円、他に精神障害者保健福祉施策に960億円、新身障者プランの関連で1,800億円、等となっている。2005年度の一般会計予算は、対前年度比で0.1％増であるが、国債費や地方財政関係費を除いた一般歳出は0.4％のマイナスとなっている。これと比較するならば、障害者福祉予算が大きな伸びを示していることがわかる。

障害者福祉に関する近年の大きな改正は、2000年度改正によるそれまでの「措置制度」から「支援費制度」への移行である（2003年度実施）。これは身体障害者（児）と知的障害者（児）を対象とするもので、障害を持つ人々のノーマライゼーションの理念を実現するため、従来は行政が「行政処分」として障害者

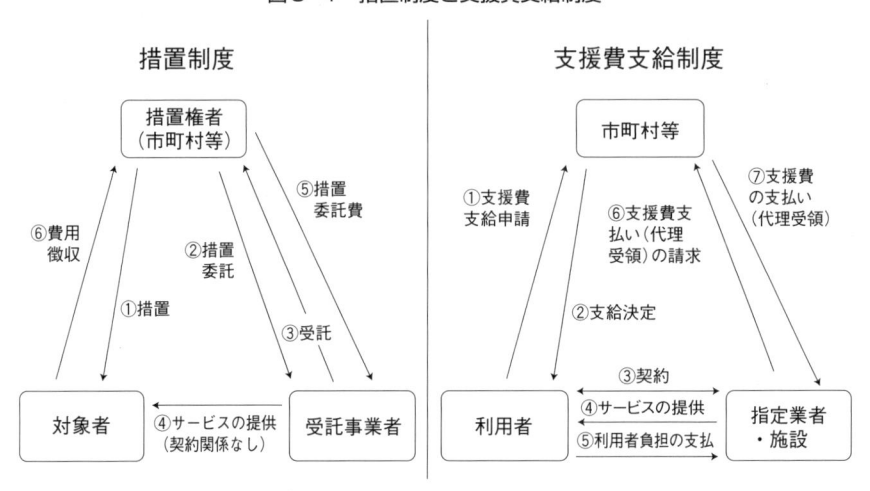

第1部　社会保障一体改革に向けて

図5-4　措置制度と支援費支給制度

措置制度
- 措置権者（市町村等）
- ①措置
- ②措置委託
- ③受託
- ④サービスの提供（契約関係なし）
- ⑤措置委託費
- ⑥費用徴収
- 対象者
- 受託事業者

支援費支給制度
- 市町村等
- ①支援費支給申請
- ②支給決定
- ③契約
- ④サービスの提供
- ⑤利用者負担の支払
- ⑥支援費支払い（代理受領）の請求
- ⑦支援費の支払い（代理受領）
- 利用者
- 指定業者・施設

出所）『平成12年版厚生白書』および『国民の福祉の動向2004年』より作成。

サービスを決定してきた「措置制度」に代えて、自己決定を基本とする「支援費制度」が導入された。この支援費制度のもとでは、障害者自身が受けるサービスを選択することができ、障害者の自己決定が尊重されるとともに、利用者と施設・事業者が直接かつ対等の関係に立つことにより、利用者本位のサービスが提供されるようになることが期待されていた。

従来の措置制度と支援費制度の違いを示したイメージが図5-4である。措置制度であれば、行政が必要と認めたサービスのみを供給されることになるのに対して、支援費制度のもとでは利用者の申請に基づいてサービスの提供が行われる。

支援費制度の事業主体は市町村であるが、支給の財源は国庫負担が1/2、残りを都道府県と市町村で1/4ずつ負担する[15]。また利用者は、それぞれの負担能力に応じて一定の利用者負担を求められる。国庫負担の対象となる給付サービスについては、国が一定の給付水準を設けているが、これとは別に地方が独自の財源で単独事業を実施することもできる。

現実の財政運営では、制度が導入された2003年度、国庫負担は当初予算を100

億円以上超過する結果となった。2004年度については、予算額が拡大されたものの、それでも前年度を上回る財源不足の発生が生じている。拡大する需要とその財源をどのように調達するか、障害者福祉の柱になることが期待される支援費制度は、その導入から大きな時を待たず岐路に立たされている。

COLUMN

アメリカの光景

　アメリカで福祉の先進地域と言われているカリフォルニア・バークレーの街を歩いて目につくのは、電動車椅子を使って1人で活動している人の多さです。建物や歩道はすべてスロープがあって、そのためにコストをかけていることがうかがえます。バスにも1人で乗ります。バスはいわゆるノンステップバスです。バス停に車椅子の人がいると、停車してから運転手が中央部のドアのところまで来てステップ板を操作して、車椅子の人はそれを上ってきます。このようなバスは日本でも導入が進んできましたが、実際に利用しているところはなかなか見かけません。車椅子ですから、当然乗降に時間はかかりますし、スペースも必要ですが、まわりの人はそれを当然のことと受け止めているように見えます。福祉関係のNPOやボランティアも多く活動しています。

　こうなるまでにはかなりの時間がかかったのだと思いますが、日本も追いつけばいいなと思うことの一つです。もちろん、アメリカはいいところばかりではありません。障害者に対して優しさを感じる同じ街で、子どもの学校は送り迎えが基本です。子どもを安心して1人で登校させられない、というのも現状です。それぞれの国に良い面、悪い面があるのは当然ですが、良い面については互いに見ならいたいものです。

（林　宏昭）

---

1) 財務省『平成19年度社会保障関係予算などのポイント（政府案）』より
2) 対象となる児童の保育が必要かどうか、そして必要と判断した場合にはどの保育所に入所するかを市町村長が決定する。
3) 厚生労働省『保育所の状況等について』（各年度版）より。2001年2万1,201人、2002年2万5,447人
4) 2001年までは、その定義は「認可保育所への入所申込みをしており、入所要件に該当しているが、入所していない児童の数」であり、自治体が独自に設定した基準に適合する認可外保育所で保育を受けている者、近くに入所可能な保育所があるにもかかわらず、保護者の都合で入所しないも含まれていた。この定義の変更によって1万人強が対象外となっている。
5) 2001年度に認証保育所として東京都が導入
6) 児童の年齢に応じて国が基準を設定する。
7) 拡大する費用は、16歳未満の子供に対する割増控除の廃止によって財源調達された。

8） 2007年度より乳幼児加算が設けられ、3歳未満の児童に対しては一律10,000円支給となる。
9） 2004年度に地方財政にかかわる、いわゆる三位一体改革の一環で、公費にかかわる負担割合を国：地方＝2：1から、国：地方＝1：2に変更された。
10） 各事業者は従業員に対して直接支給するのではなく、児童手当の財源として支払い給与額の一定割合を国に納める。
11） 所得は、収入額から給与所得控除、社会保険料控除等を差し引いて算出される。
12） 2004年度は国庫が3／4、都道府県が1／4の負担であったが、三位一体改革の一環で国の負担分が削減された。
13） 厚生統計協会『国民の福祉の動向　2006年』より
14） 内閣府ホームページ（http://www8.cao.go.jp/shougai/suishin/yosan/yosan.html）より
15） 政令市、中核市は原則として都道府県の役割を担う。

【参考文献】
厚生統計協会『国民の福祉と動向』各年版
厚生労働省『平成13年身体障害児・者実態調査結果』
厚生労働省『平成12年版厚生白書』
厚生労働省『平成14年版　障害者白書』
厚生労働省ホームページ（オンライン）『児童扶養手当の改正内容について』
　　　（http://www.mhlw.go.jp/topics/2002/06/tp0626-2.html）
厚生労働省資料『保育所の状況（平成17年4月1日）等について』
国立社会保障・人口問題研究所『平成16年度　社会保障給付費』

第6章　公的扶助の現状

木村　真・林　宏昭

　政府の基本的な役割には、資源配分の効率性の追求とともに分配の公正の実現がある。この公正を達成するため、わが国では憲法第25条によって政府が全ての国民に対して「健康で文化的な最低限度の生活」を保障している。これは稼得能力が十分でない人に対して生活を保障しようということである。それを実現する具体的な制度が公的扶助、つまり生活保護制度である。生活保護制度は、国民生活における最終的なセーフティネットであり、その基本は現金給付による経済的な支援である。しかし、近年は給付費の拡大が社会問題にもなっており、そのあり方にまで議論が展開されている。本章では、さまざまな議論の背景にある生活保護制度の現状と動向について述べる。

1．公的扶助の目的としくみ

　公的扶助の最も基本的な目的は、国民全般に対する最低生活の保障である。市場を通じた決定を原則とする資本主義経済では、労働や資本、あるいは土地といった生産要素の提供の対価として給与・賃金、利子・配当・地代といった所得を受け取る。しかしながら、心身等さまざまな事情によって勤労することができず、同時に相続などを通じて資産や財産を引き継ぐ機会を持たないものについては、生活の糧を獲得することができない。このような事態に対応するため、先進諸国では何らかの形で公的扶助の制度が設けられており、わが国では生活保護制度がこれにあたる。

　このような社会的なセーフティネットとしての機能とともに、今日の生活保護制度に期待されるいま一つの役割が、保護対象者の自立の促進である。保護

世帯のなかには、長期にわたって保護を受けなくても、何らかの自立の道を探ることが可能な世帯もある。そこで、生活保護制度には単なる支給システムとしての役割だけでなく、訪問調査を通じた各世帯の実態把握とそれに基づく可能な範囲での就労指導を行うことで、できるかぎり自立した生活を営むことができるよう方向付けを行う役割も期待されるようになってきている。

　以上のような目的と役割を果たすため、わが国の生活保護制度は、次の四つの原則に基づいて運営されている。

(1)　生活保護の支給を受けるかどうかは、対象者自らの申請によって決定される。つまり、行政側が勝手に支給を決定することはできず、あくまでも受給を希望する者からの申請が条件となる。（申請保護の原則）

(2)　支給の程度は、厚生労働大臣が定めた基準によって測定された需要に基づいて決定される。その際、要保護者の年齢、性別、世帯構成その他必要な事情を考慮し、かつ要保護者の金銭または物品では不足する分を補う程度として決定される。（基準及び程度の原則）

(3)　要保護者が実際に給付を必要としている内容の違いを考慮する。（必要即応の原則）

(4)　保護は世帯単位で行うことを原則とする。（世帯単位の原則）

　次に、以上のような原則にしたがって運営されているわが国の生活保護制度のしくみを述べる。

　最低生活を保障する生活保護が個人（世帯）からの申請に基づいて行われるものであっても、それが認められるためには一定の要件を充たしていなければならない。まず、その個人（世帯）が利用可能な能力や資産を最大限活用していることが前提となる[1]。稼得能力をはじめとして、不動産、自家用車、さらには年金や各種手当といった社会保障給付を活用してなお最低生活の水準に達しない場合に給付の対象となるということである。さらに、該当者に対する親などの扶養義務者が存在しないことも要件の一つである。

　生活保護制度では、厚生労働大臣が定める保護基準に基づいて最低生活費が算定される[2]。表6-1は、その保護基準の内容を示したものである。最低生活

表6-1　生活保護基準の内容

生活を営む上で生じる費用	対応する扶助の種類	支給内容
日常生活に必要な費用（食費・被服費・光熱水費等）	生活扶助	基準額は、 (1)食費等の個人的費用（年齢別に算定） (2)光熱水費等の世帯共通的費用（世帯人員別に算定） を合算して算出。 なお、特定の世帯については加算が上乗せされる。 →　老齢加算、母子加算、障害者加算等
アパート等の家賃	住宅扶助	定められた範囲内で実費を支給
義務教育を受けるために必要な学用品費	教育扶助	定められた基準額を支給
医療サービスの費用	医療扶助	費用は直接医療機関へ支払い（本人負担なし）
介護サービスの費用	介護扶助	費用は直接介護事業者へ支払い（本人負担なし）
出産費用	出産扶助	定められた範囲内で実費を支給
就労に必要な技能の修得等にかかる費用	生業扶助	〃
葬祭費用	葬祭扶助	〃

出所）厚生労働省生活保護及び児童扶養手当に関する関係者協議会
　　　第1回資料『生活保護制度の現状等について』（2005年4月20日）

　費の算定において基本となるものは生活扶助と住宅扶助であり、それ以外は各世帯の必要に応じて加算する方式がとられる。ただし、生活保護の支給が原則として現金給付であるのに対し、医療扶助と介護扶助に関しては現物給付であり、それに要した経費が直接医療機関や介護事業者に支払われる。
　生活扶助は、食費や衣料費といった個人単位で算定されるものと光熱費のように世帯単位で算定されるものとに区分される。世帯単位での算定部分については、規模の経済を考慮して算定される。たとえば、生活扶助のうち光熱費等の世帯単位で算定される部分は、1人世帯では4万円程度で、2人目、3人目

は約5,000円、4人目は約2,000円の増額というように、世帯人員数が増えるにしたがって加算額が減少していく。住宅扶助も世帯単位での算定であり、最低生活費は世帯人数に応じて比例的に増加する形にはなっていない。また、地域における生活様式や物価・地価の差による生活水準の違いを反映させるために、全国の市（区）町村を、6区分（3級地6区分）に分類して金額を算定することになっている[3]。

　生活保護では、このようにして算定された最低生活費を全額支給するわけではなく、困窮の程度に応じた給付とするために、最低生活費から対象者（世帯）が稼得する収入を控除した金額が生活保護費として支給される。この時の収入を収入認定額といい、給与等の勤労収入、経費控除後の事業所得および農業所得から勤労控除を差し引いて算出される。また、年金等その他の社会保障給付はそのまま収入認定額に加算される。

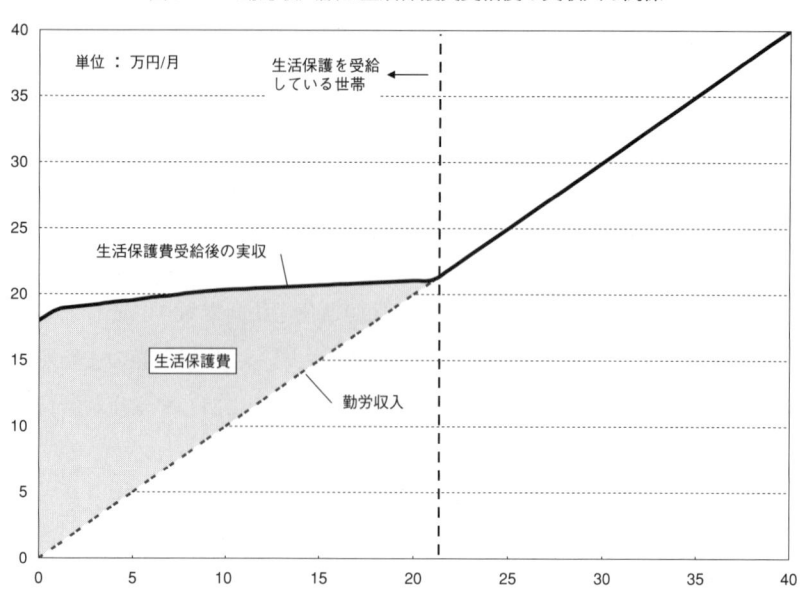

図6-1　勤労収入額と生活保護費受給後の実収入の関係

注）標準3人世帯（33歳男（就労）・29歳女・4歳子）、1級地-1、一般基準の住宅扶助を仮定して作成。

しかし、生活保護の支給を受けている者が勤労によって収入を得た時に、給付が同額減額されるのであれば、働くことに対する意欲は損なわれてしまう。このような事態を回避するために、勤労収入の増加に応じて勤労控除を増加させることで、対象者の勤労意欲を阻害しないように工夫がなされている。この効果を具体的に示すために、1ヶ月の勤労控除前の収入額とそれに生活保護費を加算した実収入額との関係を表したのが図6-1である。

この図で示されているように、収入がゼロであれば、基準額（約18万円）が支給される。かりに、この世帯が勤労によって1万円の収入を得たときに、給付が同額減少するのであれば、縦軸にとられた生活保護費加算後の実収入は18万円のままで水平のラインとなる。しかし、生活保護制度では対象者自身に収入がある時には、給付の減額を収入金額よりも少なく抑えることで、合計の実収入のラインが若干右上がりになるように調整されている。この調整は、収入金額が約22万円に達するまで続けられ、その時点で支給額はゼロになる。

2．生活保護の動向

国民が期待する最低生活水準は時代とともに変化し、経済的な支援を必要とする人がどれだけの数存在するかは、経済状況や社会的な環境の影響を受ける。この節ではまず、1975年以降の長期的な動向を概観する。そして、被保護世帯の属性と保護が必要になった要因、地域別の動向といったいくつかの視点から、生活保護の状況をみる。

(1) 長期的な動向

図6-2には、被保護者数と総人口に対するその比率（保護率）、および被保護世帯数と総世帯数に対するその比率（世帯保護率）について1975年以降の長期的な動向が示されている。戦後2％を超えていた保護率は1970年代前半までの高度成長期に大きく低下し、1970年代後半から1980年代半ばまで世帯保護率とともに横ばいで推移する。

続く1980年代後半から1990年代前半までは、経済の拡大にともなって再び被保護世帯、保護率ともに大きく下落し、1995年度には保護率は0.7％と過去最低

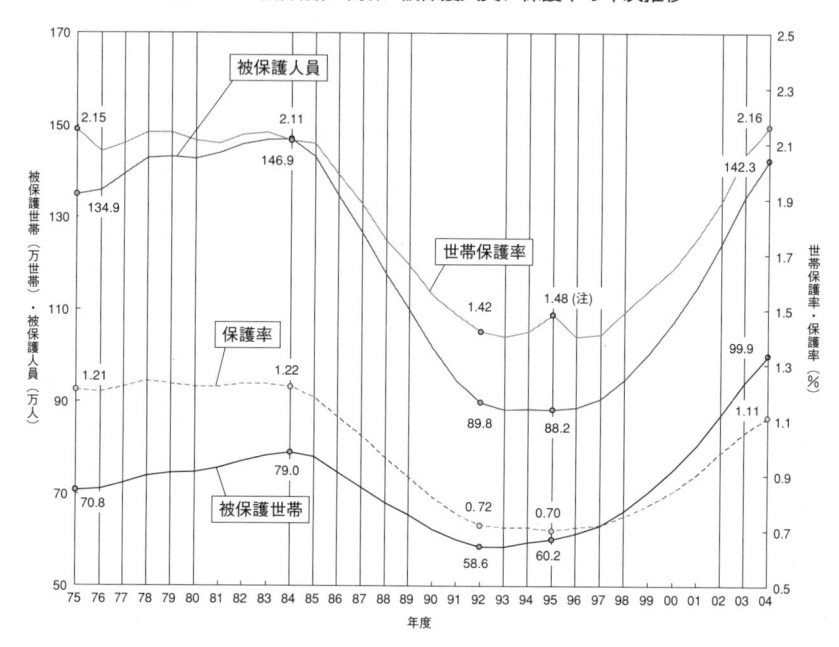

第1部　社会保障一体改革に向けて

図6-2　被保護世帯数、被保護人員、保護率の年次推移

注）被保護世帯、被保護人員は1ヶ月平均の数字。
　　1995年度の世帯保護率の増加は、分母世帯の一部データ（国民生活基礎調査）が阪神大震災の影響により得られないため。
出所）厚生労働省『福祉行政報告例』

を記録する。しかし、1990年代後半から近年までは急速に被保護世帯、被保護人員、保護率、世帯保護率のいずれも上昇する。

　特に被保護世帯数と被保護人員の関係で見ると、1990年代半ばまでは単身世帯の増加や核家族化などの被保護世帯における世帯人員数の減少によって、被保護世帯数より被保護人員の減少が著しいが、それ以降は被保護人員も世帯とほぼ平行した動きを示している。近年は、それまでに一気に進んだ被保護世帯の世帯人員数の減少が落ち着いた状況で生活保護対象者が増加していることがわかる。

(2)　世帯属性

　保護対象となっている世帯を、①高齢者世帯、②母子世帯、③傷病者・障害

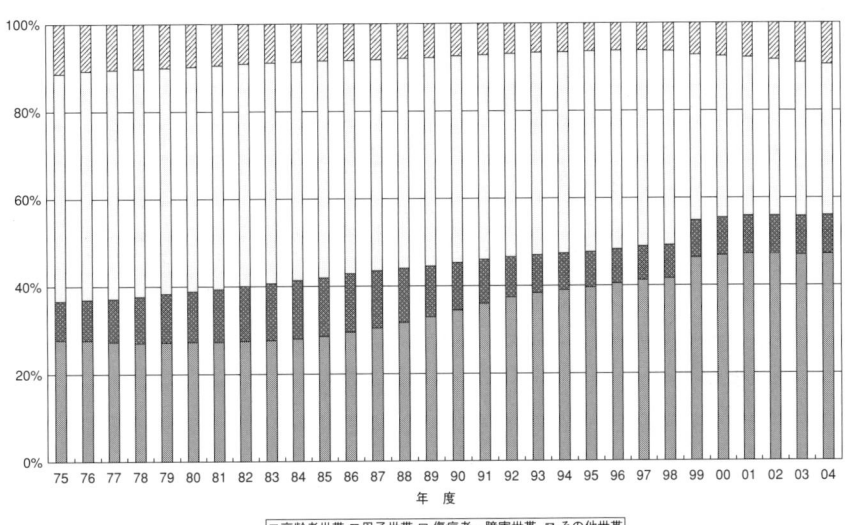

図6-3　保護世帯の類型

出所）生活保護の動向編集委員会編『生活保護の動向（平成18年版）』

者世帯、④その他世帯の四つに区分して1975年以降の推移を示したものが図6-3である。①から③は従来、生活保護が必要な状況に陥りやすいと考えられてきた世帯であり、図で示されるようにこの三つのグループで被保護世帯のうち9割以上を占めている。

　その他世帯は高齢、母子、傷病・障害といった生活保護が必要になる要因を持たない世帯であり、多くは、失業などの事情によって要保護となったケースである。不況の長期化によってリストラ等が進んだ1990年代後半以降はその他世帯の割合が上昇している。被保護世帯全体が増加するなかでの比率の上昇であり、この間のその他世帯の増加が非常に大きかったことがわかる。

　いま一つ、その割合が上昇してきているのが高齢者世帯である。とりわけ、1990年代に入ってからの被保護世帯数の増加は顕著である。高齢者の生活を支える年金制度の整備が進んできたこともあって高齢者世帯の保護率は低下傾向を示していたが、近年はこれが上昇に転じている。

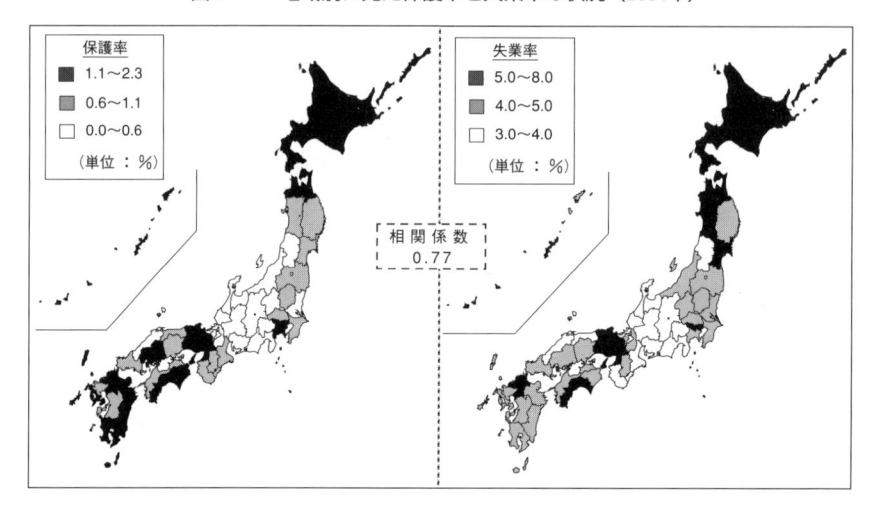

図6-4 地域別に見た保護率と失業率の状況（2004年）

注）保護率は年度保護率、完全失業率は年平均。
出所）厚生労働省『福祉行政報告例』
　　　総務省『労働力調査参考資料：都道府県別結果（モデル推計値）』

(3) 地域間格差

　先にみた保護世帯の状況は全国レベルのものである。しかし、経済環境や社会的な風土といった条件は地域によって異なっており、生活保護の状況にも影響を及ぼしている。

　図6-4の左の図は、2004年度における地域別の保護率を示したものである。傾向的には、西日本、東北、北海道で高くなっていることがわかる。最も高いのは大阪府の2.32％で、以下、北海道2.29％、高知県1.99％と続く。一方低いのは富山県で0.22％、この他低い県には、福井、岐阜、長野などがある。全国の保護率が最低であった1995年度では、最も高い福岡県で1.64％、低い県では富山県、岐阜県の0.2％という開きであったので、近年、保護率が全体的に上昇傾向にあるだけでなく、地域間での格差も拡大してきていることがわかる。

　このような地域格差にはさまざまな要因が考えられる。たとえば、先にみた保護世帯の状況から、雇用状況等の地域の経済環境や住民に占める高齢者の比率、あるいはそのなかでも単身世帯の高齢者の数が地域の保護率に影響を及ぼ

していることは容易に予想できる。図6-4の右の図は、2004年のデータに基づいて地域ごとの完全失業率を示したものである。この図から、両者には正の相関があることをみてとることができる。

また、生活保護は対象者の申請に基づいて支給が決定されるものである。したがって、実際には地域住民の申請に対する意識や支給決定に対する行政当局の姿勢などさまざまな要因がこれらに影響を及ぼすものと考えられる。しかし残念ながら、この申請と保護の決定状況に関する情報は不足している。これらは地域による状況の違いを分析するためには不可欠な情報であり、詳しい要因分析が求められる。

3．保護費・財源の推移

生活保護費の総額とその内訳の推移を示したのが図6-5である。前節でみたように、1970年代後半から1980年代前半にかけて被保護世帯は増加する。加

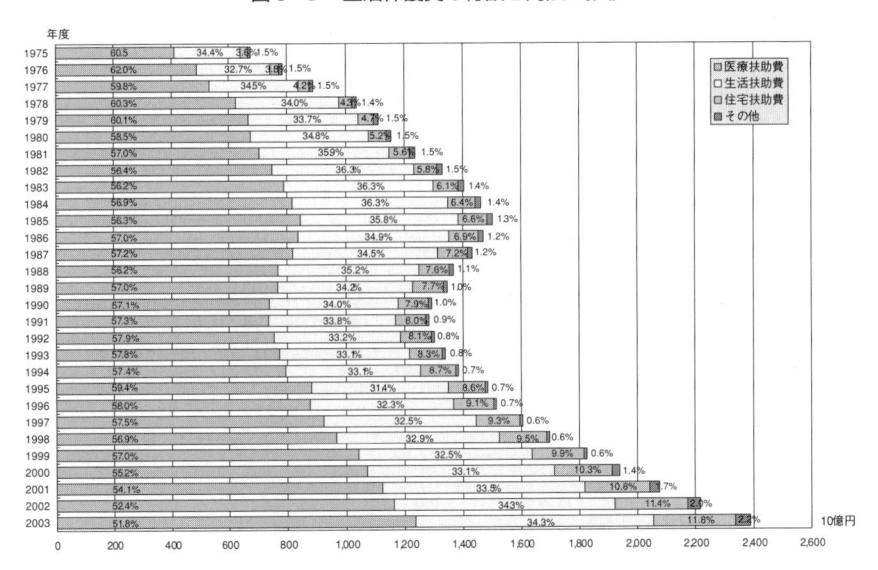

図6-5 生活保護費の総額と内訳の推移

注）事業費ベース。施設事務費負担金を除いている。
出所）国立社会保障・人口問題研究所編『社会保障統計年報』（各年版）

えて、この時期には保護基準の引上げもあったことから生活保護費の総額は急速に拡大する。その後バブル期の1990年頃までは減少するが、後半は被保護世帯の増加と保護基準の引上げを反映して増加に転じ、2001年度には総額で2兆円を超えている。バブル崩壊後の経済環境の悪化で、2003年度の国内総生産（GDP）は1990年度に比べて10％程度しか伸びていない。そのなかで、生活保護費は約2倍に拡大している。

　これを扶助別にみると、現物給付の医療扶助が1/2以上を占めており、次いで生活扶助、住宅扶助、その他の順となっている。なかでも住宅扶助は、拡大する生活保護費の中で一貫して構成比を伸ばし続けている。生活保護の規模については、構成比の大きさから医療扶助と生活扶助に目が向きがちだが、この住宅扶助の動向にも注視する必要がある。

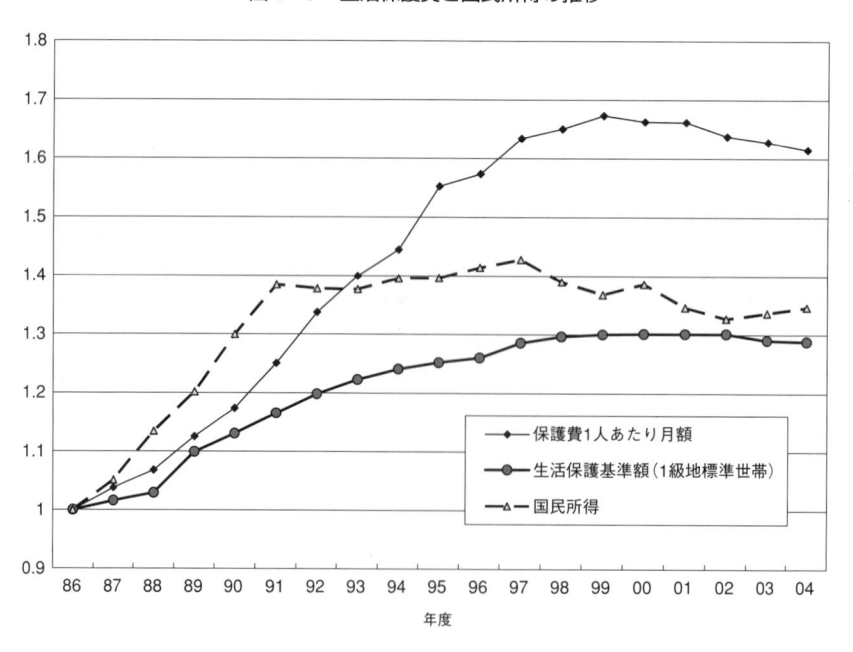

図6-6　生活保護費と国民所得の推移

注）1986年を1とする。
出所）内閣府経済社会総合研究所編『国民経済計算年報』
　　　国立社会保障・人口問題研究所『社会保障統計年報』

図6-6は、1986年を基準とした指数で、生活保護費、生活保護基準額、一国全体の経済規模を示す国民所得の推移を比較して示したものである。一般に、全体の経済の拡大とともに国民生活は物質的に豊かになり、最低と考えられる生活水準も改善されていく。生活保護基準に基づく標準世帯[4]の最低生活費（生活扶助と住宅扶助の合計）は、いわゆるバブル経済期である1980年代後半から国民所得の伸びを上回って引き上げられる。しかし、その後の経済環境の悪化の中で次第に抑制されるようになり、1990年代はほぼ横ばいで推移、そして近年は物価下落を反映して引き下げられている。

　一方、実際の支給額である保護費の被保護人員1人あたりの金額は、1990年代に入って急激に上昇している。前節でみたように1990年代半ばにかけて被保護世帯の世帯人員数は急激に減少する。また1人あたりの保護基準は、そのしくみにより世帯人員数が増加するほど低下する。したがって、最低生活費の伸びがさほどでもないのに1人あたりの生活保護費が増えるのは、単身世帯の増加などの世帯人員数の減少によって、生活保護においても規模の経済が作用しなくなっていることが原因と考えられ、今後の制度設計を考える際に考慮すべき問題である。

　以上のような生活保護制度の実施・運営において、その申請に基づく審査、決定および給付の事務を実際に担当しているのは各地方自治体であり、都市部においては市が、町村においては都道府県がこれらにあたることになっている。ただし、この制度は国の基本法である憲法に定められた最低生活の保障を実現するためのものであり、国からの法定受託事務と位置づけられている[5]。

　現在は、生活保護の給付に要する経費のうち75％が国から地方団体に対する国庫負担金として交付されている。そして、残る25％と事務的な経費は地方の負担となるが、地方交付税の算出において基準財政需要額に算入され、財源保障の対象となっている。2006年度予算では、国の一般会計予算に計上された生活保護費から一部指導監査の経費を除いた2兆円が地方財政計画[6]の収入に生活保護費国庫負担金として計上されている。これに対して、地方財政計画の歳出に計上されている生活保護費は2.7兆円であり、これと国庫補助負担金との

差額分を地方自治体が地方税と地方交付税等を財源に負担する形となっている。

このように、生活保護はその財源を国と地方で分け合っているため、保護費の増加は国と地方の双方の財政を圧迫することになる。国と地方の財政がともに逼迫していることもあり、近年、それぞれの負担割合を巡って国と地方の間で対立が生じている。この点については、第13章でより詳しく言及する。

4．ホームレス問題と公的扶助

近年の生活保護費の急増は、特に大都市部で顕著となっている。大阪府と東京都では、1994年度から2004年度にかけて、保護率がそれぞれ2.03倍、1.91倍に上昇しており、全国ベースの1.56倍を大きく上回る[7]。その背景には、1990年代の長引く不況のなかで、特に大都市圏で問題となった、定職や安定した住居のない野宿生活者、いわゆるホームレスの増加とその生活保護への移行がある。

その呼び名は様々でも同種の人々は従来から存在し、バブル経済の時期でも皆無というわけではなかった。しかし、バブル崩壊後の経済環境の悪化が続くなかでその人数は次第に増加する。全国的なホームレスの実態把握への取り組みが遅かったことから、その数は1999年からしか把握できないが、当時の調査では約2万人のホームレスが確認されている。最新の調査である厚生労働省『ホームレスに関する全国調査結果』(2003年)によれば、2003年1～2月時点のホームレスの総数は約2万5,000人となっているので、5年ほどの間に約5,000人も増加したことになる[8]。

2003年度の全国調査で行われた聞き取り調査からその実態をみると、直近のホームレスになってからの期間は、「1年未満」が約3割で、5年未満が全体の4分の3に達しており、近年の増加が裏付けられる。生活場所は、都市公園が40％、河川が23％、道路が17％、駅舎が5％、その他施設が14％となっている。また、約65％の人が何らかの仕事をしており、その主な内訳は「廃品回収」が7割以上を占め、次いで「建設日雇」が2割弱となっている。平均的な収入月額は、3万円未満が6割、5万円未満では8割近くに達する。

地域的には、管理の行き届かない公共的な空間が整備されており、かつ生活の糧を得やすいこと、当事者にとって顔見知りが少ないという独特の特性などから大都市部に集中する傾向がある。特に大阪市と東京都23区にはそれぞれ、あいりん地域、山谷地域という日雇労働市場があり、ホームレス全体の5割が集中している[9]。

　しかし、この日雇労働市場がバブル経済の崩壊後、急速に縮小している。大阪市の（財）西成労働福祉センターが2003年度に行った日雇求人・紹介数は人数にして66万人で、ピーク時である1990年度の187万人に比べて3分の1程度に減少している[10]。一方で日雇労働者のほうでもこの間に高齢化が進んだため、求人の9割を占める建設作業の職に就くことが年齢的に厳しくなっている。

　日雇労働者が全てホームレスというわけではないが、こういった取り巻く環境の厳しさから路上生活に移行する者は少なくない。実際、先の全国調査でも、直前の職業が日雇であった者は36％を占めている。またホームレスの年齢層も、雇用環境が厳しく年金の支給開始年齢に達していない50～64歳が約3分の2を占めている。

　ホームレスについては、従来、各地方団体が独自に対策を講じていた。しかし、以上のように問題が深刻化してきたことから、90年代の終わり頃から国の取り組みがはじまり、2000年度に初めて国の予算にホームレス対策費が計上されるようになった。その後、対策費は年々増加し、2006年度予算では総額33億円と、対策がはじまった当初の3倍を超える規模となっている。対策の中心は、自立支援事業、緊急一時宿泊事業、日雇労働者等技能講習事業である。なかでも自立支援事業は、就労意欲・能力のある者に対して、自立支援センターによる宿所や食事の提供、生活指導のほか、転業相談や技能講習などを行うことで自立を支援するというもので、最大の柱となっている。

　また、このようなホームレスに特化した対策だけではなく、他の一般施策も含めた総合的な形でもホームレス対策は進められている。その基本を定め、国と地方それぞれの責務も明確化したのが、2002年の「ホームレスの自立支援等に関する特別措置法」と2003年の「ホームレスの自立の支援等に関する基本方

針」である。その要点は、就業機会の確保と自立支援、保健・医療の確保と地域の生活環境の改善、状況に応じた生活保護の活用、の3点にまとめられる。言い換えると、生活保護や自立支援事業を通じて路上生活から脱却する道を用意する一方、都市公園等の公共施設の適正利用のために居住スペースを撤去することも辞さない、ということになる。

　この生活保護の活用方針を受けて、保護の実施要綱が変更され、ホームレスに生活保護を適用する際に障害となっていた部分が一部緩和された。ホームレスとなった人々は、住居の代わりに何らかの施設に入所するか、疾病によって入院するなどして決まった住所を持たない限り、原則的には公的扶助である生活保護の支給対象外である。この原則には変更は加えられなかったものの、従来は既に保護対象となっている場合の転居にのみ支給されていた賃貸住宅用の敷金を、居住していない者にも支給することができるようになった。このように現に居住地が定まっていない人を保護対象に加えることは、ホームレス対策として大きな成果を挙げることになる。しかし、そのことが裏で生活保護費の拡大をまねいている可能性は高い。

　またこの他に、ホームレスの生活保護への移行に影響を与えているものとして、ＮＰＯの存在が挙げられる。1998年には、ＮＰＯ団体の社会的な認知を高め、その活動を一層活発なものにするために特定非営利活動促進法（ＮＰＯ法）が施行された。この後、各地で多数のＮＰＯ法人が設立され、福祉分野において活発な活動をみせるようになる。

　特にホームレス問題に関連しては、生活相談や就労支援、生活保護申請の働きかけなど、その活動は多岐にわたっており、重要な役割を担っている。年別に全国の生活保護開始世帯の動向をみると、1990年代一貫した伸びを示しているが、ＮＰＯ法が施行された1998年には前年の約15万世帯から一気に3万件ほど増加している。

　現在では、ＮＰＯの活動はホームレス対策を考えるうえで外せない存在になっている。一方で、行政の取り組みとの十分な連携が図られなければ、結果的にホームレスから生活保護へのシフトのみを引き起こし、自立に向けた有効

な対策へと結びつかない可能性もある。この点については、第11章で東京と大阪を例に詳しくみることで、その課題を明らかにする。

　以上みてきたように、経済環境や行政の取り組み、ＮＰＯ活動の広がりなど、ホームレスの問題と生活保護には密接な関係がある。今後、対策のあり方を考えるに際には、両者の関係についても詳細な分析を行う必要がある。ホームレスの増大を食い止めるために、様々な施策をどう組み合わせ、どこまで費用をかけるか。限られた財源の有効利用のために、他の社会保障制度と同様のことがホームレス対策にも求められている。

COLUMN

誰でもなれるの？民生委員

　現在、生活保護や福祉サービスを展開するにあたって、大きな役割を果たしているのが民生委員（児童委員）と呼ばれる人たちです。生活保護の対象となっている世帯や障害者福祉などの対象者の実態調査、要保護児童の発見など、広い範囲の仕事をしています。民生委員は民生委員法に基づいて選任されていて、児童委員も兼ねることになっています。選任権者は厚生労働大臣ですが、実際には都道府県知事が市町村の民生委員推薦会の推薦に基づいて選任し、大臣に推薦しています。選任基準は「人格識見高く、広く社会の実情に通じ、社会福祉の増進に熱意があり児童委員としても適任であること」ですから、いわば町の世話役といったところでしょうか。教員出身者、主婦、自営業者など全国に約20万人の民生委員が活動しています。しかし近年は、家庭内暴力や児童虐待というように家庭内の問題が複雑化しています。一方には、プライバシー尊重の視点から、どこまで個別の事情に介入すべきかが難しい課題となってきています。そのため、民生委員としての仕事の難しさが指摘されており、その担い手が不足するようになっています。

（林　宏昭）

1）こうした所得や資産に関する審査をミーンズテストという。
2）生活保護法第8条第2項では以下のように規定されている「生活保護基準は、要保護者の年齢別、性別、世帯構成別、所在地域別その他保護の種類に応じて必要な事情を考慮した最低限度の生活の需要を満たすに十分なものであつて、且つ、これをこえないものでなければならない。」
3）詳しい金額等については、第一法規『保護のてびき』を参照のこと。
4）1級地-1（東京都区部や大阪市等）夫婦、子ども1人の3人世帯。
5）2000年の地方分権一括法までは国からの補助金の交付を受けて実施する事業は国か

らの委任事務であったが、2000年以降は法定受託事務と自治事務とに区分された。機関委任事務と法定受託事務の法律上の違いは、前者については地方の条例制定権がなく、地方議会の権限も制限されているのに対し、後者については法令に反しない限り条例を制定でき、地方議会の権限が原則及ぶものとなっている点である。
6) 地方財政計画とは、都道府県・市町村の地方財政全体の歳入と歳出の見積もりを示したもので、総務省が作成し国の予算とともに審議される。
7) 1994年度の保護率は全国0.71％、大阪府1.14％、東京都0.78％で、2004年度は全国1.11％、大阪府2.32％、東京都1.49％となっている。
8) 2003年度の本格調査以前は、概数調査として1999年3月（77市区、16,247人）、1999年10月（132市区町、20,451人）、2001年9月（420市区町村、24,090人）の計3回の調査が行われている。調査対象の自治体数が異なることや、調査方法・時期が各自治体で異なっているため、厳密な比較ではないことに注意されたい。
9) 大阪市6,603人（全国に占める割合26.1％）、東京都23区5,927人（同23.4％）。
10) （財）西成労働福祉センター『西成地域日雇労働者の就労と福祉のために2004年度（平16）事業の報告』より

【参考文献】
厚生労働省『ホームレスに関する全国調査結果』（2003年）
厚生労働省『福祉行政報告例』（各年版）
厚生労働省『生活保護費事業実績報告』（各年版）
厚生労働省生活保護及び児童扶養手当に関する関係者協議会第1回資料『生活保護制度の現状等について』（平成17年4月20日）
国立社会保障・人口問題研究所編『社会保障統計年報』（各年版）
（財）西成労働福祉センター『西成地域日雇労働者の就労と福祉のために　2004年度（平16）事業の報告』
生活保護の動向編集委員会編『生活保護の動向（平成18年版）』
総務省『労働力調査参考資料：都道府県別結果（モデル推計値)』
第一法規『保護のてびき』
内閣府経済社会総合研究所編『国民経済計算年報』（各年版）

第2部　社会保障一体改革の論点整理

第7章　法と経済からみた社会保障

前川　聡子

　これまでの章でみてきたように、わが国における現行の社会保障制度はさまざまな問題点を抱えている。今後は少子高齢化がいっそう急速に進むことから、現行制度の問題点を改め、社会の変化に適応した社会保障制度にすべく改革を急がなければならない。しかし、従来、社会保障の改革は人の生命にかかわるとの意識が強く、予算編成上も聖域化され、客観的な改革論議ができなかった。過去のしがらみに囚われざるを得なかったために、改革が非常に遅れてきたといえるだろう。それは、少子高齢化が今ほど深刻ではなく、右肩上がりの成長が維持されている状況だから許されたことである。現在のように、経済が安定・成熟化する一方で政府が巨額の債務を抱える状況にあっては、もはやこれ以上、改革を先送りすることはできない。

　改革を行うには、何よりもまず、日本における今後の社会保障制度はどうあるべきなのか、その理念や基本的な考え方を明確にしておく必要がある。個々の社会保障制度にはその制度固有の問題点があることから、これまで制度ごとに変更が行われてきた。その結果、制度が細分化され複雑になってしまったため、制度間の重複を整理し整合性をとる必要も出てきている。だからこそ、さまざまな社会保障制度を一体として捉えて改革を行うことが重要であり、そのためには、社会保障全体のあり方を方向付ける理念や政府の役割を明確にしておかなければならない。

　本章では、社会保障の根本となる基本理念を確認したうえで、法および経済の立場から政府による社会保障の意義および役割を整理する。

1. 社会保障の基本理念

　社会保障の根本に立ち返るにあたり、まず本節では、社会保障の基本理念を歴史的経緯に即しながら整理する。

　わが国で社会保障制度が本格的に整備され始めるのは戦後のことであり、当時、その整備の方向性を定めたのが、1950年の社会保障制度審議会による「社会保障制度に関する勧告」であった[1]。同勧告は、社会保障制度は日本国憲法第25条に示されている理念に基づいて確立すべきであるとし、社会保障は「健康で文化的な最低限度の生活」を保障するためにあり、それを行う責任は国家にあると明言した[2]。

　その後、高度成長を経て国民の生活水準が上昇したことを受け、1995年に社会保障制度審議会は「社会保障体制の再構築—安心して暮らせる21世紀の社会を目指して—」と題した勧告を行い、そのなかで新たな社会保障の理念を提示した。その理念とは「広く国民に健やかで安心できる生活を保障すること」となっている。この理念に基づき、勧告では、これからの社会保障において、最低限度の生活保障から、生活水準の上昇にともなう生活の多様化への対応を図ることが必要であるとしている。

　しかし、社会保障の範囲やしくみは時代の変化にあわせて変わったとしても、基本となる理念はそう簡単に変えるべきではない。いみじくも同勧告が明言しているように、「自らの努力によって自らの生活を維持する責任を負う」ことは社会の基底にある原則であり、それに変わりはない。そうであれば、生活が豊かになるにつれて生じるニーズの多様化や高度化は自らの責任で追及するべきであり、政府がそこまで保障する義務はない。社会保障の理念は、たとえ経済が成熟しようとも、あくまで、さまざまなリスク（病気、障害、失業、老齢等）によって自らの努力だけでは生活に困窮してしまう人を助けることである。

　すなわち、民間でできることは民間で行うことを基本としながら、それでもなお対応できない場合に、政府がセーフティーネット（安全網）として生活保障を行うこと、これが政府による社会保障の基本理念であるといえよう。内閣

府が2005年4月に発表した「21世紀ビジョン」にあるように、社会保障においても政府は「政府でなければできないことに徹する」ことが求められるのである。

2．政府による社会保障の必要性

前節で述べた基本理念に基づき、政府は義務として社会保障を行っている。では、なぜ、民間ではなく政府による社会保障が必要なのだろうか。政府による社会保障の意義・役割は何なのだろうか。これらの点について、本節では、法と経済の立場から説明しよう。

(1) 法からみた社会保障の必要性

わが国において政府が社会保障を行う法的根拠となっているのが、日本国憲法第25条の規定である。第25条第1項では「すべて国民は、健康で文化的な最低限度の生活を営む権利を有する。」として国民の基本的な権利（生存権）を認めるとともに、続く第2項において「国は、すべての生活部面について、社会福祉、社会保障及び公衆衛生の向上及び増進に努めなければならない。」として社会保障が政府の義務であることを定めている。

このように生存権が政府によって保障されるようになった背景には、人間として生きることの権利が尊重されるようになったことが挙げられる。いわゆる基本的人権の尊重である。フランス人権宣言に代表されるように「人は自由、かつ権利において平等なものとして生まれ、生存する」ことが認められ、人はそれまで認められていなかった自由権、平等権、財産権の保障の下、自己の責任によって自らの生存を追求することとなった。

しかし、産業社会が進展するにつれて貧富の格差が拡大し、個人の自由や財産を保障するだけでは人間の生存が確立できないことが明らかとなってきた。そこで単なる人間の生存を保障するのではなく、人間らしい生存を保障する権利（生存権）を法的に認めるべきとの考え方が出て、広く認められるようになったのである。そのような生存権が初めて規定されたのが1919年のワイマール憲法であった[3]。その後、第二次世界大戦をはさんで、主要な先進国では、憲法に

おいて生存権の保障を規定している。以上のような歴史的、思想的経緯を経て、現代社会において生存権を尊重しそれを国家の責任において保障することが必須となったのである。

(2) 経済からみた社会保障の必要性

次に、経済の立場から政府による社会保障の必要性を考えてみよう。政府が社会保障を行う理由は大きく二つある。一つは「市場の失敗」であり、いま一つが「所得再分配」である。

市場の失敗とは、さまざまな理由から市場がうまく機能しない状態をさす。市場の失敗が発生する原因には、独占の存在、公共財、外部性、不完全市場、不完全情報などが挙げられる[4]。これらの原因の中で、社会保障制度に対する根拠となるのが、外部性、不完全市場、不完全情報の存在である。

外部性とは、財・サービスを消費することの利益が、本人だけでなく社会全体に波及することをさす。たとえば、予防接種は、接種した本人だけでなく、疫病の流行を防ぐことで社会全体の利益となる。このため、かつてはインフルエンザの予防接種は公費で行われていた。インフルエンザに関しては、毎年の流行の型が変わる、予防接種による副作用の懸念などから現在では、自己負担とされている。

不完全市場とは、保険市場などで民間では提供されないケースがあることをさす。たとえば、私的な介護保険は、政府による介護保険導入を契機として提供が広まったものである。政府による介護保険の導入により、介護需要が増大し、民間による介護サービスの提供が行われるようになってはじめて、民間企業でも保険を提供できる環境が整ったのである。

不完全情報とは、消費者と生産者の間で情報の非対称性が存在することをさす。たとえば医療保険を考えてみよう。民間の保険会社が任意加入の医療保険を提供する場合、保険会社は一般に、保険に加入しようとしている人がどのくらい病気にかかりやすいかといった健康リスクに関する情報を正確に把握することができない。そのため、保険会社は人々が平均的にどれくらい病気にかかりやすいかを想定し、どの人にも共通で平均的な保険料を設定することになる。

すると、自分の健康状態と比較して保険料が高い人（より健康な人）と低い人（より病気がちな人）が生じてくる。任意加入であるため、当然ながらより健康な人は加入しなくなり、結果として保険加入者に病気がちな人が多くなる。こうなると当初設定した保険料では収支が悪化するため、保険会社はより高い保険料を設定せざるを得なくなる。ところが、今度は加入者のなかから新たに設定した保険料が自分の健康状態に見合わない人が生じ、その人が脱退する。そうすると再び保険料を引き上げざるを得なくなり、という悪循環が発生する。そして最終的には、保険そのものが成立しなくなる可能性が出てくる。これを「逆選択」といい、市場に参加する当事者間で情報が完全に共有されていないために発生する市場の失敗の一例とされている。

　市場の失敗に加えて、政府が社会保障に関与すべきいま一つの理由は所得再分配の必要性である。市場経済においては、たとえ効率的な資源配分を達成できるとしても、分配についての公正の問題を解決することはできない。能力の差、健康状態、初期保有の格差などさまざまな理由で、社会には所得の不平等が発生する。近代社会では、このような所得格差は、税制や社会保障給付を通じて是正させている。高所得者に対しては、累進的な所得税制を通じてより重い税負担が課され、稼得能力が十分ではない低所得者に対しては最低生活を保障するために社会保障給付として生活保護費が支給されている。

3．社会保障の定義と範囲

　では、具体的にどのような制度・政策が社会保障として位置づけられるのだろうか。国民の生活の安心、安定に寄与するものとして、住宅整備や社会資本整備、教育制度等も社会保障の範囲に含めることができる[5]。また、扶養控除や障害者控除等の一部の税制も、社会保障に類似した役割を果たしている点で社会保障の範囲に含めて捉えることもできる[6]。

　しかし、一般的には、社会保障制度の範囲には、社会保険・公的扶助・社会福祉・公衆衛生及び医療が含まれるとされている[7]。わが国ではこれら四つ（老人保健を一つと見なして五つとする場合もある）を「狭義の社会保障」と呼び、

恩給および戦争犠牲者援護を加えたものを「広義の社会保障」と呼んでいる。

社会保険とは、疾病などのリスクに備えて予め保険料を集め、保険事故が発生したときに集めた保険料を財源に給付を行うしくみで、国や公的な団体を保険者とし、被保険者は強制加入を原則とする制度である。他の社会保障制度との違いは、保険料を負担することが給付の条件となっている点にある。

公的扶助とは、疾病や失業等のリスクによって生活が困窮している者に対し、政府が事後的に公費負担によって最低限度の生活を保障する制度であり、生活保護がそれにあたる。

社会福祉とは、公的扶助と同じく公費負担によって身体障害者、児童、老人、母子家庭など社会的弱者に対する支援策である。なお、公的扶助を社会福祉に含める場合もある。

公衆衛生および医療は、国民の健康の維持促進を目的として政府が行うサービスであり、上下水道の整備や廃棄物処理、結核対策や伝染病予防等が含まれる。

恩給および戦争犠牲者援護とは、いずれも戦前・戦中の公務員や軍人ならびにその遺族を対象とする給付である。

これら五つの柱ごとにわが国の社会保障制度を分類したものが、表7-1である[8]。

これらの社会保障の給付は、現金による給付（現金給付）か、あるいは、モ

表7-1　わが国社会保障制度の種類

社会保険	健康保険、年金保険、介護保険、労災保険、雇用保険、船員保険、各種共済等
公的扶助	生活保護
社会福祉	障害者福祉、児童福祉、老人福祉、母子等に対する福祉等
公衆衛生・医療	結核・精神・その他の公費負担医療、老人医療、上下水道等
恩給・戦争犠牲者援護	文官恩給、旧軍人遺族恩給、戦没者遺族年金等

参考）厚生統計協会『保険と年金の動向2004年』

ノやサービスによる給付（現物給付）のいずれかによって行われている。たとえば、社会保険のうち年金保険は現金給付として行われているのに対し、医療保険や介護保険は実質的には現物給付という形で行われている。公的扶助である生活保護については、生活費や家賃の支給である生活扶助や住宅扶助等という現金給付と、必要な医療サービスを提供する現物給付としての医療扶助がある。社会福祉についても、保育所や障害者福祉サービスのように現物給付と位置づけられる給付もあれば、児童手当のような現金給付も行われている。

　現金給付と現物給付は一長一短であり、どちらか一方だけが望ましいということは難しい[9]。現金給付は、受給者の意思が尊重される点で優れているものの、支給されたとしても本来の目的のとおりに使われるかどうかが確定できない点で問題を抱えている。それに対して現物給付については、支給どおりの利用が行われる点が利点となるものの、政府が提供するサービス内容を決めるため受給者の意思は尊重されにくく、供給側にも非効率なサービス提供を行わせる誘因となりやすい等の問題点がある。

4．社会保障の財源調達

　現金給付であれ、現物給付であれ、いずれの場合もその費用を賄う必要がある。その負担の方法としては、利用者負担（自己負担）と保険料負担および税負担（公的負担）がある。

　表7-1にあるわが国の社会保障制度体系のうち、社会保険を除く各制度は公費負担、すなわち税負担で賄われている[10]。それに対して社会保険では、使途が限定されかつ負担することが給付の条件となっている保険料で費用を調達する方式（社会保険方式）が原則である。ただし、わが国では、いずれの社会保険にも公費（税）負担が行われており、厳密には財源面で社会保険方式に対応しない部分を抱えている点に特徴がある。

　なお、社会保険方式と対となる運営方式として税方式がある。これは、使途が限定されず、一般的な税で財源調達が行われる方式であり、海外には、税方式で社会保険を運営している国もある。

表7-2　運営方式の国際比較

	年　金	医　療	介　護
日本	社会保険方式 公費負担は基礎年金の1/3 （平成21年度までに1/2へ）	社会保険方式 公費負担約33% （2002年度）	社会保険方式 公費負担50%
英国	社会保険方式 公費負担は原則なし	税方式	税方式
フランス	社会保険方式	社会保険方式	税方式
ドイツ	社会保険方式 公費負担は給付費の約30%	社会保険方式 原則公費負担なし	社会保険方式 公費負担なし
スウェーデン	社会保険方式、保証年金部分は全額公費負担	税方式	税方式

出所）内閣府資料より作成。

　表7-2には、社会保険の運営方式の国際比較が示されている。年金については、主要国のなかではアメリカ以外の全ての国で社会保険方式が採用されている。医療については、英国が税方式を、日本、フランスは社会保険方式を採用している。ただし、英国には国民保健（National Health Service）からの拠出金も投入されている。介護については、英国、フランスが税方式、日本が社会保険方式を採用している。年金、医療、介護すべてについて社会保険方式をとりながら、公費負担という税を投入しているのは日本のみである。

　税と保険料には政策目的の違いが存在する。税には、効率的な資源配分、公正な所得再分配という機能を果たすことが期待されている。一般道路のようにその利益が特定の個人だけに帰着せず、対価を支払わないものを排除できない公共財に資源を配分するためには、税が必要となる。生活保護費の支給のような所得再分配を目的とした政策も税によって財源調達が行われる。所得再分配のためには、所得水準の高い人からより多く税を徴収し、低所得者に配分することが有効だからだ。景気対策にも税が活用されてきた。

　一方、年金・医療・介護において社会保険方式がとられている。これは、リ

スクの分散としての保険機能を期待してのことである。社会保険として公的に供給されている理由は、例えば、医療保険を取り上げてみるとよくわかる。医療保険は誰もが持つ疾病による稼得機会の喪失というリスクを分散できる。民間保険でなく公的保険が採用されているのは、強制加入させることで保険料の低減を図り、リスクの高い人ほど保険に加入するという逆選択を防ぐためである。また、公的年金制度が社会保険方式で運営されているのは、誰にでもありうる長生きによって発生するリスクを分散するためである。

5．社会経済の変化と今後の社会保障のあり方

　近代社会から現代社会への推移の中で、社会保障の担い手として政府が大きな役割を果たしてきたことは否めない。しかしながら、社会や経済はその後も変化をしており、その変化を考慮しながら、政府による社会保障のあり方も改めていくことが求められている。

　戦後から今日に至るまでの社会・経済の変化としては、何より、高度成長を遂げて経済水準が格段に向上し、安定・成熟した経済へ移行していることが挙げられよう。そのような生活水準の向上とともに、核家族の浸透、女性の社会進出の進展、フリーターの増加にみられるように、人々のライフスタイルは大きく変わり、少子化・高齢化が予想以上のスピードで進んでいる。

　生活が豊かになり、多様なライフスタイルが認められるようになると、それに合わせた社会保障の拡大・充実を求める声が強くなっている。しかし、そのような拡充を全て公的部門で対応することには限界がある。より豊かな生活を実現するためのものとして公的な社会保障を拡大し続けると、国民の負担が大きくなりすぎて持続可能ではなくなってしまう。

　政府による社会保障の基本理念は、第1節でも述べたように、リスクに遭遇して生活に困窮した場合の生活保障を行うことであり、最低限のセーフティネット（安全網）を提供することである。つまり、民間でできることは民間で行い、民間では提供できない、あるいは十分に提供されない保障については政府が最低限これを確実に提供すべきであるということである。

民間にまかせることに対しては、市場での競争によって社会的弱者が排除され、十分なサービスが行われなくなるという批判や不安が常につきまとう。しかし、民間市場での競争は「弱肉強食」のための競争ではない。サービスの供給者が利用者のニーズに応えるための競争である。競争が行われるおかげで多種多様なサービスがより良く、より安く提供され、利用者は各自のニーズに合ったサービスを自由に選択・利用することが可能になるのである。このような自由で競争的な取引を通じてはじめて、限られた資源で最大の社会的な厚生が実現されるのである。

　したがって、今後の政府による社会保障のあり方を考えるにあたっては、公私の役割分担を明確にしながら、公的な給付と負担の範囲や水準を検討する必要がある。まずは、できる限り民間にまかせるという意味で「自助」を強め、公的な社会保障給付の範囲および水準をできるかぎり見直し、セーフティネットを無駄なく整合的に提供できるしくみを確立することが求められる。公的給付の範囲・水準が決まれば、負担についても決まってくる。負担のあり方としては、社会全体でセーフティネットを支えていくことから、社会保険制度のように、社会の構成員全員でコストを負担しあい、リスクを分散するしくみ（共助）が基本となるだろう。

　加えて、公的扶助等の公的給付を必要とする分野でのナショナルミニマムを確保するためには、税のみを財源とするしくみ（公助）が必要となる。税ならば、課税ベース（所得、消費、資産）の選択等、誰にどのような形で負担を求めるのかも決めなければならない。

　以上のように、自助、共助、公助をいかに適切に組み合わせるかが持続可能かつ効率的なセーフティネットの構築に不可欠である。今後はそれを明確にしたうえで、国民の生涯にわたる生活の安心・安定を総合的に支えることができるような社会保障を、公正かつライフスタイル（性別、働き方、家族のあり方等）に中立的に提供することが求められるといえよう。それがひいては、わが国経済の活力を生み出し、安定した経済成長の実現を可能にするのである。次章以降では、このような観点に立ちながら、社会保障を一体として改革するに

あたっての論点整理と具体的な改革の方向性を探っていくこととする。

> **COLUMN**
>
> **雇用主負担のウソ**
>
> 　年金、医療などの社会保険では、サラリーマンの場合、保険料の半分を会社が負担してくれます。この会社負担分は雇用主負担と呼ばれています。一方、自営業者の場合には、国民年金、国民健康保険の保険料は全額自己負担しなければなりません。このような制度の違いは、年金制度一元化の障害にもなっています。全国民に共通の制度にするためには、サラリーマンに対する雇用主負担をなくすしかないからです。これまで半額を会社が負担してくれていたものをなくすと当然のことながら自己負担は増加してしまいます。
>
> 　しかし、会社が負担する雇用主負担は、最終的には誰の負担になっているのでしょうか。経済学的には、雇用主の負担は配当を減少させることで会社の所有者である株主の負担となるか、従業員の賃金を減少させることで従業員の負担となるかあるいは生産コストの上昇として製品価格の上昇につながり、消費者の負担になる可能性も考えられます。これらの可能性のうち、どれが最も考えられるかについては会社と従業員との間の力関係、その会社の製品の市場支配力などによっても変わってきますが、経済学者の多くは雇用主負担が実質的には従業員に対する賃金の一種であると考えています。
>
> 　実際に、企業は労働者を雇うときのコストとして雇用主負担を捉えています。最近の企業は、単純作業を人材派遣業者からの派遣社員やアルバイトにまかせるようになっています。正社員でなければ、雇用主負担を負担する必要もないからです。雇用主負担は、正社員の比率を下げ、フリーターを増加させる原因の一つになっているかもしれませんね。
>
> （橋本　恭之）

1) この勧告は、1942年にイギリスで発表された『ベヴァリッジ報告』（Report on Social Insurance and Allied Services, by William Beverage）の影響を強く受けているといわれている。ベヴァリッジ報告の概略とその影響については、堀編（2004）参照。
2) 日本国憲法第25条　すべて国民は、健康で文化的な最低限度の生活を営む権利を有する。二、国は、すべての生活部面について、社会福祉、社会保障及び公衆衛生の向上及び増進に努めなければならない。
3) ワイマール憲法第151条第1項「経済生活の秩序は、すべての者に人間たるに値する生活を保障する目的をもつ正義の原則に適合しなければならない」（堀（2004）参照）
4) 市場の失敗については、標準的なミクロ経済学の教科書ならどれでも詳しく解説されている。
5) 社会保障審議会意見書『21世紀型の社会保障の実現に向けて』では、社会保障制度を「社会的共通資本」と位置づけている。
6) 扶養控除や障害者控除等は、所得税額の計算において所得から控除として認められ

るものであり、この控除によって所得税額が減額されるため、租税支出（Tax Expenditure）とも呼ばれている。
7) ILO（国際労働機関）では、社会保障費用の国際比較を行うために用いている社会保障の分類として、以下の三つの基準を満たす全ての制度を社会保障制度としている。
①制度の目的が、次のリスクやニーズのいずれかに対する給付を提供するものであること。
(1)高齢　(2)遺族　(3)障害　(4)労働災害　(5)保健医療　(6)家族　(7)失業　(8)住宅　(9)生活保護その他
②制度が法律によって定められ、それによって特定の権利が付与され、あるいは公的、準公的、もしくは独立の機関によって責任が課せられるものであること。
③制度が法律によって定められた公的、準公的、もしくは独立の機関によって管理されていること。あるいは法的に定められた責務の実行を委任された民間の機関であること。
8) 表7-1はわが国の社会保障制度の体系を分野別に整理したものである。一方、第1章図1-1はそれをライフステージ別に整理したものである。整理の視点が異なっているが、いずれも同じわが国の社会保障制度を整理したものである。
9) 現金給付と現物給付を経済理論に基づいて比較・説明したものとしては、小塩（2001）を参照。
10) 厳密には国債発行による負担がある。また保育所の利用者負担等のように一部自己負担もある。

【参考文献】
小塩隆士（2001）『社会保障の経済学』（第2版）日本評論社
厚生統計協会（2004）『保険と年金の動向2004年』
堀勝洋（2004）『社会保障法総論』（第2版）東京大学出版会
堀勝洋編（2004）『社会保障読本』（第3版）東洋経済新報社
社会保障将来像研究会編（2003）『21世紀型の社会保障の実現に向けて社会保障審議会意見書（平成15年6月）』中央法規出版
内閣府『21世紀ビジョン』2005年4月

第8章　年金改革の論点

北浦　義朗

　年金制度に関しては、2004年度に年金改正関連法[1]が成立したものの、残された課題も多い。まず、改革を論議する際にはそもそもなぜ「公的」な年金制度があり、それはどうあるべきなのかを整理し、そのあるべき姿と現行制度の間にどのような乖離が生じているのかを検討する必要がある。そこで、なぜ年金制度が必要なのかについて簡単に整理をする。そして、現行の年金制度が抱えている問題点として、自営業者等とサラリーマンでは基礎年金の保険料の支払い方法が異なるなど、複雑な制度が温存されている点、保険料の上昇に伴い雇用主負担も増大することなどを指摘する。これらの年金制度に残された課題に関する論点を整理し、改革の方向性を考える材料を提供する。

1．なぜ年金制度が必要か

　年金制度の存在意義は、①長生きをしてしまい予測していたよりも生活費がかかってしまうことに対する保険、②退職後に現役時代と比べて消費水準が急激に変化しないように（ライフサイクルの消費の平準化）する制度、と説明されてきた。まず、①長生きに対する保険制度としての年金については、現行の基礎年金制度がそれにあたる。予想以上に長生きをしてしまうという、予測できない保険事故にあった人たちに対して最低限の生活保障を社会全体で公的に行うことには異議はないであろう。ただし、その長生きをしてしまった人たちの生活保障をどのような制度で行うのか（生活保護か年金保険か）、その水準が適正で、高所得層に給付が必要なのか（世代間の公平性）、その負担のあり方が公平であるのか（就業形態別の負担の格差）は議論の対象となる。

また②の現役時代と同じ消費水準を保つための年金制度は、報酬比例の年金制度（厚生年金・共済の二階部分）がそれにあたる。この年金は報酬比例の制度であるので、現役時代に高所得者であったものが高い年金を受け取ることになる。それを現行の賦課方式のもとで、現役世代からの「公的な」給付という形でどこまで行うべきか（世代間の公平性）、その給付は制度が持続可能な範囲内であるのかは議論の対象となる。そして、現役時代と同じ消費水準を保つためであるなら、個人で貯蓄を行ったり民間の個人年金を利用したりする方法もある。なぜこのような年金制度を国が運営していく必要があるのか真剣に議論しなければならない。

　また、一企業に勤め上げる勤労者とその配偶者（第2号被保険者と第3号被保険者）、そして農業・自営業者など（第1号被保険者）からなる社会を前提にした現行の年金制度が、雇用形態の多様化と労働市場の流動化が進んでいる現在の日本社会において、妥当なものであるのか（年金一元化）も検討すべきだ。また、そのような労働環境の中で、企業（雇用主）が年金制度にどのようにかかわっていくべきかについて、雇用主負担のあり方や企業年金制度のあり方についても同時に議論をすべきだ。

2．就業形態別の負担の格差

　わが国の年金制度は、1985年改正において国民年金をすべての国民に共通する基礎年金とすることで部分的に一元化された。しかし、その国民年金の保険料について、自営業者等は定額の保険料を拠出するのに対して、サラリーマンは厚生年金に対し報酬に比例して二階部分を含んだ保険料を支払い、そのなかから厚生年金が同年金の被保険者およびその被扶養配偶者（第3号被保険者）の一階部分の保険料に相当する額をまとめて国民年金に拠出するという方式が採られているため、給付と負担の関係が不明確なものとなっている。

　特に、第3号被保険者の保険料については、厚生年金などがまとめて支払う形をとっているため、彼らには負担を意識させない問題や、実質的に独身者等がより重い負担を被っている問題などが発生している。このような就業形態の

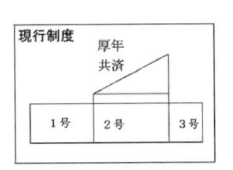

図8-1　年金一元化の類型

類型	特徴
	各類型に共通する目指すべき方向としては、 ・自営業者とサラリーマンの不公平感の解消。 ・職業変更があった場合の未加入の防止。
①基礎年金の負担の一元化	・一階部分で一元化。 ・一階部分は、職業を問わず同じ負担(注)。 ・定額保険料の場合は、専業主婦等からも徴収。 ・一階部分の企業負担の扱いが論点。
②自営業者に所得比例年金	・二階部分で一元化。 ・自営業者もサラリーマンと同じ所得比例年金に加入。 　(一階部分は①と同じ) ・自営業者からも定率保険料を徴収。 ・自営業者の所得捕捉が必要(番号制が不可欠)。
③すべてに所得比例年金	・一階部分と二階部分を分けないで一元化。 ・すべての人に従前所得に応じた年金。 ・ナショナル・ミニマムが確保できるかが論点。 ・自営業者からも定率保険料を徴収 ・自営業者の所得捕捉が必要(番号制が不可欠)
④すべてに定額年金	・一階部分と二階部分を分けないで一元化。 　(①で二階部分を廃止・民営化したものと同じ) ・すべての人にナショナル・ミニマムを確保。 ・従前所得に応じた保障ができない。 ・制度が簡明。 ・変更後の二階部分の取扱いが論点

（注）負担の方法は、定額保険料、所得比例保険料、税がある。

出所）経済財政諮問会議（平成16年第21回）有識者議員提出資料

違いによる負担の違いを改めて、全ての国民に共通の年金制度を提供するものが、年金の一元化である。

図8-1は、2004年に経済財政諮問会議で検討された公的年金一元化案をまとめたものである。この案は、一階部分（国民年金）と二階部分（厚生年金、共済年金等）に分かれている現行体系を尊重した2通りの一元化案と、その体系を完全に変えてしまう2通りの一元化案に大別できる。具体的には、

① 一階部分に対し全ての国民に同じ負担を求める一元化
② ①に加えて自営業者等もサラリーマンと同じ所得比例年金に加入させる二階部分の別途一元化
③ 一階部分と二階部分を分けずに全国民を所得比例年金に加入させる一元化

④　一階部分と二階部分を分けずに全国民を定額負担・定額給付の年金に加入させる一元化

となっている[2]。

　③、④のようなわが国の現行制度を大きく変える一元化案も、すでに海外では適用されている。③はスウェーデン[3]で、④はオランダで実施されている[4]。このうち、スウェーデンでは、1999年の改革によって既に①の形で一元化されていた制度を③へと変更した。その改革は、負担と給付の対応を明確にさせただけでなく、保険料や国庫負担を軽減させることにも成功した。わが国においても、想定される改革ケースについて負担と給付の不公平や国民負担の増加をいかに是正できるかを明らかにし、それに基づきながらどの一元化案を採用していくか検討すべきである。

　上記四つの案について考えられるメリット、デメリットをまとめておこう。まず、メリットとして挙げることができるのは、一元化を行うことで職業変更による未加入が防げること、職業による負担の違いを解消できることである。これらのメリットはどの案にも共通していうことができる。

　それに対してデメリットは、案ごとでそれぞれ異なる。①の場合、二階部分については職業間での格差が残されることになる。一階部分についても、税ではなく保険料として徴収する場合には未納が生じる可能性がある。もちろん、税として負担を求めるならば、税目によっては未納の問題は解消される。また、①のように一階部分だけ切り離して一元化を行う場合には、これまで一階部分と二階部分をあわせて折半してきた企業負担をどうするかも問題になる。

　②や③のように自営業者等にも所得比例年金を適用する一元化を行う場合には、自営業者等の所得捕捉が問題となる。自営業者等の所得はサラリーマンより把握することが難しい。実際、所得税においては、クロヨンとよばれる職業間の税負担格差[5]が従来から指摘されてきた。これを解消するには、一元化とあわせて納税者番号制度を導入することで所得を十分に把握できるようにすることが不可欠であろう。また特に③の場合には、現役時代の所得が低かった者のなかに、納めてきた保険料が少ないために、社会的にみて最低限必要と考え

られる額より年金受給額が低くなってしまう者が発生しうるという問題がある。

　④の場合、最低限度の年金額が保障されるという点では③のような心配はいらない。制度としても簡明であり、二階部分がなくなることから企業負担の削減も可能になる。その一方で、現行制度のような現役時代の所得に応じた年金額の保障ができないことや、変更後に現行の二階部分の取扱いをどうするかといった問題が生じてしまう。

　これらの改革案のうち③が最もスウェーデン方式[6]に近い案となっている。2004年の年金改革論議において民主党が出した案も、スウェーデン方式を参考にしているため、③に近い案といえる。

3．世代間の不公平

　本章第1節で指摘したように、公的な年金制度においては、現役世代がどれほどの給付を高齢世代に行うのか、つまり世代間の公平性の問題が重要な論点となる。だが、年金制度における世代間の不公平は、わが国の年金の財政方式が積立方式から、実質的に賦課方式（修正積立方式）に変わってきたという、歴史的背景[7]から必然的に発生する問題である。

　賦課方式は、基本的には現役世代の保険料でその時点の高齢世代への年金給付を行う財政方式のため、年金財政が人口構成に大きく依存することになる。特に、年金給付額の実質価値を維持し、それに見合った保険料を徴収するという形の賦課方式[8]を採用していると、現在進行しつつある急速な少子高齢化のもとでは、より若い世代に著しく不利な制度となってしまう。つまり賦課方式の場合、どの程度まで公的な年金制度において、高齢世代に年金給付をするのかが重要な論点となる。

　これに対して積立方式を採用すれば、自分で納めた保険料を退職後に受け取ることになり、事実上、民間の貯蓄と変わらなくなるため、世代間の不公平は全く生じない。このため、公的年金の財政方式を積立方式にすべきだという意見もある[9]。

　しかし、現状において公的年金の財政方式を賦課方式から積立方式へ戻すこ

表8-1　スウェーデンの所得年金の個人勘定の数値例

(単位：USドル、歳)

年齢	年間所得 a	年間所得伸び率	保険料率(注1) b	支払い保険料 c=a*b	みなし運用利回り d	みなし運用利子受け取り e=f₋₁*d	個人勘定残高 f	平均余命(注2)	年金受給年額
22	27,061		16%	4,330			4,330		
23	27,602	2%	16%	4,416	2%	87	8,833		
24	28,154	2%	16%	4,505	2%	177	13,514		
：	：	：	：	：	：	：	：	：	：
：	：	：	：	：	：	：	：	：	：
：	：	：	：	：	：	：	：	：	：
59	56,305	2%	16%	9,009	2%	6,536	342,337		
60	57,432	2%	16%	9,189	2%	6,847	358,373		
61	58,580	2%	16%	9,373	2%	7,167	374,913	24.24	14,784
62	59,752	2%	16%	9,560	2%	7,498	391,972	23.41	16,015
：	：	：	：	：	：	：	：	：	：

注1）スウェーデンの年金制度は二つの制度に別れており、18.5%の保険料のうち16%を賦課方式の所得比例年金（income pension）、2.5%を積み立て方式の協約年金（premium pension）としている。
注2）本来は実質成長込みの調整（フロントローディング）された平均余命を使って年金額を計算するが簡単化のため省略。
出所）Palmer（2000）、西沢（2004）より作成。

とは難しい。積立方式への移行時には、若い世代が将来の自分たちの年金のために積み立てておく分と現在の高齢者への年金給付を賄うために賦課される分の二つの保険料を負担させられるという、いわゆる「二重の負担」が顕在化するからである。

厚生労働省の試算によると、厚生年金の二階部分を民営化して積立方式を採用した場合、制度切替えによって財政処理が必要となる厚生年金（二階部分）の過去期間の債務（後代負担）の現在価値総額は420兆円（2004年度末）[10]、一時金であれば被保険者1人あたり約1,300万円にも達する。

このような「二重の負担」の問題や世代間格差の問題に対する方策として近年脚光を浴びてきたものが、スウェーデン方式とも呼ばれる「みなし掛金建て方式」である。

4．スウェーデン方式

　かつてスウェーデンでは、わが国と同様に賦課方式による年金制度の崩壊の危機に悩んでいた。しかし、前節で述べたように賦課方式で運営している年金制度を積立方式に移行することはきわめて難しい。そこで採用された改革案が、みなし掛金建て方式と呼ばれるものである。

　この制度は、就労期間に保険料を納め、それがその時点の高齢者の年金給付に回される点で、財政方式としては賦課方式のままである。しかし、純粋な賦課方式のもとでは将来の年金給付と保険料拠出額の間にリンクがないのに対して、この方式では、勤労期間に支払った保険料が「みなし運用利回り」を加味されて公的に記録され、退職後にその記録に基づき平均余命を考慮して年金が給付される。

　ここで、スウェーデンの年金制度を、表8-1の数値例を用いて説明することにしよう。この数値例では22歳から働く個人を考え、22歳時には保険料を4,330US（=a＊b）ドル納め、この金額が、政府の個人勘定に記録される。そして23歳時には保険料4,416USドルと前年の個人勘定の（みなし運用）利回り87USドル（e=d＊f）と残高4,330USドルが足された額8,833USドルが個人勘定に記録され、このような計算が就労期間中行われる。ここで注意しなければならないのが、個人勘定には金額が記録されるだけで、実際に積立金が形成されるわけではなく、納付された保険料はその年の年金給付に使われる点である。ここが「みなし掛金建て」といわれるゆえんである。一方、年金給付年額は、年金受け取り開始時点（ex.61歳[11]）での個人勘定の残高358,373USドルを平均余命24.24年で割った額14,784USドルとなる。

　このような個人勘定の制度によって、個々人の年金の受給と負担との関係は明確になる。しかし、年金の財政方式としては賦課方式であるため、個人勘定の制度をとることは、国全体の年金の給付と保険料負担が一致することを意味するわけではない。そこでスウェーデンの年金制度では、年金財政の安定化を図るために、年金資産が年金負債を上回るように給付を自動的に調整する制

度[12]を導入した。具体的には、毎年、次のような均衡比率が計算され、これが1を超えているか否かで調整するかが決定される。

　均衡比率＝年金資産／年金債務
　　　　　＝（保険料資産＋年金積立金）／将来年金給付

　この均衡比率が1を超えている場合は資産が債務を超えている状態であるので年金財政上問題はない。逆に、均衡比率が1を下回っている場合には債務超過ということになる。この問題を解決するためには、「みなし運用利回り」などを調整し、給付を抑制することで均衡比率が1を上回るようにする。このようなルールを法制化することにより、政治的な決定を経ずに年金財政の健全性を保つことができる制度を作りあげた。

　スウェーデンでは、こうした財政の自動調整制度を持った、みなし掛け金建て方式を取ることにより、年金の財政方式としては賦課方式を維持しながら、各自がおさめた保険料と将来受け取る年金給付の間のリンクを強化することで、世代間の不公平感を解消しつつ、年金財政の持続性を強化しようとしたのである。

5．マクロ経済スライドの問題点

　日本では、2004年の年金改正によって保険料に上限が設定されるとともに年金財政の自動調整システムともいえるマクロ経済スライドが導入された。

　マクロ経済スライドとは、年金の給付を賃金や物価の伸びに合わせて改定するだけでなく、一定期間、被保険者数の減少や平均余命の伸びに合わせて調整することによって、年金の給付を抑制して、概ね100年後までの年金財政の安定化を図る制度のことである[13]。このマクロ経済スライドによる給付の調整期間は、2004年の財政再計算では、2023年度までとされている。自動調整システムと呼ばれるのは、経済社会状況が変化して、被保険者数や平均余命が変化した場合に、①マクロ経済スライドを通じて自動的に年金給付が調整される、②財政の安定化を図るための調整期間が変化する、ことによる。

　このように日本の年金制度においても、スウェーデンと同じく、保険料の上

限を設け、マクロ経済スライドによって給付を調整することで、年金財政の安定化を図る制度が整えられた。一方で、年金給付について、将来にわたって所得代替率[14]で50％を確保するとの下限が今回の改正で設定された。このように年金財政の調整手段である年金給付に下限を設けることは、年金財政の安定化と両立できなくなる可能性を制度内に内包することになる。

もし2004年改正時の想定以上に、出生率が下がり被保険者数が減少する場合や、経済状況が悪化して保険料収入あるいは運用収入が減る等の場合は、年金財政の悪化が予測される。このとき、マクロ経済スライドの調整期間の延長によって財政の安定化を保つならば、2004年度改正で50.2％とされた、所得代替率が50％を下回ることもありえるのである。

このような場合、2004年改正では、「次回の財政検証までの間に所得代替率が50％を下回ることとなる見込みとなった時点において、給付水準調整の終了について検討を行い、その結果に基づいて調整期間の終了その他の措置を講ずることとしており、併せて、給付と負担の在り方についての検討を行い所要の措置を講ずることとしている」[15]とある。

この対応について大きな一つの問題点が指摘できる。それは「所要の措置」とは何か明記されていないことである。年金財政が悪化した場合、対応策として、マクロ経済スライドを継続して給付水準を引き下げる、支給開始年齢を引き上げる、保険料を引き上げる、国庫負担割合を引き上げる、積立金の積立水準を引き下げるが考えられるが、どれで対応するのかが明記されておらず、財政の「自動」調整制度が機能しなくなる可能性がある。年金制度の維持が困難になった場合の対応策について明記されていないのでは、制度の持続性が担保されていないと言わざるを得ない。

保険料の上限を設定し、年金財政を均衡させるためにマクロ経済スライドという年金給付を自動調整する制度を導入したことは2004年改正の大きな成果であった。しかし、年金給付に所得代替率で50％以上という制限を設けたことは、この自動調整制度の意味を失わせ、年金制度の持続性が担保なされないものとなってしまった。この点は今後の課題となる。

6．雇用主負担の問題

　2004年度改正において保険料率に上限が設定されたことにより、企業経営者も雇用主負担の果てしない増大という危機感からは解放された。しかし、18.3％までの引上げの半分は企業側で支払わざるを得ない状況にある。こうした支払いに直面するなかで、それを実質的に負担するのは誰なのかという問題と人件費の増大による国際競争力の低下という問題が指摘されている。

　経営者からみれば、雇用主負担は給与支払いのうえに追加的に支払っているものであるから、企業が負担していると考えられる。しかし、会計上は人件費として経費計上されており、別払い給与と捉えれば、本人が負担しているという見方も可能である。年金の受益と負担の関係を分析する際には、どちらの負担と考えるかにより、負担面の数値は大きく変わってくる。この問題を制度的に判断することはできない。雇用主負担という保険料を実質的に（株主・経営者・従業員・消費者の）誰が負担するかという帰着の問題であり、詳細な実態分析を踏まえて検討していかなければならない。

　一方、保険料率引上げに伴う雇用主負担の増大は人件費増によるコスト上昇要因となり、ひいては国際競争力をも低下させることになるという批判が経済界から強く打ち出されている。この主張は、雇用主負担の増大を製品価格に転嫁することを仮定したものであり、厳密には、帰着の問題と関係させながら議論しなければ意味のあるものとはいえない。

　しかし、年金だけでなく医療も介護も含め社会保険料は公権力をもって強制的に徴収されるものであるから、雇用主負担の問題を公的負担の増大という側面から捉えて議論することはむしろ重要である。つまり、法人税に関する実効税率の議論と同様に、雇用主負担をも含めた実効的な公的負担率（＝（法人の税負担＋雇用主負担）／（課税前法人所得＋雇用主負担））の国際比較に基づく議論が必要なのである。こうした負担率が先進諸国やアジア諸国に比べてかなり高くなっているならば、社会保険料負担のあり方を抜本的に見直すことも課題となろう。

また、雇用主負担の増大や国際競争力の低下を回避するために、社会保険料を消費税に置き換えようという議論も展開されている。その典型は、基礎年金の消費税による全額国庫負担化の議論である。この手法は、表面的には、企業の負担を軽減することになろう。特に、輸出性向の高い企業は、輸出免税措置により、輸出価格の抑制にはなるであろう。しかし、国内性向の強い企業にとっては、消費税の帰着の問題を厳密に検討しておかなければ、実質的には必ずしも負担軽減にはならないかもしれない。税率が10％を超え、価格への転嫁がこれまでほど容易にいくとは考えにくいからである。

いづれにしても、雇用主負担のあり方は、その詳細な実態分析を踏まえたうえで検討していくべき課題である。

7．年金制度の公私の役割分担

年金制度において、どこまで官（公）が役割を担うべきなのか、また民間（私）がどこまで補えるのであろうか。公的年金制度を補完する制度の一つとして、企業年金制度がある。企業年金制度は、一階部分の基礎年金制度、二階部分の厚生年金などに対応した、三階部分の年金となる。この企業年金制度は、もともとは各企業の退職金制度から発展してきた経緯があり、必ずしも全ての企業に備わっているわけではない[16]。

しかし、2004年年金改革において、一階・二階の公的年金の給付水準がマクロ経済スライドによって削減されたため、企業年金の重要性がより高まることとなった。一方で、女性の就労状況の変化や雇用形態の多様化によって、公的年金と同様に、一企業に勤め上げることを前提とした企業年金制度が時代の要請と合わなくなってきている。公的年金制度の改革に合わせて、企業年金制度が今後どうあるべきか議論することは重要である。

企業年金制度には、退職金の社外積立制度から発展してきたことも関係して、税制適格退職年金制度（適格年金制度）と厚生年金基金制度の二つがある。これらは同じ企業年金であるものの、普及している企業規模やその給付内容の点で異なっている。企業規模については、厚生年金基金が大企業を中心としたも

のであるのに対して、税制適格退職年金は主として中小企業で設立されている。これは、設立に必要な人員規模が異なるためである。厚生年金基金では単独では1,000人以上、複数の企業が合同して設立する場合（総合型）では5,000人以上の人員要件を満たさなければならない。それに対して税制適格退職年金では、15人以上であれば設立が可能となっていた。

給付については、いずれも公的年金の上乗せを行う制度であるが、厚生年金基金では、本来は国が行っている厚生年金の給付の一部（スライド部分を除く）を「代行」するとともに、独自の上乗せ給付を行っている。税制適格退職年金ではそのような「代行」は行っていない。

企業年金制度のほとんどは、将来の給付を約束する確定給付型の年金制度であった。だが、バブル崩壊後の景気悪化による年金運用の低迷と、2000年に退職給付会計基準が導入されたことにより、将来の給付のための積立金が大きく不足していること（退職給付債務の存在）が明らかになり、企業年金制度の持続可能性に疑問符がつくこととなった。

このような問題に対応するため、2001年に確定拠出年金制度が創設された。確定拠出年金制度は拠出額（保険料納付額）を個人単位で積み立て、その運用を各個人に任せ、その運用実績により給付額が決定されるという日本版401k制度といえる。つまり、拠出額によって給付額が決まるので、退職給付純債務が発生しない制度となった。さらに、個人単位の運用であることから、従業者は転職しても自分の年金資産を持ち運ぶことが可能となり、年金のポータビリティが実現されることとなったのである。

確定給付型の企業年金である厚生年金基金と税制適格退職年金については再編が行われ、新たに確定給付企業年金法が制定された。そこでは、従来の厚生年金基金に加えて、厚生年金の「代行」を行わない新しい確定給付企業年金が設けられ、企業は厚生年金基金から新しい確定給付企業年金への移行が認められた。すなわち、移行を通じて厚生年金の代行部分を分離・返上が可能となったのである。

こうした2001年の企業年金制度の改革は、従業員の年金のポータビリティを

大幅に改善した点で画期的なものであった。しかしながら、今後の課題もまだまだ多い。まず、確定拠出年金の普及率が低いことである。このことは2004年年金改革によって給付が削減された公的年金を補完する、私的年金制度の充実が遅れていることを意味し、官民の役割分担のうえから重要な問題となる。

確定拠出年金の普及が進まない背景には、税制上の優遇措置が限定的であるという問題がある。ここで確定拠出年金に関する税制上の扱いを簡単にまとめておこう。掛け金の拠出については限度額の範囲内で非課税であり、給付については年金として受け取る場合は公的年金等控除、一時金として受け取る場合は退職所得控除が適用されることになっている。

問題は、運用を自己責任として任せておきながら、掛け金については税制上非課税限度額が設けられていることである。たとえば、個人が掛け金を拠出する「個人型」に加入する自営業者（第1号被保険者）の場合、拠出限度額は国民年金基金等の掛け金と合わせて月額6万8千円（年額81万6千円）となっている[17]。そもそも国民年金基金の拠出金についての非課税限度額自体が月額6万8千円となっていることから、この場合の個人は、月額6万8千円の範囲内で国民年金基金と確定拠出型個人年金の拠出を配分しなければならないことになる。

マクロ経済スライドの適用で公的年金の給付額が削減される中、私的年金の役割がますます重要になってきている。私的年金の充実を図り、その普及を促すには、上記のような限定的な税制上の優遇措置を見直す必要がある。

COLUMN

危ない国民年金基金

　国民年金と国民年金基金の違いをご存じですか。国民年金は、すべての国民が直接的ないし間接的に加入している制度です。一方、国民年金基金は、自営業者等に対する「任意加入」の年金制度です。これは、サラリーマンには、基礎年金に加えて、厚生年金から報酬比例年金が支給されているのに対して、自営業は定額の基礎年金しか支給されていないため、より手厚い給付を希望する人たちに対して用意されたものです。その制度運営は、厚生労働大臣の認可を受けた公的な法人にまかされており、47都道府県に設立された「地域型基金」と25の業種別に設立された「職能型基金」の2種類があります。掛金（保険料）は平成15年度末現在、全基金平均で20,571円（月額）となっており、年金は平成15年度末現在、一口あたり76,057円、二口目以降200,845円（年額）となっています。

　国民年金基金は、国民年金とちがい、積み立て方式で運営されています。加入者が納めた保険料を積み立て、その積立金を市場で運用して、退職後に給付しています。基本的には、民間の銀行や生命保険会社が提供している私的年金と同様の性格を備えているわけです。ただし、国民年金基金は、将来の年金額が固定されている確定給付型年金です。確定給付型年金では、市場の運用成績が良くても受け取る年金額は変わりません。逆に市場の運用成績が悪くても給付額が減ってしまうこともありません。加入したら得か損かは、今後の日本の資本市場の状況によってかわってくるわけです。公的団体なので破綻することはないでしょうけど、かつての国鉄清算事業団のように、積立不足をいったい誰が負担することになるのでしょうか。

（橋本　恭之）

1）　正式には「国民年金法等の一部を改正する法律」
2）　その後、2006年4月28日に「被用者年金制度の一元化等に関する基本方針について」という閣議決定がなされ、同年12月19日に「被用者年金一元化の基本的な方針と進め方について」という政府・与党の合意がなされた結果、各種共済制度が厚生年金に統合されることが決まった。また経済財政諮問会議において、パート労働者に対する厚生年金の適用拡大について議論が進められることになっている（参考：2006年第27回会議（11月30日）議事要旨）。しかしこれらの改革は、あくまで図8－1の現行の年金制度内のものであり、2004年の第21回経済財政諮問会議において有識者議員が示した、年金制度の一元化の類型へ踏み込むまでのものにはなっていない。
3）　別途、税を財源とする高齢期の生活保障をする基礎的な年金制度もある。
4）　詳しくは、跡田・川瀬・北浦・木村（2005）を参照。
5）　クロヨンとは、課税所得の捕捉率が一般的に、給与所得者：自営業者：農業者＝9割：6割：4割、とされることからくる用語である。
6）　4節で詳しく紹介する。
7）　この歴史的な背景については第2章を参照のこと。

8） これを給付建ての賦課方式という。
9） 八田・小口（1999）は完全積立方式への移行を、小塩（1998）は公的年金の二階部分である厚生年金の民営化・積立方式への移行を提案している。
10） 厚生労働省年金局数理課『厚生年金・国民年金平成16年財政再計算結果』より
11） スウェーデンでは61歳から70歳まで受給開始年齢を選ぶことができる。表8-1の数値例で、62歳での受給開始を選んだ場合、年金受給年額は16,015USドル（m）（=374,913USドル／23.41年（=k／l））となる。
12） 保険料は18.5％と決められている。
13） 詳細は第2章を参照のこと。
14） 所得代替率＝新規裁定年金／可処分所得。平均的な年金給付と現役世代の所得の比率を示したもの。詳細は第2章を参照のこと。
15） 厚生労働省年金局数理課『厚生年金・国民年金平成16年財政再計算結果』p.107より引用。
16） 企業年金制度ではなく退職金制度を採る企業も多いので、退職金制度についても今後議論していく必要はある。
17） 会社員（第2号被保険者）の場合にも、加入している公的年金と確定拠出年金の組み合わせによって異なる非課税限度額が設けられている。まず、勤務先に確定給付型の企業年金制度が無い場合、「個人型」確定拠出年金加入者の非課税限度額は月額1万8千円（年額21万6千円）であり、企業が拠出を行う「企業型」の確定拠出年金加入者の限度額は月額4万6千円（年額55万2千円）となっている。一方、勤務先に確定給付型の企業年金制度があり、かつ「企業型」の確定拠出年金に加入している場合、非課税限度額は月額2万3千円（年額27万6千円）である。

【参考文献】

跡田直澄・川瀬晃弘・北浦義朗・木村真（2005）「年金一元化と保険料賦課ベース」『大阪大学経済学』第54巻第4号、pp.58-70.

臼杵政治（2005）「中小企業の退職金・年金を考える：適格退職年金制度の廃止をきっかけに」ニッセイ基礎研REPORT、2005.3.

小塩隆士（1998）『年金民営化への構想』日本経済新聞社

西沢和彦（2004）「スウェーデン型年金制度の特徴と導入論議のための課題」『Japan Research Review』、2004.3.

八田達夫・小口登良（1999）『年金改革論：積立方式へ移行せよ』日本経済新聞社

Palmer, Edward (2000), "Swedish Pension Reform Model:Framework and Issues", National Social Insurance Board.

厚生労働省年金局数理課『厚生年金・国民年金平成16年財政再計算結果』

内閣府経済財政諮問会議（平成16年第21回）有識者議員提出資料

第9章　医療保険改革の論点

川瀬　晃弘・小川　亮

　高齢化の進展や医療技術の高度化にともなって医療費が増大し、国民負担率が上昇することや医療保険制度の持続可能性が危惧されている。国民負担率の上昇を抑制し医療保険制度を持続可能なものとするためには、医療においても質の高いサービスを低コストで効率的に供給することが望まれる。国民にとって最も重要なことは、少子高齢化が進む将来も安心して医療サービスを受けられるようなしくみができることである。

　本章では、医療改革における論点として、以下の五つを取り上げる。具体的には、①公的医療費の抑制と削減、②診療報酬体系の見直し、③保険者機能の強化と保険者の再編、④高齢者医療の改革、⑤混合診療の解禁についてである。

1．公的医療の抑制と伸び率管理

　高齢化などを背景に医療費は増え続けており、医療費の伸び率は国内総生産（GDP）の伸び率を上回っている。図9-1は、経済成長率と国民医療費の伸び率の推移を示したものである。1980年代は経済成長率と医療費の伸びが比較的バランスしていたが、1990年代から経済は低迷する一方医療費の伸びは3％程度で推移し、これらの間に乖離が生まれた。増え続ける医療費を今後だれがどのように負担していくかということも重要な課題だが、医療費そのものを抑制していくことも重要である。

　そこで、経済財政諮問会議や財務省は膨張する医療費を抑えるには経済全体に連動した抑制目標が必要であるとして、基本的にGDPなどのマクロ経済指標に連動させて医療費の伸びを抑える制度の導入を検討している。

第9章 医療保険改革の論点

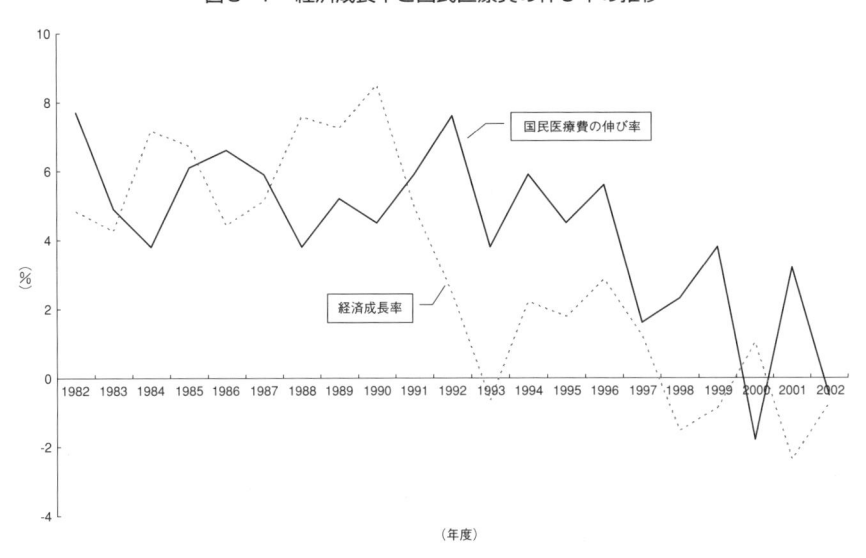

図9-1 経済成長率と国民医療費の伸び率の推移

出所) 内閣府経済社会総合研究所『国民経済計算年報』(各年版)、厚生労働省『国民医療費』(各年版) より作成。

　経済財政諮問会議の民間議員は、経済成長率に高齢化要因を加味した「高齢化修正GDP」によって伸び率を5年ごとに管理するしくみを提案した。医療費の伸びの上限は原則として名目成長率にするが、高齢者比率の上昇を考慮して成長率よりも高い医療費の伸びを容認する案である。また、財務省財政制度審議会でも、諮問会議と同様に経済成長率を基本に高齢化要因を加味する案も検討されている[1]。

　しかし、こうした動きに対して厚生労働省は、社会保障制度を経済・財政と調和のとれた持続可能なものとするため給付費の適正化は必要であるとしながらも、医療費は景気低迷時にも3％程度伸びており、医療費の伸び率をGDPの伸び率に連動させるといった機械的な「伸び率管理」を行うことは不適切であると主張している[2]。

　厚生労働省は、機械的な伸び率の管理ではなく、国民の健康水準の向上や医療提供体制の歪みの是正などを通じた医療費の伸びそのものを適正化する取り

137

組みによって医療費を抑制することを検討している。つまり、経済と切り離した個別の医療政策の数値目標の積み上げである。具体的には、糖尿病などの生活習慣病対策の推進や平均在院日数の短縮といった数値目標を盛り込んだ「医療費適正化計画」を新たに作成し、その数値の全国集計が医療費抑制の指標になるとの考えである。

2．診療報酬見直しの論点

　医療の場合、病気の種類や程度、必要な治療法とその効果について医師と患者の間で情報の非対称性が存在するため、望ましい質とコストの組み合わせを実現することは容易ではない。医師は病気の種類や治療法について患者より圧倒的に多くの情報を持っている。そのため、医師には自らの収入を増やすためにこの情報の優位性を生かして過剰な治療を行う誘引が働く。一方、患者には、自らの病気に関する正確な情報を持っていないだけでなく医療費の大半が保険で賄われるため、必要以上のサービスを需要する誘引が働く[3]。医療サービスの効率化のためには、価格面でこのような行為を抑制するインセンティブを付与することが必要であり、診療報酬制度の設計においてもこの点が重要となる。

　第3章でみたように、わが国の診療報酬制度は出来高払いを基本としている。出来高払い方式のもとでは、診療行為ごとに報酬額が決められているため、サービスの量が増えるほど報酬額が増加するしくみとなっている。そのため、医師にとってはコスト削減のインセンティブが働きにくい。そこで、わが国の今後の改革の方向性を探るため、諸外国ではどのような診療報酬制度を採用しているのか概観してみよう[4]。

　表9-1は、諸外国の診療報酬制度をまとめたものである。アメリカでは、診療所・開業医については出来高払い制度が、病院については入院患者の分類に応じて事前に決められた額の診療報酬が支払われるDRG-PPSという方式が採用されている[5]。DRG（Diagnosis Related Group）とは、客観的なデータ分析に基づいて疾病ごとに患者を約500のグループに分類したもので、実際の入院日数や消費された医療資源の多寡にかかわらず、この分類にしたがって予め定め

表9-1　診療報酬制度の国際比較

	アメリカ（メディケア）	イギリス	ドイツ	フランス
診療所開業医	出来高払い制	登録人頭制 ＋ 基本診療手当、出来高払い部分、諸経費手当	総額請負制（個々の医師は出来高払い配分。）	出来高払い制（毎年国会で決められた医療費の伸びの枠内で診療報酬を決定）
病院	DRG-PPS方式	NHS病院トラスト ・保健当局との契約に基づき支払いを受ける。 ・運営は独立採算にて行われる。	DRG方式	公的病院 ・総枠予算制 私的病院 ・患者1人1日当たり定額のホスピタルフィーとドクターフィー

出所）厚生労働省資料『診療報酬制度の国際比較』、厚生統計協会『保険と年金の動向2005年』より作成。

られた診療費が支払われる[6]。診療報酬額が予め決まっているので、PPS（Prospective Payment System）と呼ばれる。DRG-PPS方式では、投入される医療サービスの量とは無関係に予め決められた額が支払われるため、医療サービスを効率化するインセンティブが働くとされている。

　イギリスでは、診療所・開業医については、登録人頭制度（capitation system）を基本としている。登録人頭制度とは登録患者数に一定額を乗じて診療報酬が支払われるしくみであり、1人あたり単価は患者の年齢ごとに異なる額が定められている。また、報酬体系は、人頭報酬以外にも基本診療手当、出来高払い部分、諸経費手当などで構成される[7]。病院については、以前は国の予算で運営されていたが、1990年の改革により、国民保健サービス（NHS）トラストという組織に改組され、独立採算で運営されるようになった[8]。病院（NHSトラスト）は、基本的に診療所・開業医で対応できない医療サービスを提供する主体で、プライマリー・ケア・トラスト（PCT）との契約に基づいてサービスを提供している。PCTとは、全ての一般医が所属し、住民約16万人を単位として保健医療に関する包括的な予算が与えられる組織であり、NHSと患者グループ

ごとあるいは疾病分野ごとにサービス提供に関して長期契約を結ぶことでサービスの確保にあたる[9]。

ドイツでは、診療所・開業医については、保険者と保険医協会の間で診療報酬総額を定める総額請負制度を採用している[10]。総額請負制度とは、保険医の所属する団体（保険医協会）に保険診療を一括して請け負わせ、その費用を疾病金庫から保険医協会に支払い、個々の医療機関や医師には保険医協会からその取り扱った保険診療の費用を配分する方式である[11]。ただし、個々の医師には出来高払いで報酬が支払われている。病院に関しては、2002年までは疾病金庫との診療契約によって決定される診療報酬（包括払い）と州から受け取る投資的費用からなっていたが、2003年からDRG方式が導入された。

フランスでは、診療所・開業医については、全国協約方式（convention medicale nationale）と呼ばれる出来高払い制度が採用されている[12]。全国協約方式とは、全国医療保険金庫と医師組合との協約によって診療行為ごとの単価を決めるものである[13]。ただし、毎年、医療費の枠が国会で決められており、その枠を超えた場合には翌年度の診療報酬が減額または返還されることになる。病院に関しては、公的病院と私的病院では扱いが異なり、公的病院では国が決定した予算を病院ごとに配分する総枠予算制が採用されているのに対し、私的病院への医療費の支払いは患者1人1日あたりの定額のホスピタルフィー（医療機関の運営コスト）とドクターフィー（医師の技術料）から構成されている。

このように諸外国では、診療報酬制度において医療費の高騰を抑えるしくみとして包括払い制度が導入されていたり、出来高払い制度であってもフランスのような医療費の抑制をはかるシステムが導入されていたりすることがわかる。わが国でも、医療費の抑制に向けて診療報酬単価の抑制政策がとられてきたが、これに対し医療機関は投薬や検査の数量を増加することで対応したため、結果的に「薬づけ、検査づけ」医療という批判を招くことになった。

このため、政府は1980年代に診療報酬を介しての医療費抑制政策を強め、薬価の引下げや投薬、検査などの料金を包括化することで医療資源の浪費を抑制するインセンティブとなるしくみを導入した[14]。また、2004年度の中央社会保

険医療協議会による調査では、1日の入院治療費をDPC（Diagnosis Procedure Combination、診断群分類）に基づき包括払いするしくみを導入した病院では、2004年の患者の平均入院日数は19.11日で導入前（2002年）の21.22日より2.11日短縮され、検査や投薬の数を絞り込むことで医療の効率化を進める病院もあることから、医療費の抑制効果があることがわかった[15]。

これまでにみてきたように、医師・医療機関への支払方法としては大きく分けて、出来高払い、包括払い、人頭払い、総枠予算制の四つがある。池上（2002）に基づいてそれぞれの支払い方法のメリットとデメリットを整理すれば、次のようにまとめることができる[16]。出来高払いのもとでは、医師が必要と認めたサービスの費用が補償されるのに対し、医療サービスを提供すればするほど医師の収入は大きくなる。一方、包括払い、人頭払い、総枠予算制のもとでは、医療費の抑制にはつながるものの、サービスを提供すればするほど医師の収入は減少していくため過少医療の危険性がある。このように、各支払い方式にはそれぞれメリット・デメリットがあるため、これらの方式をバランス良く組み合わせていくことが必要であろう。わが国でも、医療サービスの効率化に向けて診療報酬制度を早急に見直す必要がある。

3．保険者機能の強化と保険者の再編

医療費の膨張によって医療保険財政は悪化しており、医療保険の運営を安定させるための制度改革が必要である。また、保険者機能が十分発揮されていないという問題があり、医療保険の効率化が必要である。2004年度末において、わが国には約2,500の国保、約1,600の組合健保・共済組合等により、4,000以上の保険者が存在している[17]。しかし、その多くは規模が小さすぎ、保険財政の安定化や保険者機能の強化を図ることは難しい。これらの課題に対処するためには、保険者の単位の見直しが不可欠である。

主に自営業者らが加入する市町村国保は全国に約2,500存在しているが、2004年度にはその約6割が赤字に陥った[18]。国保は、高齢者や低所得者が増加し財政が不安定であると同時に、小規模な保険者が多く、医療費や保険料にか

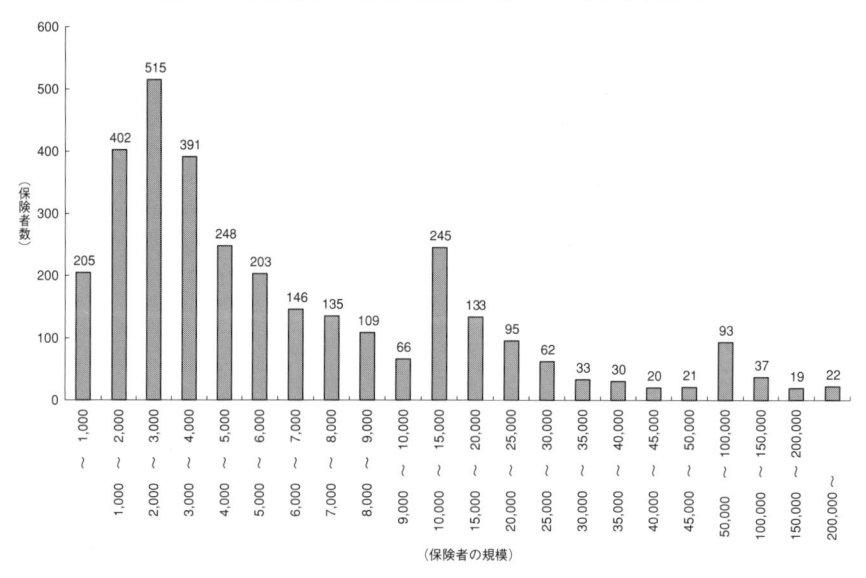

図9-2　規模別にみた保険者数の分布（2002年9月末現在）

保険者の規模	保険者数
～1,000	205
1,000～2,000	402
2,000～3,000	515
3,000～4,000	391
4,000～5,000	248
5,000～6,000	203
6,000～7,000	146
7,000～8,000	135
8,000～9,000	109
9,000～10,000	66
10,000～15,000	245
15,000～20,000	133
20,000～25,000	95
25,000～30,000	62
30,000～35,000	33
35,000～40,000	30
40,000～45,000	20
45,000～50,000	21
50,000～100,000	93
100,000～150,000	37
150,000～200,000	19
200,000～	22

注）保険者の規模は被保険者数を表している。
出所）厚生労働省『国民健康保険実態調査（平成14年）』より作成。

なりの地域格差があるといった構造的な問題を抱えている。

図9-2は、規模別にみた保険者数の分布を表したものである。2002年には、被保険者数が3,000人未満の保険者が1,122市町村あり、全体の34.7％に達する。このような小規模の保険者では、事務処理にかかる経費が割高で非効率であるばかりか、保健事業や医療費の適正化等、本来保険者として取り組むべき活動に十分取り組めないという問題がある。

また、国保の医療費や保険料にはかなりの地域格差がある。2002年度の1人あたり医療費は全国平均の35.8万円に対し、最高の北海道赤平市は69.0万円、最低の東京都小笠原村は17.2万円と、最高と最低の間に4.0倍の格差がある。一方、保険料についてみてみると、同年度の1人あたり年間保険料は全国平均の7.9万円に対し、最高の北海道羅臼町は11.5万円、最低の鹿児島県十島村は2.1万円であり、最高と最低の間に5.4倍の格差がある[19]。保険料算定の方法には市町村間で違いがあり、こうしたことが現在進められている市町村合併の障

壁の一つにもなっている。

市町村だけでこうした問題に対処するには無理があり、広域化することが必要である。市町村ごとに医療の提供体制を整備するのはきわめて非効率であり、運営主体を少なくとも都道府県レベルに移すべきだろう。都道府県ごとの運営にすれば、都道府県内で財政的に余力がある市町村が財政基盤が弱い市町村を補う形になり、国保財政の破綻を防ぐことができるとともに保険者間の競争によって医療保険の効率化が進むことも期待できる。

大企業の従業員が加入する組合健保においても、産業構造の変化によって、従業員の平均年齢が高く、平均賃金が低い斜陽産業の組合健保の保険料は相対的に高くなっている。こうした傾向は今後さらに進むので、組合健保も現在のように分立していれば、社会保険としての機能がますます働きにくくなる。組合健保も、小規模で財政基盤が弱い組合は都道府県単位の地域保険への再編・統合を促すことが考えられる。

中小企業に勤めるサラリーマンとその家族が加入する政管健保は社会保険庁が運営しており、保険料率は全国どこでも年収の8.2%である。しかし、厚生労働省の試算によれば、医療給付費の水準は地域によって格差があるため、医療費に応じて都道府県別に保険料を計算すると北海道や徳島県など8道県で保険料率が上がり、31都府県で下がるという（表9-2）。平均的な加入者の年収381

表9-2 政管健保の都道府県別保険料率

	保険料率 （％）	保険料負担 （万円）
1. 北海道	8.7	33.1
2. 徳島	8.6	32.8
3. 佐賀	8.4	32.0
4. 福岡	8.4	32.0
5. 香川	8.3	31.6
-	-	-
43. 新潟	7.8	29.7
44. 千葉	7.7	29.3
45. 山梨	7.7	29.3
46. 埼玉	7.7	29.3
47. 長野	7.5	28.6

注）保険料負担額は、各都道府県の保険料率に政管健保の加入者の平均年収381万円を乗じることによって算出した。
出所）厚生労働省『政管健保の平成13年度医療給付費等実績に基づく都道府県別保険料率の機械的試算』第5回社会保障審議会医療保険部会（2004年2月9日資料）より作成。

万円で試算すると、保険料負担には北海道（料率8.7％）と長野県（同7.5％）で年間約4.6万円の差が出る可能性がある。換言するならば、本来であればこれだけの差があるのに、地域間で所得再分配が行われていることを意味する。

2004年度の政管健保のレセプト総件数は3億2,368万件、医療給付費にして3兆3,754億円であるが、レセプト点検により診療内容に関して社会保険診療報酬支払基金に医療給付費の返還又は診療報酬請求額の調整を求めたレセプト件数は108万件で全体の0.3％、金額にして140億円と全体の0.4％にすぎない[20]。しかも、そのうち支払基金に返還ないし請求額の調整が認められたのはわずか61万件、23億円で、件数で56％、金額では16％が認められたのみである。リスクのプールには数が多いほど有利であるが、保険者機能は少数の方が発揮されやすい。政管健保は全国一本の制度であるため、保険者機能の強化という観点からすればいくつかの単位に分割することが望ましいといえよう。そこで、まず政管健保を県単位に分割し、医療費がかさむ地域は住民の保険料も重くなる

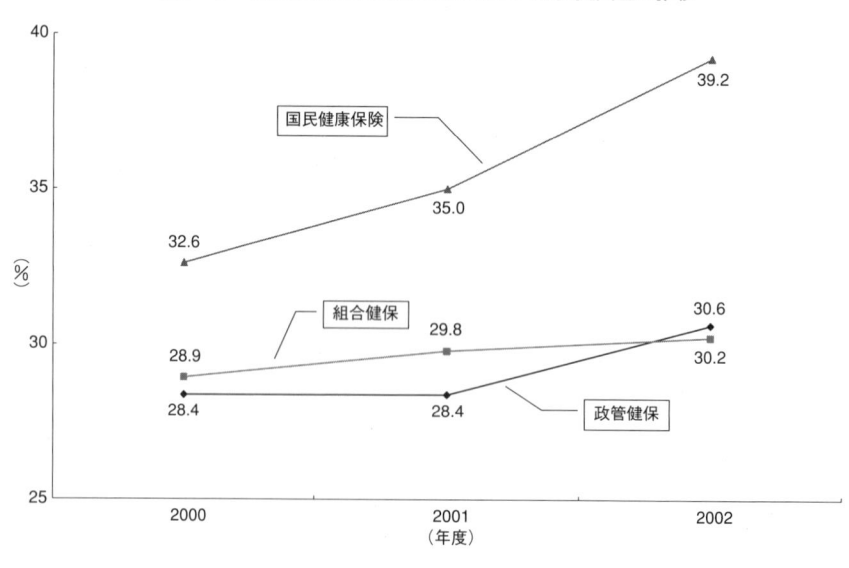

図9-3　各保険財政の支出に占める老人保健拠出金の推移

出所）厚生統計協会『保険と年金の動向2005年』より作成。

「地域保険」にすることで、医療費抑制に向けた県単位での努力を促すことが必要だろう。

保険財政基盤の安定や保険者機能の強化のためには、保険者として安定的な運営ができる規模が必要であり、保険者の再編・統合を進める必要がある[21]。その際には、都道府県等ある程度の規模をもった単位とすべきであり、財政調整もまずは県レベルで県内の保険者に対して行い、その後、国レベルで県間の格差を調整するといった方法にすべきである。

4．高齢者医療の改革

医療費膨張の最大の要因は、老人医療費の増大である（図9-3）。現在の老人医療費は、いくら増えても公費と各医療保険からの拠出金で自動的に賄われる。そのため、責任があいまいで、高齢者の負担に直接結びつかないため、医療費膨張につながっている。高齢者本人にも応分の負担を求めると同時に、保険者が保険者機能を発揮して増え続ける医療費を抑えることができるかどうかが、高齢者医療の課題である。

高齢者にかかる医療費を抑制するためには、高齢者本人の自己負担割合を引き上げることが考えられる。こうした自己負担割合引き上げの根拠として用いられるのが、「長瀬式」と呼ばれる算定式である[22]。この算定式は、自己負担割合の引上げによってどの程度の医療費の抑制効果があるかについて明らかにするものである。しかしながら、自己負担割合を引き上げても受診抑制効果は一時的であることが検証されている[23]。また、医療費の大半は少数の高額医療費の患者によって使われているが、医療費が高額に達する患者に対しては高額療養費制度があるため、制度的にみても自己負担割合引上げによる効果は限定的であるといえよう。

保険者の機能を高める方向性として、わが国の高齢者医療改革では「独立方式」、「突き抜け方式」の二つの考え方がある。以下では、それぞれの方式の特徴とメリット・デメリットについて述べておこう。

独立方式とは、各医療保険から独立した高齢者だけの医療制度を設け、各医

療保険からは拠出金を一切求めず、高齢者の保険料と自己負担、そして公費によって賄うというしくみである。拠出金を廃止することで各医療保険財政は改善するとともに、高齢者医療の給付と負担の関係が明確になるため、医療費の増加は高齢者の増加に直接結びつくしくみとなる。しかし、公費への依存度を高めることで、医療サービスを効率化させるインセンティブがさらに弱まるという問題がある。つまり、医療費の拡大をむしろ助長しかねない。

　突き抜け方式は、政管健保、組合健保、国保といった現行の保険者の枠組みのもとで、高齢者になっても現役時代に加入していた保険に加入させるというしくみである。突き抜け方式のもとでは、保険者は収支が悪化しても自らの制度内で解決しなければならないから、給付水準や保険料負担の見直しが常に意識され、医療の効率化が進むことが期待される。医療費抑制のためには、保険者に対して医療費を抑制させるインセンティブを持たせることが必要である。現行制度のもとでは、国保や政管健保・組合健保等の被用者保険に加入している者も高齢になれば退職者医療制度を経て老人保健制度という別の保険制度へと移行してしまうため、保険者には現役時に高齢期の医療費を抑制するインセンティブがない。突き抜け方式のもとでは、高齢になっても同一の保険に加入することになるため、保険者が予防医療や生活習慣病対策に力を入れるインセンティブを有することになる。

　しかし、今後、就業形態が流動化することも予想されるので、医療制度を完全縦割りで運営することは無理である。むしろ、地域保険を中心としながら、組合健保を併用する突き抜け方式を検討すべきであろう。

　新しい高齢者医療制度では、高齢者の医療費の増加の責任を明確にし、現在の老人保健制度以上に医療費抑制のインセンティブが働くような制度設計が必要である。最も重要なのは、保険者の役割を高めることで不必要な医療費を削減し、質の高い医療が提供されることである。そのためには、負担の痛みが加入者に見えにくい制度ではなく、保険者の自助独立を促すことが効率的な医療の供給を実現する一歩となろう。

5．混合診療の解禁

　2004年8月、政府の規制改革・民間開放推進会議は中間とりまとめのなかで、保険診療と保険外診療の併用を認める「混合診療」の全面解禁を求めた[24]。これまでは、原則として一部でも保険外診療を受けると、保険対象となる部分まで全額患者負担となってきた。保険外診療としては、①国内で未承認の診療や薬剤の使用、②美容整形や審美性の強い歯科治療、③出産のような疾病と見なされない医療行為、④労働災害・自動車事故等の他の損害保険の対象となるもの、等が挙げられる[25]。たとえば、わが国で認可されていない抗がん剤を使った治療や乳がんの手術を受けた患者の乳房再建手術などは自由診療が原則となる。混合診療が認められれば、保険対象部分は保険給付を受けられるので患者負担の軽減につながる、というのである。

　これに対し厚生労働省は、本来必要な医療は保険診療として確保することが原則であり、混合診療の解禁については1984年に創設された特定療養費制度において保険診療と保険外診療の併用が可能となっているため、その適用範囲の見直しで十分であるとして全面解禁に反対していた[26]。その理由としては、全面解禁によって無制限に保険外診療との組み合わせを認めることは、一部の裕福な患者のみが特別な医療サービスを受けられることになり、全員に平等な医療を提供するという国民皆保険の理念に反するということや、有効性や安全性が確保できないおそれがあるということなどを挙げている。

　特定療養費制度とは、選定療養と高度先進医療についてのみ混合診療を認める制度である。選定療養には、特別の療養環境（差額ベッド）や予約診療・時間外診療、大病院における初診・再診、医薬品等の治験などが該当する。個室などに入院した場合、入院基本料相当部分は特定療養費として医療保険から給付され、上乗せ部分は差額ベッド料として患者から徴収されることになる。高度先進医療における特定療養費制度とは、入院基本料、検査料、薬剤料等は保険診療と同様に扱われるため特定療養費として保険給付され、手術にかかる技術料等の高度先進医療にかかる部分は特別料金として自費で負担する制度であ

第2部　社会保障一体改革の論点整理

図9-4　特定療養費制度のしくみ

＜費用負担のしくみ・例＞

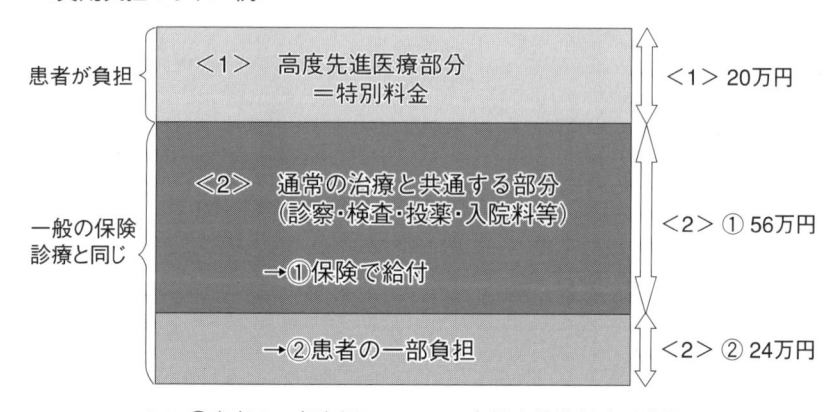

患者が負担	＜1＞　高度先進医療部分 　　　　＝特別料金	＜1＞ 20万円
一般の保険 診療と同じ	＜2＞　通常の治療と共通する部分 　　　　（診察・検査・投薬・入院料等） 　　→①保険で給付	＜2＞ ① 56万円
	→②患者の一部負担	＜2＞ ② 24万円

※＜2＞②患者の一部負担については、高額療養費制度が適用されます。

出所）厚生労働省ホームページ（http://www.mhlw.go.jp/topics/0106/tp0601-1.html）

る。2005年6月の時点で、承認された高度先進医療は111種類あり、たとえば心臓移植手術、悪性腫瘍に対する粒子線治療、インプラント義歯などに限定されている。こうした高度先進医療は実施を承認された医療機関（主に大学病院）で受けることができ、2005年6月時点で、108の医療機関が指定されている。

図9-4は、特定療養費制度における費用負担のしくみを示したものである。総医療費が100万円、うち高度先進医療の特別料金が20万円だったケース（家族の入院の場合）を想定しよう。まず、高度先進医療部分の20万円は、全額を患者が負担する。これは、図の〈1〉に相当する。そして、通常の治療と共通する部分（診察・検査・投薬・入院料）は、7割にあたる56万円（図の〈2〉①）が健康保険から現物給付され、3割にあたる24万円（図の〈2〉②）を一部負担として支払うことになる[27]。したがって、最終的な患者負担は、高度先進医療の特別料金20万円と一部負担24万円の合計44万円となる。もし特定療養費制度がなければ、医療保険で給付されるはずの56万円を含めて100万円の総医療費全てを患者が負担することになるので、特定療養費制度によって患者負担は半分以下に抑制されたことになる。

このように、保険診療と保険外診療の併用を認める混合診療を解禁することは、従来の自由診療分の保険化による患者負担の軽減をもたらすこともあるし、逆に従来では保険適用されていた部分が保険適用外とされることで自己負担を著しく増大させることもある。仮に後者のように公的保険の範囲を縮小させても、民間疾病保険が整備されれば、自己負担の著しい増加を避けることができる。したがって、混合診療の問題を考える際には、公的医療保険だけではなく民間保険も含めたより広い視野で議論することが必要である。

COLUMN

子どもを産むなら12月

　子どもを産むなら12月が一番お得です。出産は病気ではありませんから、医療保険は適用されません。民間の病院なら50万円ぐらいはかかります。帝王切開とか、夜中の出産とかも追加料金がかかります。

　この出産費用については、所得税の確定申告を行えば医療費控除が適用されて、税金がいくらか戻ってくることになります。医療費控除は、1年間に10万円を超える医療費について適用されます。その対象には、病気の際の医療費に加えて出産費用、市販の風邪薬等の費用も含まれます。さらに通院時に使用したタクシーの領収書なども対象になります。

　出産を除けば、大きな病気をするか、歯医者で保険外の治療でもしないかぎり通常は10万円を超える医療費の領収書をあつめることは難しいでしょう。普通の人にとって医療費控除の恩恵が受けられるのは出産のときぐらいになるわけです。ところが、出産時期によってはこの恩恵が少なくなってしまいます。所得税の対象期間は、1月から12月までの1年間です。12月に出産すれば、出産に要する費用をすべて医療費控除の対象にすることができます。というのは、出産時だけでなく、検診時にも毎回1万円程度の費用がかかるからです。最近の産婦人科は胎児の写真をとって、男の子か女の子か教えてくれますけど、これも保険外ですから。かりに1月に出産すると、検診時の費用が10万円を超えない限り、医療費控除の対象にならないので、損するわけです。

（橋本　恭之）

---

1) 「高齢化修正GDP」の詳細については、経済財政諮問会議（2005年4月27日）有識者議員提出資料『社会保障給付費の伸び率の管理について』を参照されたい。
2) 経済財政諮問会議（2005年2月15日）尾辻臨時議員提出資料『社会保障給付費の「伸び率管理」について』参照。
3) これを「モラル・ハザード」と呼ぶ。医療保険におけるモラル・ハザードの問題に

ついては、小塩（2005）p.214～216を参照されたい。
4）諸外国の医療保険制度については、週刊社会保障編集部（2000）が詳しい。
5）アメリカの医療保険制度については、西村（2000）を参照。
6）週刊社会保障編集部（2000）p.294参照。
7）週刊社会保障編集部（2000）p.221参照。
8）イギリスの国民保健サービスについては、一圓（1999）を参照。
9）厚生統計協会『保険と年金の動向2005年』、p.227参照。
10）ドイツの医療保険制度については、土田（1999）を参照。
11）週刊社会保障編集部（2000）p.72参照。
12）フランスの医療保険制度については、江口（1999）を参照。
13）週刊社会保障編集部（2000）p.124参照。
14）わが国における医療費抑制と診療報酬制度との関係については、池上・キャンベル（1996）第5章を参照。
15）中央社会保険医療協議会DPC評価分科会（2005年4月12日）資料『平成16年度DPC導入の影響評価のための調査について』参照。
16）池上（2002）p.33参照。
17）詳しくは第3章表3-1を参照。
18）厚生労働省『平成17年度国民健康保険（市町村）の財政状況について─速報─』より
19）第16回社会保障審議会医療保険部会（2005年7月7日）資料
（http://www.mhlw.go.jp/shingi/2005/07/dl/s0707-6f.pdf）参照。
20）第20回政府管掌健康保険事業運営懇談会（2005年8月8日）資料
（http://www.sia.go.jp/mhlw/shingi/2005/07/s0808-1.html）参照。
21）保険者の規模としては都道府県よりも、近隣都道府県を一緒にした地域ブロックのほうが良いという意見もある。政府管掌健康保険と国民健康保険の都道府県別保険料およびブロック化した場合の保険料の試算については、（財）関西社会経済研究所（2005）『医療保険制度の地方分権化に関する試算結果について』を参照。
22）1935年に保険数理技師の長瀬恒蔵氏が『傷病統計論』の中で発表し、以後、厚生労働省内で用いられている計算式で、医療費水準を自己負担率の二次式で表したものである（ただし自己負担率がゼロのとき医療費水準が1となるように係数が設定されている）。2005年現在用いられている式は、医療費水準をy、自己負担率をxとすると、一般制度対象者でy=0.475×(1−x)^2+0.525、老人保健制度対象者でy=0.499×(1−x)^2+0.501となっている。
23）これらの点については、鈴木（2005）等を参照。
24）規制改革・民間開放推進会議『中間とりまとめ─官製市場の民間開放による「民主導の経済社会の実現」』（2004年8月3日）
25）八代・鈴木・鈴木（2004）参照。
26）厚生労働省『規制改革・民間開放推進会議「中間とりまとめ」に対する厚生労働省の考え方』（2004年8月5日）
27）ただし、患者の一部負担については、高額療養費制度が適用される。高額療養費制度とは、同じ月に同じ医療機関で支払った医療費の自己負担が一定額を超えた場合に、その分が払い戻される制度である。高額療養費制度の詳細については、厚生統計協会『保険と年金の動向2005年』p.101を参照。

【参考文献】

池上直己（2002）『ベーシック医療問題』日本経済新聞社
池上直己・J.C.キャンベル（1996）『日本の医療』中公新書
一圓光彌（1999）「国民保健サービス」武川正吾・塩野谷祐一編『先進国の社会保障①イギリス』東京大学出版会, pp.229-262.
江口隆裕（1999）「医療保険制度と医療供給制度」藤井良治・塩野谷祐一編『先進国の社会保障⑥フランス』東京大学出版会, pp.201-222.
小塩隆士（2005）『社会保障の経済学』（第3版）日本評論社
鈴木亘（2005）「老人医療の価格弾力性の計測と最適自己負担率」田近栄治・佐藤主光編『医療と介護の世代間格差』東洋経済新報社, 第2章.
土田武史（1999）「医療保険」古瀬徹・塩野谷祐一編『先進国の社会保障④ドイツ』東京大学出版会, pp.207-232.
西村周三（2000）「メディケアとメディケイド」藤田伍一・塩野谷祐一編『先進国の社会保障⑦アメリカ』東京大学出版会, pp.185-209.
八代尚宏・鈴木玲子・鈴木亘（2004）「日本の医療改革の展望」『日本経済研究』No.49, pp.1-21.
内閣府経済財政諮問会議尾辻臨時議員提出資料『社会保障給付費の「伸び率管理」について』（2005年2月15日）
内閣府経済財政諮問会議有識者議員提出資料『社会保障給付費の伸び率の管理について』（2005年4月27日）
関西社会経済研究所（2005）『医療保険制度の地方分権化に関する試算結果について』
規制改革・民間開放推進会議『中間とりまとめ―官製市場の民間開放による「民主導の経済社会の実現」』（2004年8月3日）
厚生労働省『規制改革・民間開放推進会議「中間とりまとめ」に対する厚生労働省の考え方』（2004年8月5日）
厚生労働省『国民医療費』（各年版）
厚生労働省『国民健康保険実態調査（平成14年)』
厚生労働省資料『診療報酬制度の国際比較』
厚生労働省『平成17年度国民健康保険（市町村）の財政状況について―速報―』
厚生統計協会『保険と年金の動向2005年』
厚生労働省社会保障審議会医療保険部会第5回資料『政管健保の平成13年度医療給付費等実績に基づく都道府県別保険料率の機械的試算』（2004年2月9日）
厚生労働省社会保障審議会医療保険部会第16回資料『参考資料』（2005年7月7日）
社会保険庁政府管掌健康保険事業運営懇談会第20回資料『社会保険事務局事務センターにおいて、医療給付費の返還又は診療報酬請求額の調整を求めたレセプト件数及び金額』（2005年8月8日）
週刊社会保障編集部編（2000）『欧米諸国の医療保障』法研
中央社会保険医療協議会DPC評価分科会（2005年4月12日）資料『平成16年度DPC導入の影響評価のための調査について』
内閣府経済社会総合研究所『国民経済計算年報』（各年版）
長瀬恒蔵（1935）『傷病統計論』健康保儉醫報社

第10章　介護保険改革の論点

木村　真

　豊かで安心できる老後を国民に保障していくためには、介護サービス市場の拡大は不可欠である。その市場を全て公的保険でカバーしようとすれば、介護保険は莫大なる負担を国民に求めざるを得なくなる。自由に広がる成長産業を公的保険の都合によりシュリンク（縮小）させてしまうのは避けるべきだ。

　一方、全てを官が担うべきではないのと同様に、民が全てを担えるわけではない。官と民の役割分担を明確に議論し、民間市場の活性化を図りつつ、同時に公的介護保険にかかる費用を適正化し、必要以上の増大を抑えることが重要である。

　そこで本章では、まず民間介護保険についてその現状と課題を整理し、続いて公的介護保険について第4章で示した制度の現状とその動向を踏まえて問題点を整理する。

1．民間介護保険の現状と課題

　介護保障の保険として民間で販売されている保険には、従来の終身保険に介護保障の特約を付けるタイプや、終身保険の死亡保障や個人年金の年金額を減らして途中から介護保障へ転換できるタイプ、介護保障を主契約とする単独の介護保険などがある。なかでも単独商品としての介護保険は、生命保険と損害保険の中間に位置する第3分野と呼ばれる保険に該当し、2000年の公的介護保険制度の発足以前からすでに販売されており、その種類も大きく二つのタイプに分けられる[1]。

　一つは、介護保障保険といって、生命保険会社が主に扱っている介護保険で、

要介護状態が一定期間継続すると一時金や年金が支払われるタイプのものである。もう一つは、介護費用保険といって、損害保険会社が主に扱っている介護保険で、要介護状態となった場合に要した費用を実損填補するタイプのものである。もっとも介護保険を含む第3分野の保険商品は、2001年の規制緩和によって生命保険会社でも損害保険会社でも扱うことができるようになったため、一括りにはできなくなってきており、各保険会社によって提供されている商品の種類も多様化してきている。

これら民間の介護保険の特徴は、自己負担の軽減はもちろんのこと、公的介護保険の対象外であるサービス（横出しサービス）や40歳未満の者でも保障の対象となること、公的介護保険に上乗せしてサービスを利用すること（上乗せサービス）ができる点である。特に公的介護保険制度がスタートしてからは、公的介護保険における軽度の要介護状態に対応するものや、要介護状態の認定について公的介護保険に準拠するものなど、公的介護保険との連動を強化したものが出てきている。

では、介護関連の民間保険は実際にどのくらい普及しているのであろうか。その実態をみてみよう。厳密には民間保険ではないものの、簡易保険でも介護保障の付いた終身保険が以前から販売されているため、その推移も同時にみていく。

民間介護保険の保有契約件数は、2003年度時点で生命保険会社が145万件、損害保険会社が約75万件、簡易保険の介護保険金付終身保険が1万件で、合わせて約222万件となっている[2]。保有契約件数全体の推移は、損保が2003年度以外公表していないため不明だが、生保が2004年度に179万件で2000年度の100万件から約1.8倍の増加、簡保が2000年度から2005年度にかけて1万件弱でほぼ横ばいとなっている。ただし、損保についても介護費用保険の新規契約件数であれば把握できるため、その推移をみることで保有契約件数全体の推移を推測してみる。

表10-1は、1999年度から2004年度までの新規契約件数の推移を示したものである。生保、損保、簡保のいずれにおいても2000年度の公的介護保険のスター

表10-1　民間介護保険（新規契約件数）の推移

(単位：千件)

		1999年度	2000年度	2001年度	2002年度	2003年度	2004年度
損保	介護費用保険 （元受件数）	42.3	67.6	24.0	6.2	2.0	1.1
生保	介護保険 （新契約件数）	68.0	204.9	199.6	216.8	294.5	464.0
簡保	介護保険金付終身保険 （新契約件数）	0.3	0.7	0.4	0.3	0.2	0.1

注）外国損保会社の分は含まれていない。
出所）保険研究所『インシュアランス　損害保険統計号』、『インシュアランス　生命保険統計号』

トにあわせて一時的に増加している。その後、生保では保有件数同様に順調に伸びているが、損保と簡保では逆に減少を続けている。特に損保では、新しいタイプの介護保険については不明だが、介護費用保険に関しては急速な落ち込みをみせており、保険契約数もそれにあわせて減少していると思われる。したがって、民間介護保険の保有契約件数全体の伸びは生保ほどではないとみられる。また、近年では消費者が実損填補タイプではなく給付金タイプを選択する傾向が強くなっているといえる。

　第4章の表4-3にあるように、公的介護保険は2000年度から2004年度にかけて約1.7倍に増加している。それに比べると、民間保険の伸びは、生保において近年著しいとはいえ公的介護保険の伸びに応じたものであり、普及という点ではまだまだ進んでいない状況にある。厚生労働省が行った調査では、民間の医療保険や介護保険に加入している割合は、公的介護保険スタート前の1998年で57.9％だったのが、2003年では61.6％と若干増加している[3]。加入割合が5割を超えしかも増加しているため、一見普及しているようにみえるが、1998年の調査では民間保険の加入者のうち介護に対応した保険に加入している者は6.6％にすぎず、実際、先ほど述べたように公的介護保険以上に大幅に伸びているわけではない。介護保険は医療保険に比べて保険期間が長く、介護リスクに

対する意識は健康リスクよりも意識しにくい。民間保険の加入率の上昇は民間の医療保険の拡大によるところが大きく、医療保険と比べても普及が遅れているとみられる。

　しかし、現在でも民間介護保険で大きなシェアを占める生保の保険商品の販売は順調に伸びており、今後は高齢者の増加とともに介護に対する意識がさらに増していくことを考えれば、民間介護保険は民間医療保険と同様に有力な保険商品として成長する可能性が高い。また、郵政民営化を実現して郵便局での窓口販売が解禁されれば、これまで普及していなかった地域のニーズにも応えることができ、さらに市場は拡大するだろう。民間保険の拡大は、公的介護保険をサポートし介護サービス市場の充実にも寄与する。民間保険の成長の妨げとなっている規制があれば、できるだけこれを無くしていくことが必要である。

　現在、業界からは、税制において第3分野に関する保険料控除の新設を要望する声や、保険会社本体がケアマネジメント等の関連業務に参入できるよう規制緩和すべきといった声が上がっている。しかし、保険料控除の拡大は税収の減少につながることから、財務省は慎重な姿勢をとっている。だが、保険料控除の拡大によって公的保険の一部を代替できるまで民間保険が普及すれば、社会保障関係費の抑制につなげることができ、財政の健全化にとって必ずしもマイナスとはいえない。公的保険と民間保険の役割分担の議論とともに、税制も含めた一体的な観点での検討が今後必要となろう。

　このように規制緩和や民間活力を生かす方向を推し進める一方で、民間保険会社にも、その役割の重要性の高まりに合わせて、より大きな社会的責任が求められるようになる。現在、民間保険ではインターネットの普及により医療保険や自動車保険を中心に非対面販売が多くなってきている。こういったしくみによって保険会社には契約コストの削減、消費者にも保険料の低下という恩恵がもたらされる半面、理解不足のまま保険加入することによるトラブルも生じやすい。実際、最近では契約時の説明不十分が主な要因とみられる給付金の支払い拒絶が大きな問題となっている。こうしたトラブルは特に高齢者に多く発生しやすい。安心を看板に掲げる保険会社が自らその安心を揺るがすような事

態は非常に大きな問題であり、公的保険と民間保険の役割分担の議論にも大きな影響を与える。いま民間保険会社には、信頼性確保への真摯な取り組みと規律が強く求められている。

2．公的介護保険の改革の論点

　公的介護保険の改革にあたっては、社会保険として公的にカバーすべき範囲はどこまでか、施設介護から在宅介護へ、要介護から自立へと、高齢者の自立を促す方向へいかに支援していくかという観点が重要となる。この観点に立つと、具体的には次の四つを論点として挙げることができる。

　第1に、保険の対象年齢を引き下げるべきかについてである。対象年齢の拡大は、制度の支え手が増えて保険財政の安定化をもたらす反面、単に負担を拡大させるだけで他の課題に対する改革の手を鈍らせることにもつながりかねない。第2に、施設介護と在宅介護の間にある負担面での格差の解消である。仮に在宅介護に比べ施設介護の方が負担面で優遇されていれば、施設介護から在宅介護への移行を促進する障害となってしまう。第3に、結果的に自立を妨げて要介護者を増加させるようなことを防ぐことである。介護受給者について要介護状態の悪化を防ぐとともに、新たな要介護認定者数の伸びを抑えることも、介護費用の増大を抑えるためには重要である。第4に、ケアマネジメントのあり方を見直すことである。ケアマネジメントは、介護サービスの内容を決定するのに際して重要な役割を担っている。必要以上のサービスが提供される可能性のあるしくみとなっていないか、改めて見直すことが介護費用の適正化につながる。そこで以下では、これら四つについて具体的な問題点を整理しその改革の方向性を考えていく。

3．対象年齢の引下げ

　公的介護保険の対象年齢は制度創設時から議論となってきた。その議論は大きく二つに分けることができる。一つは、現行制度の基礎となっている考え方で、老化にともなって介護のリスクが高まる高齢者を対象とすべきというもの

である。現在の制度は、40歳以上を被保険者としているが、そのうち65歳未満の者に対しては、老親介護等の介護ニーズが存在することや高齢者だけでは保険財政の担い手として十分でないことを理由に保険料負担を求める一方で、「老化に起因する疾病（特定疾病）」によって要介護状態にある者に給付を限定している。そのため、保険給付の主な対象は65歳以上の要介護者となっている。これは、高齢化の急速な進展と核家族化や女性の社会進出等による家族の介護機能の変化によって、高齢者介護が社会的に大きな問題となってきた、という制度創設のそもそものきっかけを最終的に尊重したためである。

これに対してもう一つの考え方は、若年者も含めた普遍的な制度にすることで、障害や事故によって若年で要介護となった者の介護ニーズにも応えるべきというものである。現行制度では、介護と障害者福祉の両方に共通するサービスについては介護保険からの給付が優先されることになっており、65歳以上の第1号被保険者に対してはこの点の調整が整備されている。しかし、40歳以上65歳未満の第2号被保険者については、介護保険の給付が上述のように限定されていること、福祉においては難病や末期がん患者、成人期以降の知的障害者等は「障害者」とならないこと等から、要介護状態にあるにもかかわらず介護も福祉も受けられない場合、いわゆる「制度の谷間」が発生している[4]。保険の対象年齢を引き下げて制度を普遍化することは、これを解決する一つの手段となる。

厚生労働省は、法施行後5年をめどとした介護保険制度の見直しに向けた議論のなかで、対象年齢引下げの議論を活発化させており、具体的な案として、被保険者については、①20歳以上、②25歳以上、③30歳以上、の三つを、給付については①0歳以上、②将来的には0歳以上だが当面は保険料負担者と同一、の二つを挙げている。それぞれの根拠は、被保険者については、①成人年齢、②大学・短大を卒業し、働いている者の割合が高まる年齢、③20代と比較して完全失業率が平均に近く、フリーターの数が減少する年齢となっており、給付については、①理由・年齢を問わず全国民を対象とする普遍的サービスの実現、②負担の激変緩和のための暫定的措置を考慮したもの、となっている[5]。

また負担水準については、被保険者を①20歳以上や②25歳以上とする場合には、40歳以上の保険料負担と同水準とする意見と、所得水準や老親介護の可能性を考慮して半額とする意見の両方が出されている。それに対して被保険者を③30歳以上とする場合には、40歳以上の保険料負担と同水準とするとなっている。

　こうした介護保険制度の普遍化を目指す方向での議論が活発化した背景には、「制度の谷間」を解消するということ以外に、障害者福祉において2003年度に導入された支援費制度が予算不足に陥ったために、その安定的な財源の確保が必要となったことも影響している[6]。また、介護保険財政の支え手を増やしてその安定化を図るのに、障害者福祉施策との統合を掲げれば、対象年齢の引下げに対して若年層の理解を得やすくなるという側面もあろう。

　しかし、こうした動きに対しては慎重な意見も少なくない。支援費制度は導入されてからまだ間もない。それなのに、予算不足に陥った原因や制度の検証をきちんと行わずに介護保険との統合を目指すということに対しては、やや拙速という感は確かに否めない。また、生まれながらにして障害を負った者が健常者と変わらぬ生活を送るために必要な費用に対して、介護保険での受益者負担の考え方を適用することがはたして適当といえるのか。「制度の谷間」の問題に関しても、その解決方法は対象者の拡大だけとは限らない。そういった今すぐにでも対応しなければならない問題は、制度の普遍化という時間のかかる大きな改革によって対応することよりも、むしろ暫定的にしろ、即応的な施策が求められる。こうした議論を踏まえずに、保険財政の安定化や財源確保のために安易に被保険者を拡大することは、給付の見直しなど、一方で進めている他の課題への改革の手を鈍らせることになりかねない。真に対象者の拡大によってしか解決できない問題とは何か。結論を出すにあたっては、これをしっかりと議論する必要がある。

4．施設介護から在宅介護への移行と負担格差

　すでにみたように、介護サービスには施設介護サービスと在宅介護サービス

の2種類がある。これらを2004年度における1人あたりの介護費用で比較すると、在宅介護が平均10.3万円であるのに対し、施設介護には平均35.1万円と、約3倍超の費用がかかっている[7]。介護費用が高くなれば、当然その分だけ介護保険からの給付も高くなる。したがって、コストの高い施設介護から相対的にコストの低い在宅介護へ移行すれば、介護給付の抑制につなげることができる。

施設介護の抑制と在宅介護への移行を促進するにあたっては、施設介護が在宅介護に比べ有利にならないようにする必要がある。施設介護と在宅介護の間の格差については、その典型として、2005年度に改革されるまでの「ホテルコスト」と呼ばれる費用に関する自己負担の格差が挙げられる。ホテルコストとは、施設サービスを利用したときに生じる食費や居住費（減価償却費や光熱水費等）のことであり、以前は介護保険給付の対象となっていた。しかし、在宅サービスを利用した場合には、これらの費用は利用者が全て負担し、保険給付の対象とはならない。そのため、同じ要介護度の場合でも、受けるサービスによって自己負担額に差が生じていた。

図10-1は、要介護5（介護なしには日常生活を営むことがほぼ不可能な状態）の単身高齢者が在宅サービスを受ける場合と介護老人福祉施設（特別養護老人ホーム）に入所する場合の保険給付と自己負担額を示したものである。改革前の自己負担を比較すると、施設入所の場合には5.6万円であるのに対し、在宅ではその倍の10.4万円となっていた。

海外ではこの種の自己負担は一般的である。主な国を挙げると、ドイツ、フランス、スウェーデン、イギリスであり、いづれの国でも低所得者に配慮しつつも、食費、居住費は原則自己負担となっている[8]。そこで、わが国でもこのような負担格差の是正が改革の対象となった[9]。

こうした施設介護と在宅介護の関係の見直しは、在宅介護への移行を推進するなかにあって、今後も続けることになろう。ただし、その際にはいくつか注意しなければならない点がある。一つは、施設数の問題である。わが国では、すでにホテルコストを原則自己負担としている「新型特別養護老人ホーム（新

第2部　社会保障一体改革の論点整理

図10-1　施設介護と在宅介護における負担と給付の違い

在宅でサービスを受ける場合
計　　　　　　約29.1万円
うち自己負担　10.4万円

特別養護老人ホームに入所する場合
計　　　　　　約36.5万円
うち自己負担　5.6万円（改革前）
　　　→　　　8.1万円（改革後）

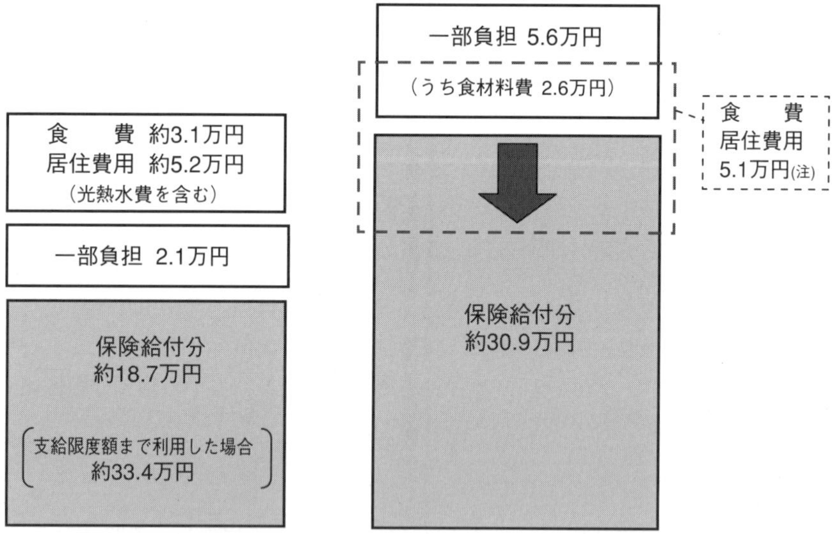

食　費　約3.1万円
居住費用　約5.2万円
（光熱水費を含む）

一部負担　2.1万円

保険給付分
約18.7万円

（支給限度額まで利用した場合
約33.4万円）

一部負担 5.6万円
（うち食材料費 2.6万円）

食　費
居住費用
5.1万円(注)

保険給付分
約30.9万円

注）要介護5の単身高齢者について比較したもの。
　　改革後の利用者負担は、施設と利用者の契約により水準が決まるが、ここでは平均的な費用月額で示している。
出所）厚生労働省『介護保険制度改革の概要－介護保険法改正と介護報酬改定－』（2006年3月）

型特養）」の建設が進み、既存の特養も、新型特養への切り替えが推進されている。新型特養は個室中心の「ユニットケア」を行い、それに自己負担を求める点で画期的である[10]。しかし、施設介護には変わりがない。図10-2にあるように、他の施設とは対照的に介護老人福祉施設（特養・新型特養）は増え続けている。自己負担の格差が是正されたとしても、施設数が必要以上に増加すれば施設から在宅への移行と矛盾する。在宅扱いとなるグループホーム（痴呆性高齢者が少人数で共同生活を行う）の活用等も検討することが求められる。

　いま一つは、医療保険制度との整合性の問題である。介護保険制度は、その

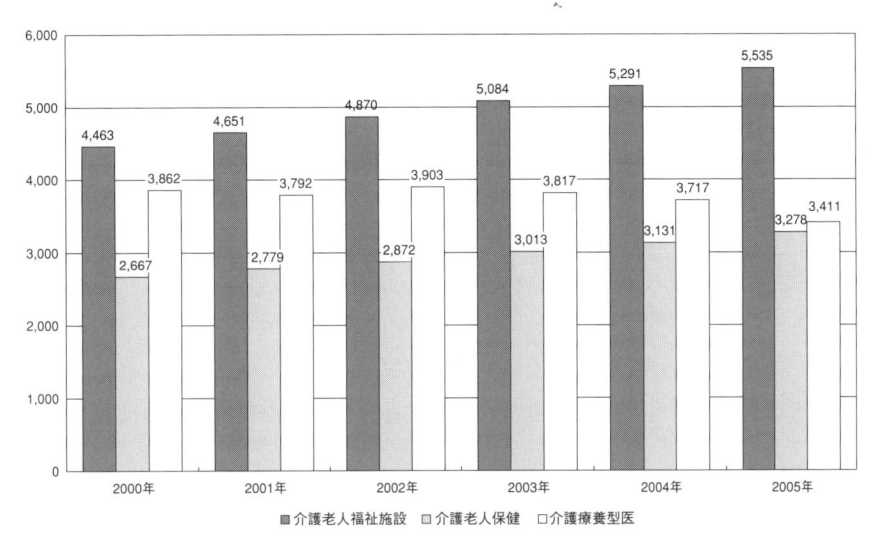

図10-2 介護施設数の推移

年	介護老人福祉施設	介護老人保健	介護療養型医
2000年	4,463	2,667	3,862
2001年	4,651	2,779	3,792
2002年	4,870	2,872	3,903
2003年	5,084	3,013	3,817
2004年	5,291	3,131	3,717
2005年	5,535	3,278	3,411

出所）厚生労働省『介護サービス施設・事業所調査の概況』各年版

発足の経緯からもわかるとおり、医療保険制度と密接に関係している。特に、病床のなかでも介護保険と医療保険のどちらでも適用可能な「療養病床」における各制度の機能分担や、入院時の食費・居住費の自己負担の差が問題となっている[11]。仮に介護施設への入所と病院への入院との間で利用者負担や供給サイドの報酬体系に差が生じれば、どちらか一方に需要や供給が集中しかねない。したがって、介護施設サービスを見直す際には、利用者や供給者の選択に歪みを生じないよう、医療保険制度との整合性に特に注意しなければならない。

5. 要介護者数の抑制

施設介護から在宅介護への一層の移行が進んだとしても、それだけで介護費用が単純に抑制されるとは限らない。在宅介護の1人あたり費用が上昇する、あるいは在宅介護をはじめとする介護保険の利用者が大幅に増えると、介護費用の増大は避けられなくなる。

表10-2 調査種類別の要介護認定結果（平均）

調査種類	施設調査			在宅調査	
	委託なし	非自己施設委託	自己施設委託	委託なし	委託
平均要介護度	3.23	3.45	3.53	1.81	1.84

出所）厚生労働省社会保障審議会介護保険部会第9回資料4『認定調査の現状』（2004年2月23日）

　第4章でも指摘したように、在宅介護の1人あたりの介護費用は毎年上昇を続けており、その伸びは施設介護の1人あたり費用の伸びよりも大きい。また、同じく第4章でも示されているように、在宅介護の主たる利用者である軽度の要介護者数の伸びも著しい。今後は、在宅介護の費用や利用者数の抑制も課題となるだろう。

　とりわけ軽度の要介護者数の伸びは顕著であり、その背景にある要介護認定のあり方を見直すことは、今後の介護保険制度の持続性にとっても重要な課題である。そこで、本節では要介護認定や要介護状態にかかわる問題点を整理する。

　要介護認定は、介護保険の利用を希望する際に、介護を要するかどうか、要すると認められた場合にどの程度の介護が必要なのか（要支援、要介護1～5）を判定するために行われる。要介護認定に必要となる利用希望者の状況把握については、訪問調査と呼ばれる調査を行うこととなっている。訪問調査では、基本的に介護保険の申請を受けた市町村の担当者が申請した家庭を訪れて希望者の心身の状況や環境を調査する。ただし、市町村はこの調査を指定居宅介護支援事業者や介護保険施設に委託することもでき、実際にはこの委託による調査の方が一般的に行われている[12]。

　しかしながら、委託調査の場合には、委託せずに調査を行った場合と比べて認定される要介護度が高くなることが指摘されている。表10-2はそれを示したもので、施設調査と在宅調査について、委託調査の場合とそうでない場合の平均要介護度を比較した場合に、施設と在宅とにかかわらず、委託で行った場合の方が平均的な要介護度が上がっている。また、介護保険の利用を認められなかった「非該当」の割合も委託調査の方が低くなっており、委託による調査

第10章　介護保険改革の論点

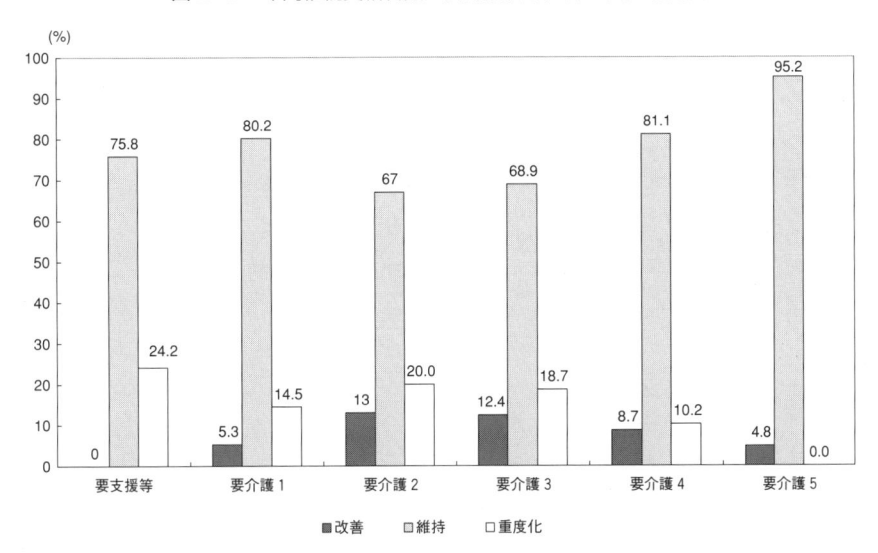

図10-3　年間継続受給者数の要介護状態区分の変化別割合

	要支援等	要介護1	要介護2	要介護3	要介護4	要介護5
改善	0	5.3	13	12.4	8.7	4.8
維持	75.8	80.2	67	68.9	81.1	95.2
重度化	24.2	14.5	20.0	18.7	10.2	0.0

出所）厚生労働省『介護給付費実態調査結果の概要（平成17年5月審査分〜平成18年4月審査分）』

が介護保険の利用を生み出しやすい傾向にあるともいえる。

　要介護認定後の問題点も指摘されている。それは、いったん介護サービスを利用しはじめると、その後は要介護度が悪化する傾向にあるという問題である。図10-3は、年間で継続して介護保険を受給する人について要介護状態の変化が改善しているか、変わらないか（維持）、悪化しているか（重度化）を示したものである。この図で介護状態が改善される割合をみると、どの要介護状態でも1割前後でしかなく、特に要介護度が低いほど改善される割合より重度化する割合のほうが大きくなっている。さらに要支援の場合には、悪化（重度化）している割合が24.2％と、要介護状態の区分の中で最も高くなっている。

　要介護状態の重度化が進むと、介護サービスへの需要は増大し、在宅介護の利用から施設介護の利用に変わる傾向も強まる。その結果、介護費用はさらに増大することになり、施設介護から在宅介護への移行という政策課題にも逆行しかねない。

以上より明らかなように、介護保険利用者数を左右する要介護認定にかかわる問題として、委託調査による認定が甘くなる傾向にあることと要介護状態の悪化とを抑えることが挙げられる。委託調査による認定の問題については、いわゆる保険者機能の強化の一環として、委託を行う市町村が委託先の事業者や介護保険施設への管理・監督を強化できるようにすべきであろう。

　要支援や要介護1からの要介護状態の悪化に対しては、在宅介護のケアプランを作成し、そのマネジメントを担っている介護支援専門員（ケアマネジャー）、その事業所（居宅介護支援事業所）の資格やあり方を見直すことが必要である。

6．ケアマネジメントの見直し

　介護支援専門員（ケアマネジャー）や介護支援事業所について、具体的に何が問題でどう改めることが求められているのだろうか。本節では、ケアマネジメントの中心的役割を果たすケアマネジャーに焦点を絞り、その実態と問題点を明らかにしながら、見直しに向けた課題を整理する。

　ケアマネジメントのしくみについては第4章で説明したとおりであるが、その実態はどうなっているのだろうか。そこでケアマネジメントの質・量の実態を明らかにするため、ケアマネジメントを支えるケアマネジャーにはどのような人がなっているのか、ケアマネジャー1人あたりの担当件数やケアプラン内容、そのチェック体制（サービス担当者会議、モニタリング等）はどうなっているのかをみていこう。

　ケアマネジャーの資格を得るためには、介護支援専門員実務研修受講試験に合格して介護支援専門員実務研修を修了する必要がある。その第一関門である介護支援専門員実務研修受講試験を受けるためには、医師、歯科医、薬剤師、保健師、看護師等の資格を持ち原則として保健、医療、福祉の分野で5年以上の実務経験がある者、あるいは資格がなくても老人福祉施設等で5～10年以上の経験がある者でなければならない[13]。そのため、『平成15年度介護支援専門員の実態にかかる全国調査結果（中間報告）』によると、ケアマネジャーとして活動している人々には実務研修受講試験の受験要件として挙げられている各種

の資格をすでに持っている人が多く、そのなかでも最も多いのは看護師資格を有する者(41.7%)であり、次に多いのが介護福祉士の資格を有する者(35.1%)となっている[14]。同中間報告によると、介護支援専門員の83%が女性であり、年齢としては40代が最も多く(40.9%)、雇用形態としては調査対象者の92.6%が介護支援事業所の常勤となっている[15]。

そのようなケアマネジャー達の仕事量をみるために、実際の1人あたり担当件数をみておこう。上記の中間報告によると、ケアマネジャー1人が担当している介護サービス利用者数は41〜50人が最も多く(21.1%)、次に多いのが51〜60人(19.8%)、31〜40人(12.7%)となっている。

これに対して同中間報告では、「妥当な担当件数」についてもアンケートを行っており、それによると、21〜30人という担当件数が44.6%と最も多く、続いて31〜40人が29.9%との結果が得られている。両者の結果を踏まえると、実際の担当件数は、ケアマネジャーが可能と考える担当件数よりも大きく上回っているといえるだろう。

ケアマネジメントのしくみのなかで、サービスの量だけでなく質も決める重要な役割を果たすのがサービス担当者会議である。そこでこの会議の実施状況についてみてみると、調査対象者のうち37.8%が会議を実施できているものの、59.8%が実施できていない実態が明らかとなった(『平成15年度介護支援専門員の実態にかかる全国調査結果(中間報告)』)。ただし、同報告の結果からは、調査対象者の81.5%がサービス担当者会議は重要であると考えているにもかかわらず、「時間がない」との理由から実際には思うように開催できていないことも示されている。

本来は行われるべき会議が開催されていない背景には、単に多忙であるだけでなく、ケアマネジャーが属する介護支援事業所の多くがサービスを行う事業所や施設と併設されていることもあると考えられる。そのため、ケアマネジャーがケアプランを作成する際に併設事業所や施設を利用するようなサービスを採用する等、サービス内容に偏りが生じる傾向にあることが指摘されており、サービス担当者会議等によるチェックが働きにくい実態となっている[16]。

こうした実態を踏まえると、ケアマネジメントの見直しとしては、まず、サービス担当者会議といった介護サービスの選択（ケアプラン）の質・量にかかわる重要なプロセスがきちんと行われるようなしくみを作っていくことが重要となる。また、ケアマネジャーの専門性・資質の向上を図るとともに、担当件数の見直しやケアマネジメントに対する報酬の見直し等を通じて、ケアマネジャーが中立的、独立的な立場でサービス内容を選択できる環境を作っていくことも必要だろう[17]。

COLUMN

空室あり！老後は田舎で暮らしませんか
（過疎地からのご要望）

　水も空気も悪い都会から逃げ出して老後は、田舎暮らしをはじめませんか。これまで国は過疎対策のために多額の資金を過疎地域に投入してきました。なかでも故竹下総理が行ったふるさと創生事業は、全ての市町村に1億円を配ったことで有名です。当初は、この資金は「ハコモノ」には使うなという話があったので、使い道に困ってとりあえず金塊を購入した市町村もありました。その後、使い道が自由になってからは多くの市町村が温泉を掘る費用に充てています。最近のボーリング技術の進歩で日本中どこでも深く掘れば温泉が出るみたいです。小さな村や町でも、次々と新しい日帰り温泉がオープンしています。露天風呂、サウナ、寝湯、泡風呂など各種のお風呂が楽しめます。

　温泉だけでなく、たいていの市町村が公営の体育館、プール、グランド、ゲートボール場などの施設を持っています。

　福祉面でも多額の資金が過疎地域に投入されています。1989年に策定されたゴールドプラン、1994年の新ゴールドプランで全国の市町村に特別養護老人ホーム、訪問看護ステーションが整備されてきています。

　都会の老人ホームでなく、田舎で暮らしたほうが孫たちも喜んで遊びに来てくれると思いませんか。みんなが田舎に引っ越せば、過疎問題も解決できて一石二鳥ですね。バブル期につくりすぎた、公営のリゾート施設の利用率があがれば一石三鳥かも。

（橋本　恭之）

---

1) 終身保険、養老保険や年金保険等の人の生死を対象とする保険を第1分野と呼び、自動車保険や火災保険等の財産に対する不測の損害の補償を目的とする保険を第2分野、医療保険に代表されるように、第1分野と第2分野の中間に位置する保険を第3分野と呼ぶ。わが国では保険業法により、第1分野の保険は生命保険会社、第2分野の保険は損害保険会社しか扱えない。第3分野の保険も、かつては生保が扱えるも

のと損保が扱えるものに分けられ、外資系と中小の生損保しか扱えなかったが、2001年の規制緩和により生損保本体の相互参入、大手・中堅生損保の参入が認められた。
2）生保、簡保のデータ出所は保険研究所『インシュアランス 生命保険統計号』。損保については、(社)日本損害保険協会の要望書『高齢者介護施策に関する要望について』に掲載されている数字を使用した。ただし、損保については外国損保会社の数字が含まれていないことに注意されたい。
3）厚生省大臣官房政策課調査室『平成10年 公的・民間サービスの機能基礎調査報告書』、厚生労働省政策統括官付政策評価官室『平成15年 社会保障に関する公私機能分担調査報告書』
4）社会保障審議会介護保険部会資料『「被保険者・受給者の範囲」拡大に関する意見』（2004年12月10日）参照。
5）社会保障審議会介護保険部会資料『「被保険者・受給者の範囲」の拡大に関する意見』（2004年12月10日）参照。
6）支援費制度については、第5章第5節を参照。
7）第4章 表4-6参照。
8）ドイツやフランスでは、低所得層に対しては社会扶助から手当をしている。また、スウェーデンでは年金受給者住宅手当（家賃補助）を支給し、イギリスでは地方公共団体がサービスを提供するかあるいはサービスを購入して費用を負担するしくみになっている。
9）2005年度の介護保険改革における、施設利用時のホテルコストの自己負担化の詳細については第13章を参照のこと。
10）ユニットケアとは、省令では「居宅に近い居住環境の下で、居宅における生活に近い日常の生活の中でケアを行うこと、すなわち、生活単位と介護単位を一致させたケア」と定義されている。具体的には、要介護者の基本的な生活スペースは個室であり、複数の個室がリビング等の共用空間を共有している施設で、要介護者が普段の生活に近い形を営みながら介護を受けることをいう。
11）2001年の第4次医療法改正によって、医療機関は「一般病床」と「療養病床」に区別されることになった。急性期の医療を受けるのが一般病床で、長期にわたる療養を必要とする者を対象にしたのが療養病床である。2005年度の医療制度改革によって療養病床が再編され、医療保険適用の療養病床の削減と介護保険適用の療養病床の2011年度末までの廃止が決定された。また、入院する70歳以上の高齢者の食費・居住費の負担についても介護保険制度改革にあわせて見直された。
12）新規申請の約3割、更新申請の約7割が委託調査であるとされている。(厚生労働省社会保障審議会介護保険部会第9回資料4『認定調査の現状』(2004年2月23日)参照)
13）介護支援専門員実務研修受講試験の受験要件として挙げられている資格は次のとおりである。医師、歯科医、薬剤師、保健師、助産婦、看護婦、看護師、准看護師、理学療法士、作業療法士、社会福祉士、介護福祉士、視能訓練士、義肢装具士、歯科衛生士、言語聴覚士、あん摩マッサージ指圧師、はり師、きゅう師、柔道整復師、栄養士（栄養管理士を含む）、精神保健福祉士。
14）『平成15年度介護支援専門員の実態にかかる全国調査結果（中間報告）』は、全国介護支援専門員連絡協議会が平成15年11月21日～12月26日にかけて居宅介護支援事業所に勤務する介護支援専門員3,543人に対して行った郵送によるアンケート調査の結

果（回収1,871件、回収率52.8%）である。
15) 次に多いのが30代（26.7%）であり、50代（26.1%）がそれに続く結果となっている。
16) 厚生労働省社会保障審議会介護保険部会第9回資料3『「サービスの質」関連資料』参照。
17) 2005年度の介護保険改革（改正介護保険法）によって、包括的・継続的ケアマネジメントの強化を図るため、地域包括支援センターの創設、ケアマネジャーの専門性向上のため主任ケアマネジャーの創設が行われることとなった。

【参考文献】
保険研究所『インシュアランス 損害保険統計号』各年版
保険研究所『インシュアランス 生命保険統計号』各年版
厚生省大臣官房政策課調査室『平成10年 公的・民間サービスの機能基礎調査報告書』
厚生労働省『介護サービス施設・事業所調査の概況』各年版
厚生労働省『介護給付費実態調査結果の概要（平成15年5月審査分～平成16年4月審査分）』（オンライン），入手先（http://www.mhlw.go.jp/toukei/saikin/hw/kaigo/kyufu/03/index.html）
厚生労働省『介護保険制度改革の概要－介護保険法改正と介護報酬改定－』(2006年3月)
厚生労働省政策統括官付政策評価官室『平成15年 社会保障に関する公私機能分担調査報告書』
(社)日本損害保険協会『高齢者介護施策に関する要望について』(2004年8月)（オンライン），入手先（http://www.sonpo.or.jp/action/pdf/news_04-018.pdf）
厚生労働省社会保障審議会介護保険部会 第9回資料3『「サービスの質」関連資料』(2004年2月23日)
厚生労働省社会保障審議会介護保険部会 第9回資料4『認定調査の現状』(2004年2月23日)
厚生労働省社会保障審議会介護保険部会 資料『「被保険者・受給者の範囲」拡大に関する意見』(2004年12月10日)
全国介護支援専門員連絡協議会（2004）『平成15年度介護支援専門員の実態にかかる全国調査結果（中間報告）』

第11章　社会福祉・公的扶助の論点

　　　　　　　　　　　　　　　　　　　　　　　　　　木村　真・林　宏昭

　今日の社会福祉政策においては、従来どおりの弱者救済のための施策だけでなく、高度化し多様化する福祉ニーズへの対応や自立の促進に向けた施策の展開も大きな課題となっている。同時に、社会保障全体をめぐって総コスト拡大の抑制や各施策の一体的な見直しが焦点になっており、福祉に関しても例外ではない。

　各制度の改革に向けた議論や取り組み、そして制度間の重複を調整して福祉体系を一体的に見直す方向性については第15章で述べることとし、本章では児童福祉、障害者福祉、公的扶助（生活保護）の各制度が直面している課題を取り上げる。

1．児童福祉

(1) 児童福祉行政と規制緩和

　児童福祉行政は、保護者が保育所に預けたいと希望してもそれがかなわない児童（待機児童）を減らすことと、少子化の進行を食い止めるために子育て支援に効果のある体制を整備することという二つの課題に直面している。他方、その必要性は以前よりも薄れてきたとはいえ、依然として経済的な支援を必要とする個人や世帯も存在する。

　まず保育環境については、保育定員、保育士数の拡大を含めて、地域的な需給ギャップの解消が急務である。特に都市圏においてはキャパシティの拡大が強く求められている。しかし、国、地方を通じて財政状況は非常に厳しく、保育行政においても効率性の向上は不可欠である。効率性の追求と保育需要への

表11-1 認可保育所における保育士配置に関する国の最低基準

	児童数：保育士数
0歳児	3人：1人
1～2歳児	6人：1人
3歳児	20人：1人
4～5歳児	30人：1人

注）一つの保育所につき2人を下ることはできない。
出所）厚生省令第63号（児童福祉施設最低基準）より作成。

対応を両立させる必要性が生じているのである。

　国は、1990年代後半から、さまざまな分野での規制緩和を進めてきた。各自治体では、これを活用しながら保育需要の拡大に対応するためにさまざまな手段を講じてきている。その進め方については多様な議論があるが、大きく分ければ対応策は次の二つである。

　一つは、保育所の運営や設置に関する基準の弾力化による児童受入れの拡大である。これには、保育定員の弾力化や短時間勤務の保育士の導入といった方策がある。保育士の配置に関する国の基準は表11-1に示したとおりであり、年齢ごとの定員に応じて必要とされる保育士数が決定されている。定員の弾力化は、当該自治体に待機児童がある場合に、これを緩和するというものである。厚生労働省が2005年度に実施した調査では、保育所のある市町村（2,162）のうち、定員の弾力化を認めている団体が80.9％、実際に行っている団体は69.1％に達している[1]。また保育士に関しては、これまで各自治体が独自に国基準を上回る配置を行い、それを自治体の財源で賄うケースも多かった。このような自治体独自の上乗せを廃止して、国基準に合わせようとするのも近年みられる傾向である。

　また、規制緩和によって、施設等の面で国の認可を得られない（つまり、国からの補助の対象外である）いわゆる認可外保育所に対して、地方団体が独自に施設整備等の公費補助を行うことができるようになった。たとえば東京都では、独自に設定した基準を適用し、これを「認証保育所」として公費補助を行っている。2003年度の厚生労働省の調査では、事業所内保育施設やベビーホテルなどの認可外保育所は全国に6,800以上あり、利用児童数は18万人超と認可保育所に匹敵する利用者がある[2]。第5章でみたように、現在の「待機児童」の定

義からは「認証保育所」等を利用している児童が除かれており、今後もその活用は拡大するものと考えられる。

(2) 保育の民営化

近年の保育所運営におけるもう一つの大きな動きが、民営化や民間委託の拡大であり、各自治体でも大きな争点となっている。その議論の背景にあるのは、官民の間に生じているニーズの多様化への対応の違いとコスト格差の問題である。

時間外保育等の要請に対しては、児童数の確保が経営の安定化に結びつくこともあって私立保育所の方が積極的な場合が多い。またコスト面では、児童1人あたりでみると公立保育所の方がかなり高くなっている。これにはいくつかの要因があるが、特に人件費の相違が大きく影響している。国の基準であれ、各自治体が独自に設定したものであれ、保育士配置基準は公立・私立を問わず適用される。しかし、公立保育所では、たとえば児童20名に保育士1名となっている3歳児のケースで、3歳児全体の定員を25名と設定し、それに対応する保育士を2人とするといったことも行われてきた。このような人員配置の問題に加えて、一般的に公立保育所のほうが私立に比べ保育士の年齢が高いため給与費が高く、全体として経費が拡大しがちである。これに対して私立保育所では、先のケースで3歳児の定員を40名とすることや、できるだけ給与の低い若い保育士を多くすることで児童1人あたりの経費を低く抑えようとする。

2004年度から実施された公立保育所に対する国庫負担金の廃止と一般財源化は、公立保育所の縮小にさらに拍車をかけるものと予想される。さらに、従来、市区町村と社会福祉法人にしか認められていなかった保育所の設置主体として、NPOや株式会社といった民間の組織と個人の参入が認められるようになったことも、民間へのシフトを拡大させる要因となる。公立保育所の民営化については、児童受入れの拡大やコストの面でメリットがある反面、「保育の質の低下」を理由として反対が表明されることも多い。

(3) 財源

現在の保育サービスの財源は国からの補助金、地方税、そして保護者の保育

料によって賄われている。このうち保育料は、国の基準よりも低く設定されていることが多い[3]。また、保育料に関しては、国庫補助のある認可保育所と補助のない認可外保育所との間では大きな開きがあり、利用者間で負担の格差が生じている。経済的弱者に対する福祉の部分は別にしても、保育に要する費用を利用者、つまりは受益者に対して負担を求めていくのか、あるいは、児童保育を社会的にバックアップすることを前提として、それを賄うことのできる適切な税負担を社会全体に求めるかという選択も重要になる。

これからの保育財源として、規制改革・民間開放推進会議では「育児保険」の導入も検討されている[4]。具体的には、保育をその利用者とサービス提供事業者との直接契約方式に変更したうえで、利用者に対する直接補助方式を導入し、その財源として「育児保険」の導入を検討するということである。現在は、措置から契約へのシフトが行われたとはいえ、市町村が決定した優先順位に基づいて通う保育所が決定される。それを、保護者と保育所の直接契約に移行し、保護者に対しては保育所に支払うことのできる金券（バウチャー）を配布するというものである。また「育児保険」は、在宅での育児も対象としており、すでに導入されている介護保険のイメージに近いものになっている。

(4) 幼保の一元化

保育所等、施設での児童保育の対象となるのは0歳児から小学校就学までの子供である。就学前の児童の通園施設としてはもう一つ、3歳以上を対象とした幼稚園もある。両者には以下のような点で違いがある。

第1に、制度上の違いである。保育所は厚生労働省が所管する福祉施設であるのに対して、幼稚園は文部科学省が所管の教育施設である。国の所管の違いはそのまま地方団体の担当部局の違いとなり、いわゆる「先生」の資格も保育所が保育士、幼稚園が教諭で、資格認定にも違いがある。第2に、運営上、もしくは実質的な違いである。保育時間は、保育所が原則朝から夕方までで、昼食に関しては施設内で調理を行わなければならないのに対して、幼稚園は原則午前中の保育となる。また、幼稚園では夏休みや冬休みは学校に準じるが、保育所の場合はこのような休みはない。

しかし、近年では、両者で保育内容に差がなくなってきている。幼稚園では、少子化の進行や専業主婦である母親の減少により、午前中のみの保育を行う従来型の運営では園児を集めることが難しくなってきており、午後までの保育や給食を実施するなどの対応策が講じられている。一方、保育所でも、従来の保育の中心であった生活面での指導や遊戯に加えて、読み書きなども教えるようになってきている。

　2006年6月には、「就学前の子どもに関する教育、保育等の総合的な提供の推進に関する法律」が成立し、同年10月から幼稚園教育要領と保育所保育指針の目標が達成されるよう、教育・保育を提供する施設として「認定こども園」制度がスタートした。合わせて、文部科学省と厚生労働省が連携して「幼保連携推進室」を設置し、一元化に向けた動きが加速している。

　認定こども園は、就学前児童の幼児教育と保育の機能を併せ持ち、同時に子育て支援の役割を果たすことが求められる。その認可は都道府県知事が行うことになっており、地域の実情に応じて、①認可幼稚園と認可保育所とが連携して、一体的な運営を行うことにより、認定こども園としての機能を果たすタイプ、②認可幼稚園が、保育に欠ける子どものための保育時間を確保するなど、保育所的な機能を備えて認定こども園としての機能を果たすタイプ、③認可保育所が、保育に欠ける子ども以外の子どもも受け入れるなど、幼稚園的な機能を備えることで認定こども園としての機能を果たすタイプ、④幼稚園・保育所いずれの認可もない地域の教育・保育施設が、認定こども園として必要な機能を果たすタイプ、の四つの類型がある。

(5) 現金給付

　児童福祉のもう一つの柱である現金給付についても、今後そのあり方を再検討すべきである。今日の現金給付の意義は、「子どもを育てる家庭の経済的な負担の軽減」であり、その点からは一定の効果を発揮している。しかし、少子化対策や次世代育成という観点から考えると、その効果は現れていないのが実情である。つまり、「子どもがいればいくらかの給付がある」というしくみは、必ずしも、若い夫婦が子どもを産み、育てるインセンティブとして作用していないと

いうことである。近年、児童手当の給付はその対象が拡大されてきているが、そのコストをどこに投入するのが最も効果的であるのか、他の施策との一体的な検討が必要である。

2．障害者福祉

　障害者福祉については、支援費制度に変更されてからの期間がまだ短いにもかかわらず、「障害者自立支援法」が制定されたり、介護保険との統合などの改革案が提示されるといった動きがみられる[5]。

　第5章で説明した支援費制度の導入によって、行政が決定したサービスのみを受けるのではなく、対象者が自ら内容や水準を決定することができるようになったことは大きなメリットである。しかし一方で、1ヶ月あたりのホームヘルプサービス[6]の支給決定者数が2003年4月の10万人弱から2004年10月には約16万人に増加するなど、当初の想定を上回る費用の拡大が生じており、それへの対応が迫られるようになった[7]。しかし、現状ではこのような予想を超えたサービス利用の拡大がなぜ生じたかについての検証は進められていない。事後的な点検が終わるまで正確な事情はわからないが、ここでは、考えられるいくつかの要因を指摘しておく。

　まずサービスを受ける側では、行政への依頼ではなく事業者との契約となることで従来よりも利用が容易になったということが考えられる。これによって、新たに利用する人の増加やサービスの充実を求める声など、潜在的な需要が掘り起こされるようになる。また利用拡大の要因としては、扶養義務者の範囲が狭まったことによる利用者負担の減少も指摘されている。措置制度では親を含む生計中心者が負担能力の判定対象とされていたが、支援費制度では判定の対象が利用者の配偶者または子に限定された。負担能力の高い親などが判定対象から外れたことによる利用者負担軽減の影響は大きいと思われる[8]。

　他にも、支援費制度には介護保険のような支給決定に関する基準やケアマネジメントの制度が設けられておらず、それが支給の拡大につながったという指摘もある[9]。ただし、これまでの福祉施策のなかでの介助が障害者の自立のた

めに必要であった水準と比較して量的にも質的にも不足していたということなのか、あるいはそれほど必要度の高くないサービスでも利用が促進される結果になったのかという点は検証ができていない。支援費制度の評価のためには、サービス利用の拡大が、障害者の自立に向けた生活の整備や行動にどれだけ有効に作用したのかをまず検証する必要がある。

　一方、サービスの供給という側面からみると、サービスの供給主体が行政から事業者へと変わったことで、たとえば「支援費制度を使えば、このサービスをこれだけの費用で受けることができる」といったセールス活動が行われるようになり、「供給が需要を生む」構造となっている可能性が考えられる。もちろんこの点も検証が終わっているわけではなく、安定的なサービス供給のための体制についての検討は、さらに進める必要がある。

3．公的扶助（生活保護）

(1)　揺れる生活保護制度

　生活保護制度は、近年その財政負担や制度そのもののあり方をめぐって大きく揺れている。これには、バブル崩壊後の長引く不況や高齢化の進展などによってその対象が急激に増加し、財政運営を圧迫するようになっていることが背景にある。国の一般会計予算における生活保護給付のための国庫負担金は、2000年度に1兆4,837億円であったものが、2006年度予算では2兆460億円に増加している。同じ期間に、一般会計総額は85兆円から80兆円に縮小しており、生活保護費の拡大が安定的な財政運営にとって大きな制約となっているのである。

　わが国はこれまで巨額の財政赤字によって度重なる景気対策を行ってきたにもかかわらず、経済の回復が思うようにいかなかった。そのため、小泉内閣はこれまでの政策方針を転換し、「民間にできることは民間で」「地方にできることは地方で」というスローガンを掲げて、財政の効率化によってこれ以上の財政の悪化を食い止めつつ、経済の活性化を同時に図ることとした。このうち「地方にできることは地方で」という政策方針の一環として打ち出されたのが、補

助金削減、税源移譲、交付税改革を一体的に行って国と地方の財政関係を抜本的に見直す「三位一体改革」である。

第6章で述べたように、生活保護制度に関しては、現在、国が75％を国庫負担金として財政上の責任を負っている。2004年度からの三位一体改革の議論では、この生活保護費国庫負担金の廃止や補助率引下げを国庫補助負担金削減の一部とすることが検討された。その背後には、近年の生活保護費の急増を抑えて適正化を図るには、自治体がその地域の実情に合わせて自らの負担で保護を行うほうが良い、という考えがある。

しかし、第6章で述べたように生活保護の地域間格差の要因には、自治体の適正化への努力の差もあるかもしれないが、高齢化の程度や雇用環境の差などコントロールできない部分もある。また、そもそも生活保護はナショナル・ミニマムとして受けることができない地域があってはならないものであり、その意味で国がその財源を負担しないわけにはいかない。こういった地方からの反対を受け、最終的には見送られることとなった。

今回は地方の主張が通った形となったが、保護の実施窓口である自治体には、保護費の急増という現実を前に、これまで以上の適正化への努力が求められているのも事実である。どのようにして財源の確保と適正化への努力を両立させるか、という問題は残されたままとなっている。

(2) 保護基準の見直しと自立支援

生活保護については、以上のような財政負担の問題に加えて、制度そのものについてもそのあり方や見直しを巡ってさまざまな議論が展開されている。各種の政策を財政面から議論する財務省財政制度等審議会建議（2003年6月19日）では、「生活保護は国民生活の最後のセーフティネットとしての機能を有するものであり、真に困窮した自立不可能な者に最低限度の生活を保障することを目的とするものである。しかしながら、受給者に一定の収入を保障するものであるが故に、保障水準やその執行状況によっては、モラルハザードが生じかねず、かえって被保護者の自立を阻害しかねないという面も指摘される。このため、制度・運営面について、以下の観点から、しっかりとした点検と見直しが

必要である[10]。」と述べられている。また、これを受けて、同年6月27日の『経済財政運営と構造改革に関する基本方針2003』（閣議決定）でも、「生活保護においても、物価、賃金動向、社会経済情勢の変化、年金制度改革などとの関係を踏まえ、老齢加算等の扶助基準など制度、運営の両面にわたる見直しが必要である。」とあり、その総合的な見直しの必要性が主張されている。

以上を受けて、2004年12月に「生活保護制度の在り方に関する専門委員会報告書」が出され、保護基準の見直し、自立支援プログラムの導入を柱とする見直しの方針が示された。表11-2はその具体的な内容をまとめたものである。保護基準については、単身世帯基準の新設、多人数世帯基準の是正、母子加算の見直しなど、一般低所得世帯の現状と比較して是正が必要と判断されたものを見直しの対象として挙げている。特に、単身世帯や多人数世帯といった世帯数に関する基準の見直しが特徴となっている。これには、現行制度における年齢に応じた基準（第1類費）と世帯人員に応じた基準（第2類費）に関する設定が、単身世帯に関してはそもそも区分の必要が無いこと、現行基準が一般低所得世帯に比べて年齢に応じた基準（第1類費）の比重が高く、世帯人員数の増加に応じた基準額の増額も多いため、世帯規模の経済性が働きにくく、多人数世帯ほど割高になっていることなどが根拠となっている。このような扶助基準の見直しは、従来、毎年の民間最終消費支出の伸びにあわせて改定するのが中心であったが、今後は世帯類型別や地域別に分けて生活扶助基準の検証を定期的に行うことで、多様化する保護実態に対応していく方針も同時に打ち出している。

一方、自立支援プログラムとは、被保護世帯の保護の長期化を防ぎ自立を促進するために、地方自治体がその自主性・独自性を生かして被保護世帯が抱えるさまざまな問題に応じて作成する支援メニューのことである。プログラムへの参加を拒否する被保護者に対しては保護を停廃止することを明確に打ち出している点に特徴がある。

これら生活保護基準の見直しと自立支援プログラムの導入は、それぞれ、生活保護費の単価の見直しと被保護者数の増加への対応に相当し、それを通じて

急増する生活保護費の適正化を図ろうとするものである。しかし、報告書で打ち出された見直しの方向性については、まだまだ課題も多い。

一つは、生活保護費のなかで大きなウェイトを占めている医療扶助への対応策が欠けている点である。生活保護の受給者は健康保険制度の枠外とされ、その医療費は全て公費で賄われる。医療費の自己負担が無いことは、その患者の受診行動に大きく影響することが予想される。また、高額な医療費であっても保険者機能が十分発揮されることなく公費によって確実に支払われるため、医療機関の診療行動にも影響を及ぼしていると予想される。他にも、ハローワークとの連携を掲げるものの、市場化テストのモデル事業に選ばれたことでその存在自体が揺れているために今後が不透明な点などが課題として挙げられる[11]。

表11-2 生活保護の見直しの概要

生活保護基準の見直し	①定期的な扶助基準の評価・検証	・全国消費実態調査を用いて5年に一度、地域別、世帯類型別に検証
	②基準の見直し	・多人数世帯の基準是正(第2類費の構成割合、換算率の見直し) ・単身世帯基準の設定 ・第1類費の年齢区分幅の拡大 ・加算の見直し(母子加算の一律的、機械的な給付の見直し)
制度・運用	①自立支援プログラム制度の導入	
	②自立支援推進体制の構築	・地方:ハローワークとの関係強化等 ・国 :自立支援プログラム策定指針の提示等
	③教育支援	・高等学校就学費用への対応
実施体制	①国と地方の役割を十分議論した上で財源を確保 ②担当職員個人の経験に依存せず組織的な取組	

このように、生活保護を巡る議論は個別制度の見直しから他の制度との連携を必要とするものまでその範囲は広い。しかし、近年の給付拡大の背景には、

バブル崩壊後10年以上にわたる日本経済の停滞があることに疑いの余地はない。政策的な目標として「自立」が掲げられたこと自体は望ましい方向であるが、現在必要なことは、生活保護対象者（世帯）のうちどれだけが不況を要因とした一時的な状況によるものであるのか、つまり意欲も含めてある程度の経済環境の改善があれば保護対象から外れることが可能であるのかの検証である。加えて、このように経済環境さえ改善すれば自立できる者以外に、自立の可能性を持つ人がどれだけ存在するのかも見極めなければならない。

表11-3は、生活保護を受給している高齢者世帯とそのうち年金受給のない世帯（無年金世帯）について2000年以降の動向を示したものである。無年金世帯の割合は2000年の時点で50％を超えており、近年まで徐々に上昇傾向を示してきた。無年金となっているのは、保険料を納付していなかったケースであると考えられる。現在、未納・未加入者が非常に多くなっており、将来それを原因として生活保護を受ける人たちが増える可能性もある。保険料の納付という義務を果たさなかった者に生活保護を適用することを認めるのかどうか。公的年金制度にモラルハザードを起こさせないためにも、生活保護のあり方が改めて問われている。

(3) ホームレス対策の論点

ホームレスの問題と生活保護は切り離せない関係にあり、特にホームレスの集中する大都市においては、それが大きな問題となっている。第6章では、高

表11-3　高齢者世帯の状況

（単位：世帯）

	2000年	2001年	2002年	2003年	2004年	2005年
高齢者世帯総数	330,880	362,350	398,200	433,720	465,160	438,030
うち年金受給なし世帯数（割合）	168,500 50.9%	187,050 51.6%	210,120 52.8%	231,310 53.3%	248,500 53.4%	229,280 52.3%

注1）7月1日現在。
注2）高齢者世帯とは、男65歳以上、女60歳以上の者だけで構成されているか、またはこれらの者に18歳未満の者が加わった世帯のこと。
出所）厚生労働省『被保護者全国一斉調査（個別調査）』

齢化や日雇労働市場の縮小といった外的要因や、国の対策方針や保護要件の緩和、NPO法の施行といった制度要因など、全国的な視点でその現状を確認した。しかし、ホームレス問題は、長らく、深刻な問題を抱える一部の自治体が独自に対応してきたため、全国的な方針が示された後も地域によってその実情は大きく異なる。また、生活保護行政についても、厚生労働省が原則遵守を繰り返し通達する必要があったほど、地域によって実施状況に差があるというのが現状である。ここでは、ホームレス対策や生活保護の取り組み方に大きな違いがある東京都と大阪市について詳細に検討することで、ホームレス対策の論点を明らかにする。

近年のホームレスの生活保護への移行には、NPOによる支援活動が大きくかかわっている。東京都と大阪市においても事情は同じである。図11-1は、東京都と大阪市における生活保護の申請件数の推移を示したもので、図11-2は、大規模な日雇労働市場がある大阪市あいりん地域の市立更正相談所に寄せられ

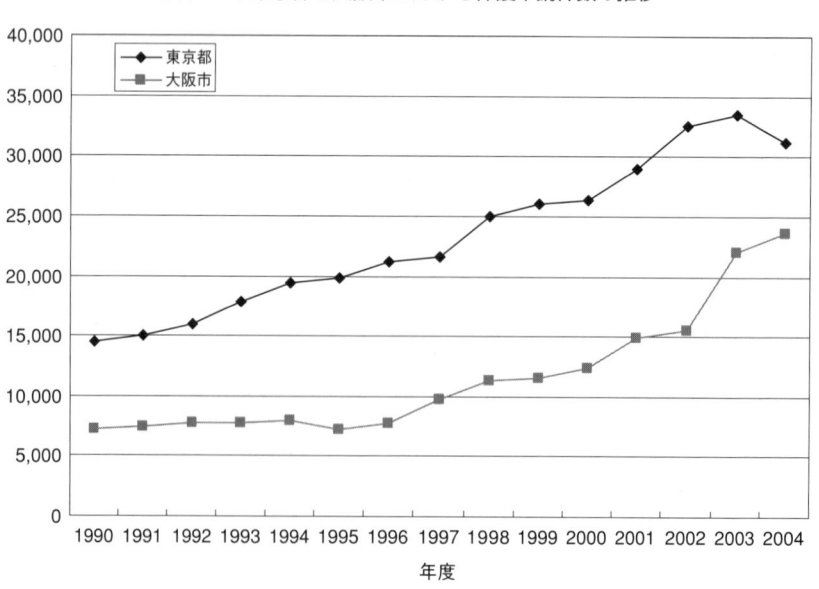

図11-1 東京都と大阪市における保護申請件数の推移

出所）厚生労働省『福祉行政報告例』

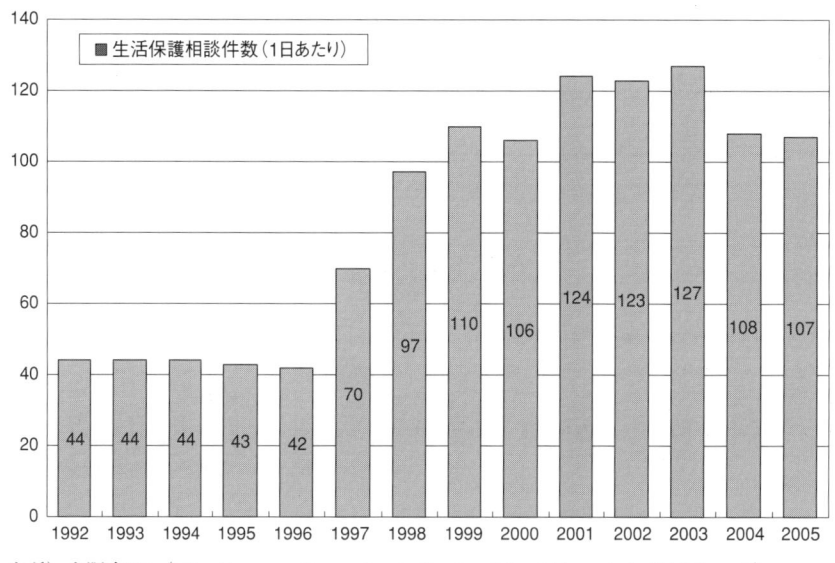

図11-2　保護相談件数の推移（大阪市立更正相談所）

年	生活保護相談件数（1日あたり）
1992	44
1993	44
1994	44
1995	43
1996	42
1997	70
1998	97
1999	110
2000	106
2001	124
2002	123
2003	127
2004	108
2005	107

出所）大阪市HP（http://www.city.osaka.jp/kenkoufukushi/sonota/pdf/airin.pdf）

た1日あたりの生活保護の相談件数の推移を示したものである。NPO法が施行された1998年度頃を境に、明らかに申請・相談件数が増加に転じている様子が分かる。高齢化や雇用環境の悪化だけでは、このような急激な変化は説明できない。また、住宅扶助の実施要綱の改正は2003年度のことなので、生活保護の制度変更の影響でないことも明らかである。

しかし、生活保護は申請さえすれば必ず受給できるというものではない。特にホームレスの場合、受給するには少なくとも居住場所を確保する必要がある。支援する側からすれば、最初から保護につながらないような支援のしかたはしないであろうから、NPOがホームレスの保護申請を支援しているとすれば、居住場所の確保に何らかの形でかかわっているはずである。そこで、生活困窮者の居住場所として活用されている無料低額宿泊所[12]や簡易宿所[13]の状況をみてみよう。するとそこにはNPOの活動の広がりと、東京と大阪での活動のしかたの違いがみえてくる。

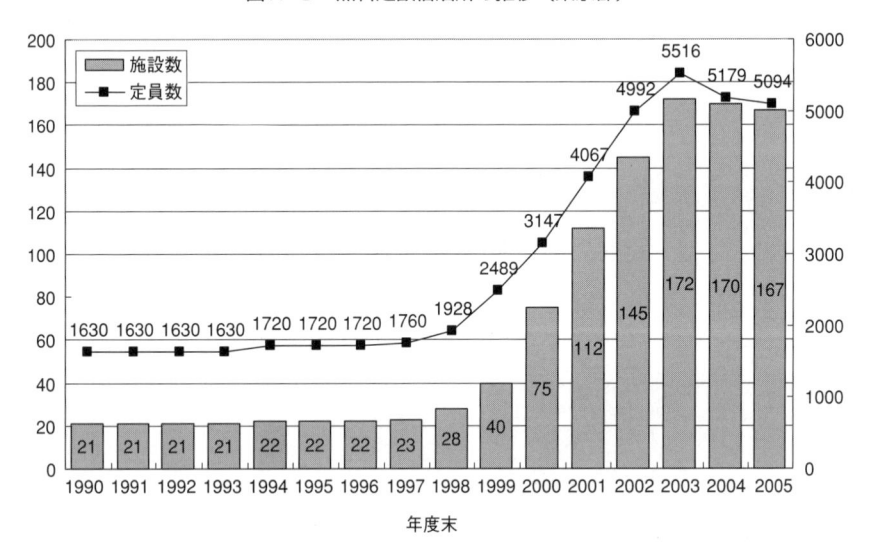

第2部　社会保障一体改革の論点整理

図11-3　無料定額宿泊所の推移（東京都）

年度末	施設数	定員数
1990	21	1630
1991	21	1630
1992	21	1630
1993	21	1630
1994	22	1720
1995	22	1720
1996	22	1720
1997	23	1760
1998	28	1928
1999	40	2489
2000	75	3147
2001	112	4067
2002	145	4992
2003	172	5516
2004	170	5179
2005	167	5094

出所）東京都『生活保護制度改善に向けた提言～安心と自立を支える仕組み（セーフティネット）の構築に向けて～』（平成16年7月）および東京都提供資料

　東京都の無料低額宿泊所の施設数の推移を示したものが、図11-3である。申請・相談件数と同様に、1998年度あたりから施設数が急増しているのがわかる。東京都の2003年の調査[14]によると、宿泊所の利用者はほとんどが生活保護を受給しており（82.6％）、その入所理由として最も多いのが「路上生活」となっている（35％）。この無料低額宿泊所を最も多く設置しているのがNPO法人である（7割）。このことから、東京において、ホームレスを生活保護へと移行させる施設として無料低額宿泊所が活用されており、その中心的な役割をNPOが担っているということが確認できる。

　一方、東京と違い、大阪市の無料低額宿泊所の施設数は2005年度末でわずか7件ときわめて少ない。相談件数の推移からみて、東京と同様にNPOの活動が大きく影響していることは明らかだが、そこには無料低額宿泊所を活用してホームレスの生活保護への移行を支援するNPOの姿はみられない。

　この点について、近年、大阪では「福祉アパート」と呼ばれる賃貸住宅の存

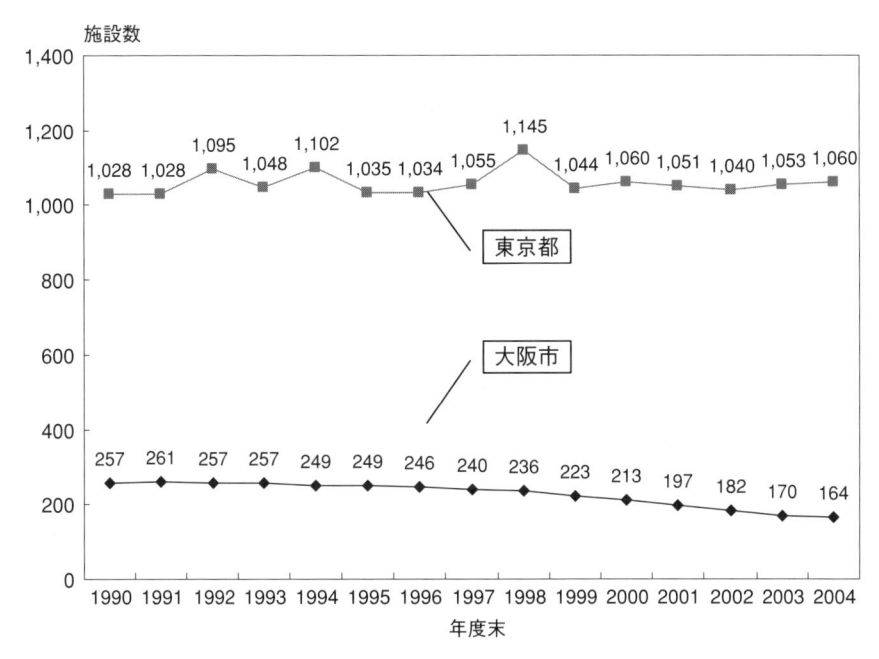

図11-4 東京都と大阪市における簡易宿所数の推移

施設数

東京都: 1990:1,028 1991:1,028 1992:1,095 1993:1,048 1994:1,102 1995:1,035 1996:1,034 1997:1,055 1998:1,145 1999:1,044 2000:1,060 2001:1,051 2002:1,040 2003:1,053 2004:1,060

大阪市: 1990:257 1991:261 1992:257 1993:257 1994:249 1995:249 1996:246 1997:240 1998:236 1999:223 2000:213 2001:197 2002:182 2003:170 2004:164

年度末

出所）東京都福祉保健局『東京都衛生年報』『福祉・衛生統計年報』
　　　大阪市健康福祉局『衛生統計年報』『健康福祉統計集』

在が、ホームレスの生活保護への移行に利用されていると指摘されている。「福祉アパート」とは、正確な定義はないが、入居費用が後払いできるなど、これから生活保護を受けようとする者の居宅確保に利用しやすい特徴を有した賃貸住宅のことで、簡易宿所がその業態を旅館から賃貸住宅へと変えたものが多いといわれている。図11-4には大阪市の簡易宿所数の推移を示してあるが、実際、1998年ごろより急速に数を減らしている。「福祉アパート」は賃貸住宅であるがゆえに、その実態を把握することが難しく、NPOがどれだけかかわっているかについても、正確なところは不明である。しかし、実際に「福祉アパート」を運営しているNPOがあることから、全くかかわりがないわけではない。

　簡易宿所を巡るこのような動きは、東京ではみられないものである。図11-4には、東京都の簡易宿所数の推移も示してあるが、大阪市の場合と異なり、

その数はほぼ横ばいである。

　こうした違いが生じたのには、東京都と大阪市の簡易宿所に対する生活保護行政の違いが大きく影響している。簡易宿所の宿泊者に対して、東京都は生活保護の適用を認めているが、大阪市は認めていない。認めない理由は、簡易宿所が旅館であり、その宿泊料も日払いが中心で、定まった住居とは認められない、というものである。

　簡易宿所の宿泊者の多くは日雇労働者である。第６章でみたように、日雇労働市場は急速に縮小している。市場の縮小は簡易宿所の経営に大きな打撃を与える。大阪市は、簡易宿所の宿泊者への保護適用を認めていないため、簡易宿所の側では住宅扶助を収入として期待することができず、雇用環境の悪化が簡易宿所の経営悪化に直結する。その結果、簡易宿所が生活保護の適用を受けられるように賃貸住宅へと業態を変えざるを得ない状況が生まれていると考えられる。一方、東京都では、生活保護の適用が認められているため、簡易宿所の経営が受ける打撃は小さく、業態を変える必要はさほどでもないとみられる。

　一方、こうした生活保護行政の違いに加えて、ホームレス対策そのものの違いも当然ながら影響を与えているとみられる。現在、ホームレス対策の中心は、国の方針を受けて、緊急一時宿泊事業、自立支援事業、就労支援事業となっている。国の取り組み以前から対策をはじめていた東京都と大阪市でも、これらについてはほぼ同じである。しかし、緊急一時宿泊事業、自立支援事業の位置づけについては、生活保護行政と同じく、両自治体間で大きく異なっている。

　東京都では、緊急一時宿泊事業にあたる施設として緊急一時保護センター、自立支援事業にあたる施設として自立支援センターを設けている。それぞれの位置づけは、ホームレス自立支援プログラムの第一ステップ、第二ステップというもので、緊急一時保護センターに入所するには福祉事務所長の承認が、また自立支援センターに入所するには緊急一時保護センターに入所していることが必要である。そして各段階では、入所者の自立に対する取り組みが評価され、自立か保護かの選別がなされる。東京都の特徴は、こうした一貫した自立支援プログラムを用意していることである。確かに厳しい側面もあるが、最終的に

就労自立に至った者に対しては就労支度金として補助金が支給されるなど、その施策には手厚い面もある。

一方、大阪市では、緊急一時宿泊事業にあたる施設として仮設一時避難所、自立支援事業にあたる施設として自立支援センターを設けている。それぞれの位置づけは、仮設一時避難所が公園に起居するホームレスの緊急避難施設と、自立支援を行う施設というものである。東京都と違い、仮設一時避難所と自立支援センターの間には特に関係がない。また、最終的に就労自立に至ったとしても、東京都のような補助金は支給されない。

こうした取り組みの結果、各施設の入所者がどのように退所したかを東京と大阪で比較したものが表11-4である。まず緊急一時宿泊施設の退所者についてみると、自立支援センターに移った者は、施策の違いを反映して、東京で50％、大阪で7.7％となっている。また、生活保護へと移行した者は、東京が25.4％で

表11-4 ホームレス対策施設の退所先（東京都23区と大阪市の比較）

■緊急一時宿泊施設

（％）	東京 緊急一時保護センター	大阪 仮設一時避難所
自立支援センター	50.0	7.7
生活保護	25.4	58.6
入院	8.0	16.3
施設	0.9	25.2
居宅	0.6	17.1
宿泊所	15.8	―
自主退所・就労・その他	24.6	33.8
計	100.0	100.0

■自立支援センター

（％）	東京 自立支援センター	大阪 自立支援センター
就労自立	51.2	43.0
生活保護	14.7 ※	8.6
自主退所・その他	34.2	48.4
計	100.0	100.0

※「就労自立の可能性なし」のうち「自立困難」と分類された者（12.2％）については、原則として路上生活に戻されることは無いので、生活保護に分類した。
出所）東京都および大阪市提供資料（2004年度までの累計実績）を基に作成。

あるのに対し、大阪では60％近くに達する。次に、自立支援センターの退所者のうち就労自立した者をみると、東京で51％、大阪で43％と、東京のほうが自立につながった者が多い。これは、大阪に比べて東京のほうがホームレスに対して自立に関する事前評価が厳しいということが結果に反映されたものと考えられる。

ここで重要なのは、東京では、緊急一時保護センターから生活保護へと移った者のなかで、無料低額宿泊所に移った者が過半数以上を占めるという事実である。つまり、行政のほうでも保護を適用する際の施設として無料低額宿泊所を積極的に活用しているのである。東京では無料低額宿泊所が急増しており、その大きな要因としてNPOの活動の広がりがあることは先に述べたとおりである。

国はホームレス対策として、生活保護の積極活用の方向に舵を切った。NPOなどによる支援も引き続き活発に行われるであろうから、生活保護の適用を多少厳しくしたとしても保護費の急増を抑えることは難しい。むしろ保護を支給した後、いかに自立させるか、また保護を支給しなくても自立できる道へといかに導くか、そしてこれらを行政とNPOが協力して取り組める体制をいかに構築できるかが重要となろう。

東京都は、自立と保護を管理する方向でホームレス対策と生活保護行政を進めつつある。限られた財源の中で生活保護の適正化を図るには、こうした管理による自立支援の強化は選択肢の一つであろう。他方、このような施策は、年齢的、身体的には自立が可能であるにもかかわらず自らがその意志を持たない人にとって厳しいことも考えられる。こうした人々に対しては、単なる現金給付や生活保障だけではなく、啓発と職業訓練を併せて実施しなければならない。また、そういう場面にこそNPOなど民間の力が期待されてもいる。

ホームレス対策は、いわゆる「追い出し」のみでは、他の地域への移動を引き起こすだけということにもなりかねず、何の解決にもならない。自立によるホームレス減少の途を探るには、NPOとの関係を、申請から保護の開始までだけでなくホームレスや保護世帯の自立支援にまでいかに広げるかなど、従来と

は異なる視点の行政が求められているのである。

> **COLUMN**
>
> **生活保護と地方分権**
>
> さまざまな分野で進められる分権化の波は、福祉の分野にも及んでいます。福祉サービスはもともと地域福祉として展開するほうが望ましいものも多く、地方分権は望ましい方向といえます。それとは別に、生活保護のように国による全国一律の基準のもとで運営されてきたものもあります。三位一体改革の中では、地方への補助金削減の一案として生活保護費国庫負担の割合の引下げも検討されました。
>
> 小泉元首相（歌手の島倉千代子さん？）ではありませんが、地方分権といっても、地域の環境もいろいろ、そこに住む人の気質もいろいろ、です。その中で生活保護を財源も含めて地方団体に任せると、全国的なレベルで最低限の所得保障が達成されなくなるのではないかという心配があります。一方、国が財源保障をして地方団体が事務のみを担当するのでは、支給についての認定が甘くなるのではないかという懸念もあります。現実には、経済環境の悪化から制度を必要とする人が増加していると同時に、不正受給の増加も指摘されています。
>
> 日本のように生活保護制度に国と地方の両方が関わるシステムのもとでは、最低限の生活保障と地方分権のあり方について改めて議論を深める必要があります。現在の補助金引下げの議論では、地方団体の運用においていかにして厳格性や効率性を確保するか、そして国は各地域の実情に見合った基準を設定し、それを達成するためにどのような形で関与すべきかという点の議論が不足していると思います。
>
> （林　宏昭）

1) 厚生労働省『平成17年地域児童福祉事業等調査の概況』（http://www.mhlw.go.jp/toukei/saikin/hw/jidou/05/index.html）
2) 厚生労働省『平成15年地域児童福祉事業等調査の概況』（http://www.mhlw.go.jp/toukei/saikin/hw/jidou/03/index.html）
3) 世帯収入によって無料から6万円程度までの段階があり、児童の年齢によって、また市町村によっても相違がある。
4) 内閣府規制改革・民間開放推進会議第3回資料2『規制改革・民間開放推進会議の重点検討課題』（2005年6月）
5) 「障害者自立支援法」については第15章を参照。
6) 障害者が居宅において日常生活を営むことができるよう、家庭等にホームヘルパーを派遣して、入浴などの介護、家事等の日常生活を営むのに必要な介助を行うサービス
7) 厚生労働省社会・援護局障害保健福祉部『障害者自立支援法による改革～「地域で暮らす」を当たり前に～』より
8) 厚生労働省社会保障審議会障害者部会（第21回）資料4『障害福祉サービス（個別

給付）の利用者負担の見直し（応益、食費等）－給付費推計－』によると、支援費移行時の扶養義務者の変更により、ホームヘルプの利用者負担率（平均）は2002年度4.1％から2003年度1.3％に低下している。また、こうした利用者負担の減少により、特に知的障害者の移動介助の利用が増加したことが指摘されている（DPI日本会議『改革のポイントとそれぞれの問題点』）(http://www.dpi-japan.org/3issues/3-1shienhi/gd04/gd003.htm)。

9) 厚生労働省社会保障審議会障害者部会第5回資料2-5『地方自治体からの要望について』を参照。なお、ケアマネジメントについて、詳しくは第4章第1節と第10章第6節を参照。

10) 以下の点とは次の内容である。
①執行の適正化とそのための地方公共団体の積極的な取り組みの促進。
②近年の物価・賃金動向等の社会経済情勢の変化、年金制度改革における給付水準の見直しを考慮して、生活扶助基準・加算の引下げ・廃止、各種扶助の在り方の見直し、扶助の実施についての定期的な見直し・期限の設定など制度・運営の両面にわたり多角的かつ抜本的な検討が必要。

11) ハローワーク事業のうち、キャリア交流プラザ事業や求人開拓事業については市場化テストの導入が決まっている。しかし、ハローワーク事業の中心である職業紹介事業については、ILO第88号条約（国の指揮監督の下で公務員が従事する全国的体系の職業安定機関の義務付け）に抵触するとの厚生労働省の反対を受け、新たに設けた「ハローワークとILO条約に関する懇談会」において引き続き議論することとなった。

12) 無料低額宿泊所とは、社会福祉法第2条第3項に定める第2種社会福祉事業のうち、「生計困難者のために、無料または低額な料金で簡易住宅を貸し付け、または宿泊所その他の施設を利用させる事業」に基づき設置される施設のことである。都道府県知事に届出れば事業を開始することができる。宿泊所で提供されるサービスは様々で、宿所のみというものから、食事付き、さらには入所者への相談対応・就労指導等のサービスを行うものまである。

13) 簡易宿所とは、主に日雇労働者向けの低宿泊料の旅館である。通称「ドヤ」とも呼ばれる。

14) 東京都福祉局『宿泊所実態調査』（2003年10月）

【参考文献】

厚生労働省『平成17年地域児童福祉事業等調査の概況』(http//www.mhlw.go.jp/toukei/saikin/hw/jidou/05/index.html)

厚生労働省『平成15年地域児童福祉事業等調査の概況』(http//www.mhlw.go.jp/toukei/saikin/hw/jidou/03/index.html)

厚生労働省『被保護者全国一斉調査（個別調査）』（各年版）

厚生労働省『福祉行政報告例』（各年版）

厚生労働省社会・援護局障害保健福祉部『障害者自立支援法による改革～「地域で暮らす」を当たり前に～』(http://www.mhlw.go.jp/bunya/shougaihoken/jiritsushienhou02/5.html)

厚生労働省社会保障審議会障害者部会　第5回資料2-5『地方自治体からの要望について』

厚生労働省社会保障審議会障害者部会　第21回資料4『障害福祉サービス（個別給付）の

利用者負担の見直し（応益、食費等）－給付費推計－』
厚生労働省社会保障審議会福祉部会生活保護制度の在り方に関する専門委員会『生活保護制度の在り方に関する専門委員会報告書』（2004年12月）
財務省財政制度等審議会『平成16年度予算編成の基本的考え方について』（2003年6月9日）
内閣府『経済財政運営と構造改革に関する基本方針2003』
内閣府規制改革・民間開放推進会議 第3回資料2『規制改革・民間開放推進会議の重点検討課題』（2005年6月）
東京都『生活保護制度改善に向けた提言～安心と自立を支える仕組み（セーフティネット）の構築に向けて～』（2004年7月）
東京都福祉局『宿泊所実態調査』（2003年10月）
東京都福祉保健局『東京都衛生年報』各年版
東京都福祉保健局『福祉・衛生統計年報』各年版
大阪市健康福祉局『衛生統計年報』各年版
大阪市健康福祉局『健康福祉統計集』各年版
大阪市健康福祉局HP掲載資料『あいりん対策』（http://www.city.osaka.jp/kenkoufukushi/sonota/pdf/airin.pdf）
DPI日本会議『改革のポイントとそれぞれの問題点』（http://www.dpi-japan.org/3issues/3-1shienhi/gd04/gd003.htm）

第３部　社会保障一体改革の青写真

第12章　公的年金一元化試案

前川　聡子・橋本　恭之

　2004年度の年金制度改正では、年金財政の持続可能性から負担と給付の抑制が図られたものの、未納・未加入問題、世帯類型間、世代間での負担と給付の格差をはじめとして、その他にもまだ2004年度の改正では対応し切れていない課題が山積している。なかでもそれらの問題に対応できる一つの手段として年金制度の一元化が取り上げられ、議論されている。しかしながら、その多くは一元化のイメージを明確にすることに終始しており、具体的な制度設計とそれに基づく負担や給付への影響まで明らかにしたものはほとんどない。

　そこで本章では、一元化への現実的なステップを明らかにするため、現行の年金制度を前提とした実現可能性を考慮し、一元化のパターンとして三つのケースを想定し、それぞれのケースにおける各世代、および各世帯類型の負担と給付に与える影響、さらには企業の社会保険料負担に与える影響を評価してみた。

1．一元化試案について

　現在議論されている一元化のパターンは、第8章で示したように、次の四つに分けられる。具体的には、①一階部分に対し全ての国民に同じ負担を求める一元化、②①に加えて自営業者等もサラリーマンと同じ所得比例年金に加入させる二階部分の別途一元化、③一階部分と二階部分を分けずに全国民を所得比例年金に加入させる一元化、④一階部分と二階部分を分けずに全国民を定額負担・定額給付の年金に加入させる一元化である。

　このうち本章では、表12-1にあるように、現行制度を前提とした場合に実現

第3部 社会保障一体改革の青写真

表12-1 基礎年金一元化試案と社会保険料率

ケース	ケースの特徴	最終的な保険料・税負担の姿
基準ケース 2004年度改正	・第3号被保険者(専業主婦、パート)の国民年金の保険料負担なし。 ・第2号被保険者(給与所得者)全体の保険料からの拠出制度により、第3号被保険者の保険料分を負担。	・国民年金:月額16,900円(平成16年度価格) ・厚生年金:18.30%(事業主 9.15%)
ケース1 基礎一元化	・拠出制度を廃止し、被保険者全員から定額保険料を徴収。 ・二階部分の保険料のみ労使折半。	・国民年金:月額17,395円(平成16年度価格) ・厚生年金:13.14%(事業主 6.57%)
ケース2 基礎・所得比例一元化	・国民年金保険料はケース1に同じ。 ・自営業者は従来の国民年金に加えて、新たに給与所得者と同じ所得等比例年金に加入。 ・二階部分の保険料のみ労使折半(給与所得者のみ)。	・国民年金:月額17,395円(平成16年度価格) ・所得等比例年金:13.99%(事業主 7.00%)
ケース3 税方式・基礎・所得比例一元化	・国民年金の保険料負担が無くなり、消費税を増税。 ・自営業者は従来の国民年金に加えて、新たに給与所得者と同じ所得等比例年金に加入。 ・二階部分の保険料のみ労使折半(給与所得者のみ)。	・所得等比例年金:14.10%(事業主 7.05%) ・年金目的消費税率:4〜5%程度必要

参考) 関西社会経済研究所 (2004)

可能性が高いと考えられるパターン①、②に対応する三つのケースを想定してシミュレーションを行った。なお、一元化の影響を比較するための基準ケースとして、2004年度改正のみの場合もシミュレーションを行っている。

ケース1「基礎一元化」は基礎年金を完全に一元化するケースである。基礎年金についてはパートや専業主婦を含む全員から定額保険料を、厚生・共済年金については給与所得者から報酬比例の保険料(定額負担分除く)を徴収する。ケース2「基礎・所得比例一元化」では、ケース1に加え、二階部分も別途一

元化して全国民を対象とした所得比例年金とし、自営業者にも加入させる。ケース3「税方式・基礎・所得比例一元化」はケース2において基礎年金の国庫負担分を除く財源を定額保険料ではなく年金目的消費税に求めるケースである。このケースでは、広く国民に負担を求める消費税を財源とするため、国民年金の未納・未加入問題が存在しなくなる。

各ケースに共通するシミュレーションの前提として、（1）一元化の開始は、次の年金改革（5年おきに行われる）が予定されている2009年度から行い、2017年度以降は保険料率・年金目的消費税率を固定する。（2）いずれのケースにおいても1人あたりの実質的な年金受給額は基準ケース（2004年度改正）と同じ水準を維持することを想定している。

したがって、ケース同士を比較する際には負担水準の違いによる影響が特に問題となる。表12-1に示された各ケースにおける最終的な保険料率をみると、まず一階部分である国民年金の保険料は一元化した場合（ケース1，2）の方が基準ケースよりも高くなっている。これは、一階部分を完全に一元化することによって、それまで第2号被保険者が全員で負担していた第3号被保険者の保険料負担分（拠出金のうち第3号被保険者の保険料負担相当分）が無くなるため、その分の財源を保険料率の引上げによって賄わざるを得ないためである。

次に二階部分（厚生年金、所得比例年金）の保険料率をみてみよう。一元化した場合の二階部分の保険料率は、基準ケースにおける最終保険料率18.30％と比べるといずれのケースでも低くなっている。これは、一階部分の一元化により、拠出金のうち第3号被保険者の保険料負担相当分を出す必要がなくなるため、その分を二階部分の財源にまわすことができるからである。

なお、ケース2でケース1よりも二階部分の保険料率が高くなっているのは、二階部分の加入者として新たに加わる自営業者等への給付のための新たな財源が必要となるからである。さらに、ケース2と3は一元化のパターンとしては同じであるにもかかわらず、ケース3の最終保険料率がケース2より高くなっている。これは、年金目的消費税導入による物価上昇によって名目的な年金給付額が増えるためである。

2. 国民負担への影響

　前節では各ケースの特徴を明らかにするために保険料率を比較したが、それだけでは一元化による国民の負担への影響を捉えきれない。全てのケースで基礎年金の財源として国庫負担があり、とりわけケース3では国庫負担以外の基礎年金の財源として年金目的消費税を導入することを想定している。したがって、一元化による影響をみるためには、保険料負担だけでなく、税負担や財政赤字の負担といった財政全体の観点から負担を捉える必要がある。そこで本節では、財政全体の国民負担をみるための指標である潜在的国民負担率の推計結果をもとに、一元化による国民負担への影響を明らかにしよう。

　図12-1は各ケースにおける2015年、2030年における潜在的国民負担率を示したものである。2030年における国民負担を比べると、図から明らかなように、ケース1では、年金保険料の水準を変えずにその内訳を一階部分と二階部分とに明確にしただけであるため、潜在的国民負担率は64.4％と基準ケースの潜在的国民負担率64.5％とほとんど変わらない。

　一方、ケース2および3では、これまで所得比例年金の対象ではなかった自営業者も加わるため将来の給付総額が増加し、潜在的国民負担率はいずれのケースも上昇する。ケース2では、給付拡大により二階部分の保険料が上昇して社会保障負担率が基準ケースやケース1よりもさらに2.2％程度増加する結果、潜在的国民負担率は66.6％となる。それに対してケース3では、一階部分の定額負担をなくす代わりに消費税率を引き上げるため、社会保障負担は3％減少するものの税負担がその分増加する。その結果、最終的な潜在的国民負担率はケース2と同程度の66.7％となる。

　これらの結果を踏まえると、年金一元化の範囲を広げるほど「大きな政府」となり、他の社会保障改革や財政改革をあわせて行って政府支出を抑えない限り、国民負担は増えることになるといえるだろう。

　潜在的国民負担率に代表される国民全体の平均的な負担への影響もさることながら、年金改革においては世帯類型間や世代間の格差への影響も重要となる。

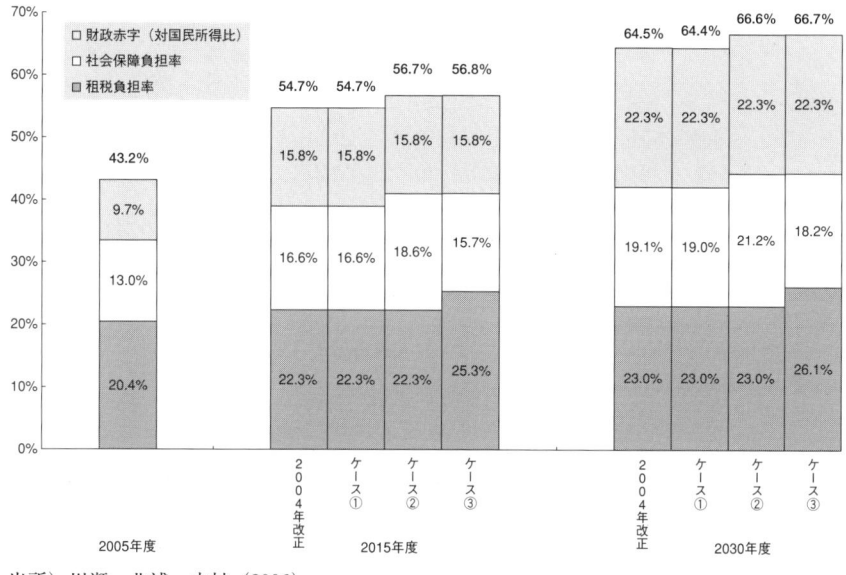

図12-1　基礎年金一元化と潜在的国民負担率の変化

出所）川瀬・北浦・木村（2006）

そこで以下では、これらの格差が一元化によってどこまで是正されるかを明らかにしよう。

3．世帯類型での影響の違い

本節では、まず、ここで想定した一元化試案が専業主婦、共稼ぎといった世帯類型の異なる世帯にいかなる影響を及ぼすのかをみていく。今回シミュレーションを行った一元化試案では、①第3号被保険者と呼ばれる専業主婦・パート主婦へも自営業者の妻同様に基礎年金の定額保険料負担を求めること、②2分2乗方式を採用すること[1]、③ケース2や3のような二階部分の一元化では、パート収入からも所得比例の保険料を徴収すること、④ケース3では基礎年金に充当する1／2の国庫負担を除く財源を定額保険料ではなく消費税率の引き上げで賄うことを想定している。これらの想定は、これまで年金の拠出、給付の両面で優遇されてきた専業主婦世帯やパート世帯に多大な影響をもたらす可

第3部　社会保障一体改革の青写真

表12-2　平均家計の給付/負担比

	専業主婦	共稼ぎ	パート	男子単身	世帯類型間の格差
基準ケース	1.40	1.13	1.46	0.84	0.63
ケース1（基礎一元化）	1.19	1.07	1.20	0.83	0.37
ケース2（基礎・所得比例一元化）	1.10	1.02	1.13	0.80	0.34
ケース3（税方式・基礎・所得比例一元化）	1.40	1.21	1.39	0.92	0.48

備考1）1984年生れで男子の寿命は78歳、女子の寿命は85歳と仮定。
　　2）割引率には物価上昇率を使用。
　　3）年金給付額には、基準ケースとケース1では遺族年金を含み、ケース2とケース3では夫と妻の年金に2分2乗を採用。
　　4）負担額は、ケース3では年金保険料と年金目的消費税の合計額。
　　5）被用者の年金保険料は、本人負担分と雇用主負担分の合計額。
　　6）世帯類型間の給付/負担比の格差はケース毎の最大と最小の差。
出所）橋本・山口・北浦（2005）

能性がある。

表12-2は、「専業主婦世帯」「共稼ぎ世帯」「パート世帯」「男子単身世帯」の各世帯類型別に平均的家計の給付負担比をまとめたものである。また、世帯類型間の格差として、各ケースについて最大の給付負担比と最小の給付負担比の差を示している。なお、ケース3における負担給付比については、消費税の負担を含めた数字となっている。

まず基準ケースにおいては、パート世帯、専業主婦世帯の給付負担比がそれぞれ1.46、1.40と高く、男子単身世帯のそれが0.84と低くなっていることがわかる。パート世帯の給付負担比が高くなるのは、パート収入については通常、直接的な保険料負担を負う必要がないからだ[2]。男子単身世帯では1を下回っているので、生涯を通じてみると拠出に見合った給付を期待できないことになる。男子単身世帯は、寿命が短いこと、遺族給付の対象者がいないこと、基礎年金が本人分だけであることなどから、年金制度上、他の世帯類型に比べて不利になることがわかる。世帯類型間の格差は0.63となっている。

次に、世帯類型間の格差是正のために、専業主婦、パート主婦からも自営業

者と同額の国民年金保険料を徴収するケース1とケース2では、基準ケースよりも給付負担比を引き下げることができる。単身世帯についても多少給付負担比は低下してしまうものの、その程度は小さい。単身世帯の給付負担比がわずかながら減少してしまう理由は、給付年金は変わらないが保険料負担が若干増えるからだ。世帯類型間の格差は、ケース1が0.37、ケース2が0.34と大幅に縮小することが可能になる。

一方、基礎年金部分を完全に税方式化し、国庫負担分を除く財源として消費税率を引き上げるケース3では、専業主婦世帯とパート世帯の給付負担比を基準ケースとほとんど変えず、共稼ぎ世帯と独身世帯の給付負担比を基準ケースよりも改善することができる。

共稼ぎ世帯と独身世帯の給付負担比が改善する理由は、基礎年金に税方式を導入することにより、基礎年金部分の定額保険料負担がなくなるためである。その分消費税負担が増えていることになるが、消費税負担の増加よりも定額保険料負担の減少のほうが大きい。

専業主婦世帯、パート世帯については、第3号被保険者（妻）の分の基礎年金保険料負担がないという点では基準ケースもケース3も同じである。しかしながら、夫の基礎年金保険料負担もなくなり、かつ二階部分の保険料率はケース3の方が低いことから、その分、ケース3での負担は軽くなっているはずである。それにも関わらず、給付負担比は基準ケースと変わらない。これは、二階部分の保険料は下がっても消費税負担が上昇していること、専業主婦世帯については遺族年金の廃止により給付が減少していること、パート世帯については2分2乗方式の導入によりパート収入についても二階部分の保険料が賦課されること等がその理由である。

以上より、ケース3の給付負担比をみると、専業主婦世帯は1.40となり基準ケースと変わらず、パート世帯も1.39と基準ケースの1.46からは低下するものの、ケース1（1.20）、ケース2（1.13）と比べるとその程度は小さい。このことから、ケース3は専業主婦世帯やパート世帯が改革によって受けるデメリットを小さくすることができるといえる。しかし、世帯類型間の格差是正効果と

いう点では、ケース1、2と比べると、ケース3は小さくなってしまう。具体的には、基準ケースで0.63あった世帯類型間格差は、ケース1や2では、それぞれ0.37、0.34と大きく縮小されるのに対して、ケース3では0.48とその効果はやや小さい。

最後に、本章で検討した公的年金一元化が実現した場合の家計における保険料負担の変化をみておこう。複数ある世帯類型のうち、ここでは専業主婦世帯と単身世帯を取り上げる。

図12-2は、専業主婦世帯について、年金の保険料率の段階的引上げが終了する2018年以降における給与収入階級別の年金保険料負担を平成16年度価格表示で描いたものである。この図からは、基準ケースのもとでは保険料負担は所得の上昇につれて比例的に上昇し、給与収入が約1,200万円に達すると頭打ちになることがわかる[3]。

試算の結果、一元化の三つのケースのうち、ケース1と2では、基準ケースと比較して保険料負担率が増加する階層と低下する階層が生じることが明らかとなった。具体的にケース1を取り上げてその分岐点をみてみると、基礎年金

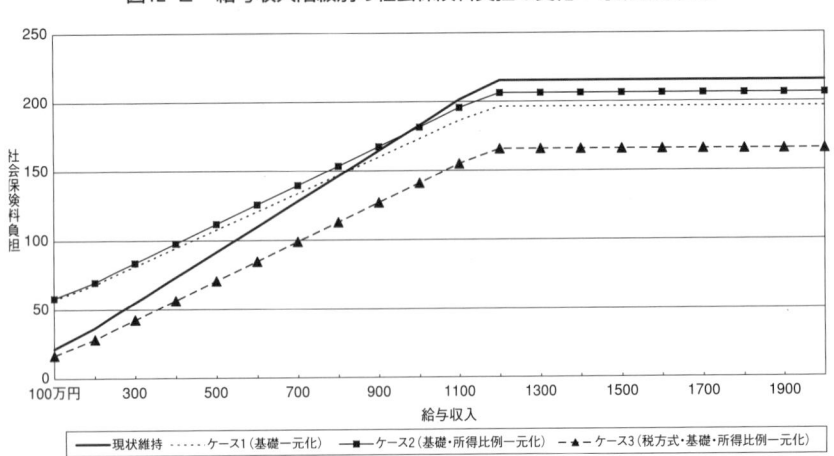

図12-2 給与収入階級別の社会保険料負担の変化：専業主婦世帯

出所）橋本・山口・北浦（2005）

の一元化が実施された場合には、専業主婦世帯の場合、給与収入800万円以下の所得階層については負担が増加し、それ以上の高所得層については負担が減少することになる。専業主婦世帯の低所得層の保険料負担が増加するのは、これまで保険料を直接負担していなかった専業主婦も、自営業者等と同様に負担することになるためである。

次に、単身世帯について、年金一元化案が給与収入階級別の社会保険料負担に及ぼす影響を図12-3でみてみよう。単身世帯の場合、年収約400万円以下の所得階層では負担が増加し、それ以上の所得層では負担が減少することになる。単身世帯の給与収入約400万円以上の人たちの保険料負担が軽減されるのは、専業主婦などが保険料を直接負担することに伴い、二階部分の保険料率引下げが可能になるからだ。

このように、専業主婦世帯に不利で単身世帯に有利な影響が生じるのは、専業主婦世帯がこれまで直接には保険料を負担せず、その分を第2号被保険者のうち主に単身世帯が代わって負担してきたということの裏返しともいえる。したがって、シミュレーション結果より、世帯類型間の格差是正を優先するならばケース1ないし2が、低所得層の保険料負担の増加を防ぐならばケース3が

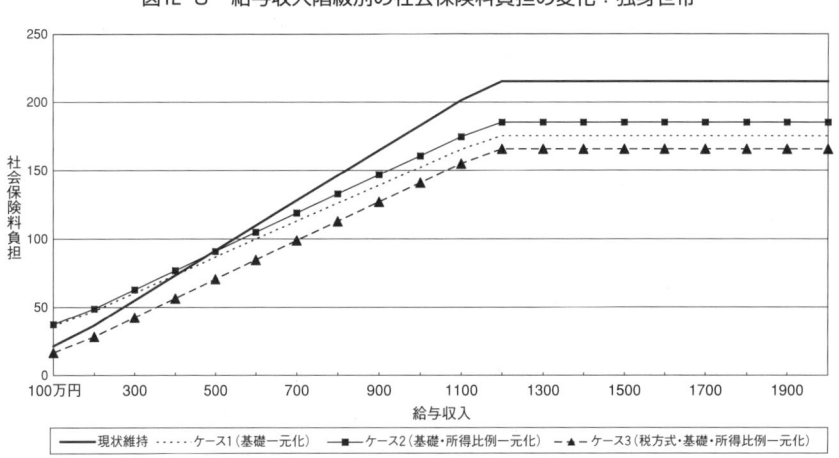

図12-3　給与収入階級別の社会保険料負担の変化：独身世帯

出所）橋本・山口・北浦（2005）

望ましいことが明らかとなった。

4. 世代での影響の違い

　一元化による家計レベルへの影響として、今度は、標準世帯ではあるけれども世代が異なる場合に給付負担比がどうなるかをみていこう。世代の違いによる給付負担比の違い、すなわち世代間格差を是正することは、年金改革のあり方を検討するうえで必ず取り上げられる重要な論点である。

　表12-3には、1930年生まれ、1950年生まれ、1970年生まれ、1990年生まれの各世代についてケースごとに給付負担比を推計した結果をまとめている[4]。基準ケース（2004年度年金改正）では、1930年生まれから1950年生まれまででは、給付負担比が1を超え、受益超過になっている。これに対し、1970年生まれ以降の若い世代では給付負担比が1を割り、負担超過になっており、世代間格差が顕著である。この格差は年金一元化によってどの程度改善されるのだろうか。

　表12-3から明らかなように、一元化のケース1（基礎一元化）、ケース2（基礎・所得比例一元化）では、いずれも世代間格差が拡大している。具体的には、1930年生まれ、1950年生まれの世代の給付負担比は変化しないのに対して、1970年生まれでは0.18〜0.19ポイント、1990年生まれについては0.22〜0.24ポイント低下している。世代によって影響を受けない世代と受ける世代に分かれるのは、今回シミュレーションを行った一元化試案では改革が行われるのが2009年度以降であるため、一元化の影響は2009年度以降も保険料負担を負う若

表12-3　世代別・生涯受益負担比（事業主負担含む）

	1930年生まれ	1950年生まれ	1970年生まれ	1990年生まれ
基準ケース	3.98	1.28	0.81	0.66
ケース1（基礎一元化）	3.98	1.23	0.63	0.44
ケース2（基礎・所得比例一元化）	3.98	1.23	0.62	0.42
ケース3（税方式・基礎・所得比例一元化）	3.95	1.23	0.84	0.70

出所）関西社会経済研究所（2004）

い世代や将来世代のみに及び、その頃には年金を受給している世代（1930年生まれや1950年生まれ）には改革の影響が及ばないからである。

さらに、その一元化の影響が若い世代や将来世代の給付負担比を下げる方向で現れているのは、基礎年金の一元化によって専業主婦を含む全被保険者がその定額保険料を明示的に支払うことになるためである。世帯主である夫の二階部分の保険料率は、表12-1に示したように基礎年金の一元化によって基準ケースと比べて下がるため、その分負担は減少するものの、これまで明示的には負担をしてこなかった専業主婦の保険料分の負担増加の方が大きいため、結果的には給付負担比が低下しているのである。

ケース2（基礎・所得比例一元化）ではケース1（基礎一元化）と比べてさらに若い世代の給付負担比が低下している。これは、ケース1よりもケース2の方が所得比例の保険料率が上がるためである（表12-1参照）。ケース2で所得比例の保険料率が上がるのは、先述したように、二階部分の一元化によって自営業者等の第1号被保険者が新たに加入するため、その分だけ年金給付額が増えるからである。

ところが同じ一元化でも、ケース3のように基礎年金の負担を定額保険料に代わって税（年金目的消費税等）で求める場合、ケース1、2とは対照的な結果となる。定額負担がなくなることで若い世代や将来世代の生涯負担は減少し、それは消費税の負担増よりも大きいため、若い世代や将来世代の給付負担比は上昇する。加えて、消費税の負担は世代に関わりなく生じるため、若い世代や将来世代だけでなく年金受給世代もその影響を受けることになる。つまり、1930年生まれや1950年生まれといった年金受給世代の負担が増加し、給付負担比は低下するのである。その結果、ケース3では世代間格差は縮小する。

以上より、ケース1や2のような単に年金制度を一元化するだけでは世代間格差は是正されないことが明らかとなった。年金をはじめとする社会保障の一体改革で世代間格差の是正を図るためには、ケース3で示したように全ての世代に負担を求めるようなタイプの財源で調達するという点が非常に重要になるといえる。

5．企業負担への影響

　これまでは一元化による家計レベルでの影響について注目してきたが、経済活動を担うもう一つの主体である企業への影響についても最後に紹介しておこう。

　企業も労使折半で二階部分の年金保険料を負担しているため、改革による二階部分の保険料率の変化が企業負担に影響を及ぼすことになる。まず、ケース1（基礎一元化）では、現行では二階部分の保険料に含まれていた第3号被保険者（第2号被保険者の配偶者（専業主婦、パート等））の保険料の事業主負担分が無くなるため、基準ケースと比べて企業負担は低下する。保険料率としては**表12-1**にあるように9.15％から6.57％に下がり、実効負担率としては、**表12-4**に示されているように、例えば2025年度には13.16％から10.12％に低下する[5]。

　基礎年金に加えて二階部分も一元化するケース2と3では、二階部分の保険料率がケース1と比べてわずかに上昇するため、事業主負担分も6.57％からケース2では7.00％、ケース3では7.05％に上昇する。これにあわせてケース2、3の実効負担率も上昇し、2025年度にはケース2では10.65％、ケース3では10.71％となる。ただし、いずれの場合でも、基準ケースと比べると企業負担は低下することになる。

　以上、本章では抜本的な年金改革として一元化を取り上げ、実現可能な三つ

表12-4　企業の年金保険負担率（事業主負担分、％）

	2004	2009	2015	2025
基準ケース	10.62	11.43	12.60	13.16
ケース1（基礎一元化）	10.62	8.84	9.61	10.12
ケース2（基礎・所得比例一元化）	10.62	8.845	10.01	10.65
ケース3（税方式・基礎・所得比例一元化）	10.62	8.845	10.06	10.71

備考1）法人税において事業主負担分が損金算入されることによる負担減少分を除いている。
　　2）分母として法人所得＋社会保険事業主負担額をとっている。
出所）関西社会経済研究所（2004）

の一元化案を作成してそのシミュレーション結果を紹介した。どの一元化を目指すかは、その効果からみると、それぞれのケースでマクロ的にもミクロ的にも異なっているため甲乙つけがたい。現行制度からの改革を考えると、第1段階では基礎一元化から検討すべきであろう。その上で、ケース2のような所得比例年金への一元化を検討するのが現実的であろう。ただし、所得比例年金への一元化を行うにあたっては、まず業種間格差が生じているといわれている所得捕捉の問題にメドを立てることが肝心である。ケース3のように基礎年金の財源を税（消費税等）に求めるのは、社会保障制度を一体として改革していくなかで、他の社会保障制度の国庫負担の財源との対応を考慮しつつ検討することが必要である。

COLUMN

401Kとは？

　最近の年金問題の中で、公的年金（国民年金・厚生年金）に対する不信感から自助努力による私的年金の必要性を感じている人も多いと思います。近年になって注目を浴びている私的年金に、「401K」と呼ばれる確定拠出型年金があります。従来の企業年金が確定給付型でした。確定給付型では、市場の運用成績に関係なく、年金給付額が決まっているのに対して、401Kでは掛け金が固定で、給付額は運用成績によって変わってきます。

　時代も大きく変わり、会社もいつ倒産するかわかりません。離転職は当たり前の時代です。思い切った401Kによる積極運用も一つの選択肢かもしれません。

　401Kの導入によって年金の選択肢が広がってきたことは間違いありません。今後は国からの定型的な年金だけに頼るのではなく、個人のマネー、キャリア、ライフプランにあわせ、しっかりと投資運用の知識を持つことが求められます。年金も「自己責任」の時代です。

　この年金改革及び401Kの導入を機に、アメリカのように投資・運用教育が広まってくれれば日本の証券市場の活性化・金融ビジネスの拡大等、いずれ景気にもよい刺激を与えてくれるのかと期待します。現に生損保を中心とした401Kビジネスは広がってきていますし、銀行ではリテール・個人部門は大きな成長・戦略部門と位置づけてきています。みなさんもこれを機に投資のお勉強を開始してはいかがですか？

（山口　耕嗣）

1）　2分2乗方式とは、夫婦の年金額を合算してそれを均等に分割する方式である。夫婦の年金分割については、2004年改正によって離婚時に協議分割できるようになった。

2) 現行制度のもとでパート主婦は、第3号被保険者となり、制度上は間接的に基礎年金の保険料を支払っている。ただし、第3号被保険者を妻としている夫の保険料が高いわけではない。厚生年金全体で負担をカバーしているため、独身者が一番損していることになる。

3) 標準報酬月額の上限は、推計時点の上限620,000円でなく、医療保険における標準報酬の上限980,000円と同じになると想定した。これは現在の公的年金の標準報酬表の上限が低く、いずれは引き上げられる可能性が大きいことを考慮したためである。

4) 世代別給付／負担比の推計の前提は以下通り。1．世帯類型は片稼ぎで世帯主は勤労者（第2号被保険者）の世帯を想定。2．男女とも寿命は80歳。3．生涯にわたる年金給付額と負担額については、各年の受給額・負担額を割り引いて現在価値に直したものの総和を計算。4．割引率には名目長期金利を使用。5．負担額は年金保険料と年金目的税の合計額。なお、厚生年金保険料には事業主負担分も含む。

5) 実効負担率とは、年金保険料の雇用主負担分の影響を考慮して算出した負担率である。すなわち、保険料の雇用主負担割合から、雇用主負担が法人税計算時に損金算入されることによる負担軽減分を除いたものとなっている。具体的には以下の式に基づき算出した。

実効負担率（年金保険料）＝

$$\frac{雇用主負担額（年金分）－雇用主負担（年金分）の損金算入による法人税負担軽減分}{法人所得＋社会保険雇用主負担}$$

【参考文献】

川瀬晃弘・北浦義朗・木村真（2006）「年金制度の一元化に関するシミュレーション」KISER Discussion Paper Series No.1, 関西社会経済研究所

関西社会経済研究所『平成16年年金改正と年金制度の一元化に向けて』2004．8．24．

橋本恭之・山口耕嗣・北浦義朗（2005）「公的年金の一元化について」財務省総合政策研究所PRI Discussion Paper Series, No.05A–01.

第13章　医療保険制度の見直し

川瀬　晃弘・木村　真

　2004年の年金改革、2005年の介護保険改革に続き、2006年6月には医療費の抑制、都道府県単位での保険者の再編や高齢者医療制度の見直しを柱とする医療制度改革法が成立した。この改革は、日本の医療制度の広範囲な見直しを盛り込んだものとなった。本章では、今般の医療制度改革の内容を紹介しながら、今後の医療保険のあるべき姿について述べる。具体的には、①医療費適正化と伸び率管理、②診療報酬体系の見直し、③保険者の再編、④高齢者医療制度の改革、⑤免責制の導入、⑥混合診療・民間保険の積極活用による公的医療保険の守備範囲の見直しについてである。以下では、これらについて詳しくみていこう。

1．医療費適正化と伸び率管理

　過去の医療制度改革では、医療費の中長期的な見通しを示すことはあっても、その後の検証がなされてきたとは言いがたい。その反省から、今回の医療制度改革では一定の政策目標を設定することで、医療費の抑制効果をチェックするしくみを導入することになった。

　しかし、第9章でみたように、改革が成立するまでの議論ではその政策目標の扱いについて意見が対立した。医療費の抑制に向け、医療制度の持続可能性の観点から給付費の伸び率を経済成長率等のマクロ経済指標によって管理すべきであるという経済財政諮問会議に対して、厚生労働省は、給付費の水準は国民のQOL（Quality of Life、生活の質）の観点から考えるべきであって、伸び率管理は不適切であるとした。

最終的に成立した改革では、医療給付費の伸びについて厳格な管理指標ではなく、生活習慣病罹患率の減少や平均在院日数の短縮などの目安となる指標を示すことが盛り込まれた。この指標は5年ごとの数値目標となり、定期的に実際の状況と目標を比較することで、医療費抑制策の効果を検証する[1]。目標を超えた場合には、施策の見直しを行うことになる。

　厚生労働省の見通しによると、2006年度に28.5兆円（対国民所得比7.6％）、2025年度に56兆円（同10.3％）と倍増する医療給付費が、高齢者負担の増加や平均在院日数の短縮などの今回の改革によって、2006年度に27.5兆円（同7.3％）、2025年度において48兆円（同8.8％）に抑制できるとされている[2]。しかしながら、医療費については、見通しを示すのみで、最終的な医療費の水準に対してこの新しいしくみが機能する保証はない。

　医療費を負担する国民にとって最も重要なのは、少子高齢化が進む将来も医療保険を支えられ、安心できるしくみができるかどうかである。生活習慣病の罹患率減少や在院日数の短縮などの数値目標が達成されても、医療費が当初の見通しを超えてしまった場合の対応を前もって考えておかなければ、単に見通しが修正されるだけで、歯止めのない負担増に陥るおそれがある。

　わが国の高齢化は世界一のスピードで進んでおり、現状のままでは高齢者を中心とした医療費は今後、急速に膨れあがることは目に見えている。公的年金では、2004年の改革によって「マクロ経済スライド」を導入し、年金給付総額の伸びを抑制することになった[3]。高齢化は以前から予測できていただけに、なぜもっと早く着手できなかったのであろうか。医療改革は年金改革の轍を踏むわけにはいかず、早めに手を打つ必要がある。

2．診療報酬体系の見直し

　政府は、2003年3月に医療保険に関する基本方針を閣議決定した。そこでは医療技術の適正な評価のためには、出来高払いを基本としつつ、難易度、時間、技術力等を踏まえた評価を進めること、生活習慣病の重症化予防等の評価を進めることとされている。また、疾病の特性に応じた評価としては、急性期入院

医療に対する包括評価の実施と慢性期入院については包括評価・介護保険との役割分担を進めるとしている。

これを受け、2003年度より急性期入院医療について、大学病院等の特定機能病院等に限ってDPC（診断群分類）に基づく包括評価が導入された。そして2006年の改革では、急性期入院医療における包括評価対象病院の拡大と慢性期入院医療について、医療区分・ADL（日常生活動作能力）区分等に基づく患者分類を用いた包括評価が新たに導入された。

このように、諸外国と同様に、わが国の公的医療保険制度においても、入院医療への包括評価の導入が着実に進められている。急性期入院医療におけるDPC対象病院は、2003年度の82病院（DPC算定病床数67,376床）から、2006年の改革により360病院（同177,703床）に拡大し、2009年度にDPCの適用を希望する準備病院は、対象病院を上回る371病院（同114,022床）にのぼる[4]。

包括払い制度のもとでは、病院の経営において競争原理が働く。たとえば、高額医療機器の納入におけるコスト削減や、入院日数の短縮によるコスト削減などが期待できる。疾病、医療技術ごとに細分化された点数制度を廃止することで、医療機関の事務負担も軽減できる。実際、先行して包括評価が導入されているDPC対象病院では、在院日数の減少や病院収支の改善などの効果が報告されている[5]。

しかし、現行のDPC制度に問題がないわけではない。現行制度では、早期退院が高く評価されるしくみとなっている。その結果、在院日数は確かに減少したが、一方で同一疾患での再入院も増加している[6]。これは、高い報酬を得るために、これまで一回の入院ですんでいたものを複数回に分割しているためと思われる。

こうした課題への対応策としては、入院治療を担う病院については、現行の1日あたり包括払い制度から1件あたり包括払い制度に移行することが考えられる。現行の早期退院を促すような1日あたり包括払い制度では、短期間・複数回の入院を計画的に設定するような供給サイドの行動を誘発してしまう。これでは、医療費適正化計画で目指す在院日数の短縮化目標は達成されても、逆

に医療費が増加するという、本章第1節で指摘したような問題が生じかねない。早期退院を促すしくみを維持しつつ、1件の疾患ごとの包括払いにすれば、在院日数を短くするインセンティブを損なわずに、こうした同一疾患での再入院を防ぐことができる。

次に、開業医については、諸外国でも出来高払い制度を採用しているところが多い。医師が経営者を兼ねている開業医に包括払い制度を導入すると、儲けにならない患者の診療を拒否するという過少診療を招きかねないからである。そこで、開業医については、自由診療と出来高払い制度による保険医療を組み合わせた制度とすべきである。

このような抜本的な制度改革に加えて、診療報酬の決定方法についても見直しが必要である。現在、診療報酬制度における点数の改定はほぼ2年に1回行われており、その決定は従来、厚生労働省内の審議会である中央社会保険医療協議会（中医協）で行われてきた。

こうした審議会方式のもとでは、原案作成は事務局としての厚生労働省が担当することになり、厚生労働省の意図が優先されてしまう。また、中医協の委員構成は、医療関係者など診療側8人、健康保険組合関係者など支払側8人であるのに対して、中立的立場の公益委員が4人と少なく、医療関係者の利害調整の場となっているとの批判があった。こうしたなか、2004年に中医協を巡る贈収賄容疑事件が発覚したことで、中医協のあり方が見直されることとなった。

まず2005年7月に示された報告書のなかで、診療報酬改定の改定率を内閣が決定するということが明確化され、中医協はその改定率のもとで診療報酬点数の具体的な設定をする役割を担うものとされた[7]。さらに2006年の改革で委員構成も見直され、診療側・支払側を7人に減らす一方、公益委員を6人に増やして新たに診療報酬等の実施状況の検証等の役割を担わせることとなった。

一連の改革によって、これまでより診療報酬の決定プロセスの透明性が高まることが期待される。しかし、公益委員の役割が強化されたとはいえ、診療側・支払側に比べて人数が少ない。これでは、依然として公益委員が期待される役割を充分果たせるかどうか、また診療報酬点数の具体的な設定を行う組織とし

てふさわしいか疑問である。より患者本位の診療報酬体系をつくる体制とするためにも、委員構成や組織のさらなる見直しが必要である。

3．保険者の再編

　保険財政基盤の安定や保険者機能の強化のためには、保険者として安定的な運営ができる規模が必要であり、医療保険制度の再編が必要である。2006年の医療制度改革では、保険者の都道府県別再編の推進が決められた。図13-1は、保険者の再編についてまとめたものである。現行の市町村の国保は、小規模の保険者が多数存在しており、財政基盤が弱いという問題が指摘されてきた。改革では、これを都道府県と市町村が連携して、都道府県単位での再編・統合を推進していくとされている。また、組合管掌健康保険についても、多数の小規模組合が存在する現状から都道府県を単位とする企業・業種を越えた地域型健康保険組合へ移行するとされており、同じく規模の拡大を行うことで医療保険財政の安定化を図るねらいがあると考えられる。

　一方、政府管掌健康保険については、現在、約3,600万人の全国的な組織だが、

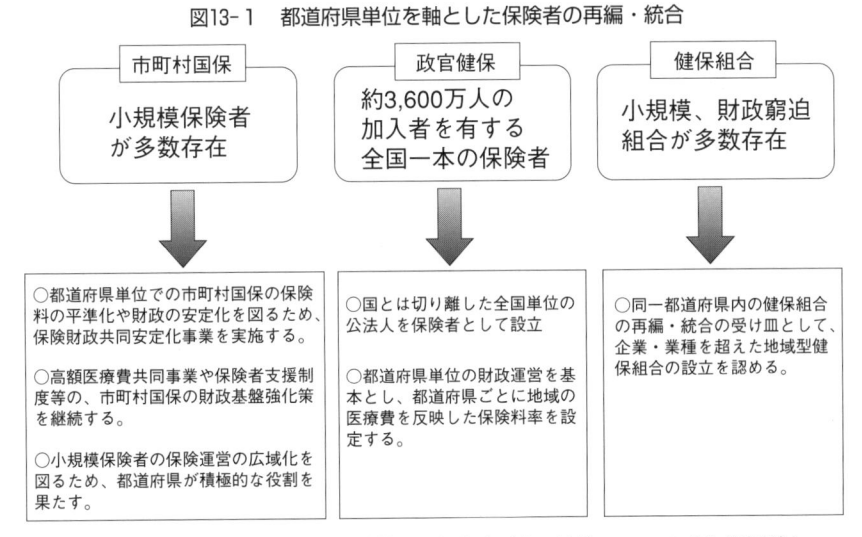

図13-1　都道府県単位を軸とした保険者の再編・統合

市町村国保	政官健保	健保組合
小規模保険者が多数存在	約3,600万人の加入者を有する全国一本の保険者	小規模、財政窮迫組合が多数存在
○都道府県単位での市町村国保の保険料の平準化や財政の安定化を図るため、保険財政共同安定化事業を実施する。 ○高額医療費共同事業や保険者支援制度等の、市町村国保の財政基盤強化策を継続する。 ○小規模保険者の保険運営の広域化を図るため、都道府県が積極的な役割を果たす。	○国とは切り離した全国単位の公法人を保険者として設立 ○都道府県単位の財政運営を基本とし、都道府県ごとに地域の医療費を反映した保険料率を設定する。	○同一都道府県内の健保組合の再編・統合の受け皿として、企業・業種を超えた地域型健康保険組合の設立を認める。

出所）厚生労働省（2006）『健康保険法等の一部を改正する法律について（参考資料）』

保険者としては全国単位としつつ、財政運営の基本を都道府県単位に改めるという。政府管掌健康保険の財政運営を全国単位から都道府県単位へ移行するねらいは、保険者機能の強化にあると考えられる。第3章でみたように、医療費には地域格差が存在している。現在は全国一律の保険料率であるため負担面での格差は生じていないが、保険者の再編はこれを顕在化させることになる。厚生労働省の試算によると、2003年度の実績に基づき、年齢構成と所得水準というコントロールできない要因を調整して都道府県別に保険料率を計算した場合、最も高い北海道と最も低い長野県との間で1.1%の差が生じる[8]。こうした負担面での差の顕在化が、都道府県単位での医療費削減努力を促すうえで効果的だと考えられる。

しかし、年金との一体的な保険料徴収や都道府県間の財政調整など、事務的な効率性を考えて保険者を全国組織のままとしたことには疑問が残る。保険者機能の強化という観点からみれば、第9章で述べたように全国単位というのは規模が大きすぎる。公法人として国から分離することで保険者機能は発揮されるとしているが、その効果は限定的であろう。権限と財源が別であることが財政規律に対して及ぼす弊害は、国と地方の政府のあり方に関する議論の中で長年議論され、その結果、権限と財源をともに地方に移譲するという現在の地方分権の流れが形成された。医療保険においても同じで、保険者は財政運営と同じレベルである都道府県単位とすることが望ましいといえよう。

4. 高齢者医療制度

第3章で述べたように、現行制度では75歳以上になると、保険資格はそのままで老人保健制度の対象となり、医療費の自己負担が軽減される。自己負担軽減の財源は、各保険者からの拠出金と公費からなる。そのため、現行制度では、高齢者の増加によって老人医療費が増大すれば、拠出金の増加という複雑で見えにくい形で現役世代の負担増につながっている。

老人保健制度発足当初の1983年度時点に約2.3兆円だった老人医療費拠出金は、2004年度時点で約6.6兆円となっており、そのうち政管健保の支出割合は

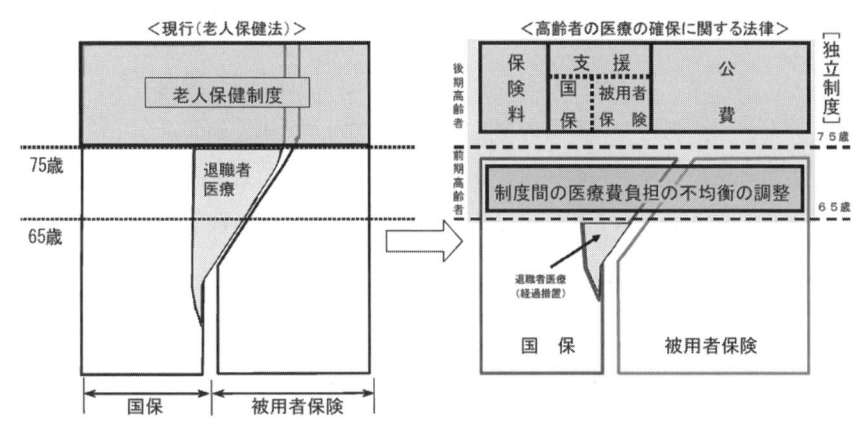

図13-2 高齢者医療制度の改革

出所) 厚生労働省（2006）『健康保険法等の一部を改正する法律について（参考資料)』

1983年度の15.7％から2004年度には29.8％へ、組合健保の支出割合は1983年度の16.0％から2004年度には21.6％へ増加している[9]。このように老人医療費への拠出金が被用者保険の財政を圧迫していることからも制度に対する批判が高まっていた。

このような高齢者医療制度を改革するにあたっては、第9章で述べたように「独立方式」と「突き抜け方式」のどちらにすべきか議論となっていた。最終的に2006年の医療制度改革では「独立方式」を採用することとし、2008年度には新たな高齢者医療制度が創設されることになった。図13-2は、高齢者医療制度改革のイメージを描いたものである。

具体的には、まず高齢者を65歳から74歳までの前期高齢者と75歳以上の後期高齢者に分離する。そして現在の老人保健制度、退職者医療制度を廃止し、前期高齢者については、国保、または政管健保や組合健保などの被用者保険に加入することとし、制度間での高齢者比率の違いを考慮した財政調整を行う。一方、後期高齢者については、加入者の保険料（1割）、国保及び被用者保険からの支援金（約4割）と公費負担（約5割）を財源とする独立した新たな後期高齢者医療制度に加入する。運営については、保険料徴収は市町村が行い、財政運営

は都道府県単位で全市町村が加入する広域連合が行う。このとき、人口構成に占める後期高齢者と現役世代の比率の変化に応じて、それぞれの負担割合を変えていくことで、世代間の負担の公平性に配慮したしくみを導入する。

しかし、この新たな高齢者医療制度は、世代間の公平性に配慮しているとはいえ、各種医療保険からの拠出金と公費負担に依存する点では現在の老人保健制度と変わらない。老人医療費の負担をこのような形で分散することは、制度を複雑化し、負担と給付の関係をあいまいにすることで効率性を阻害する。高齢者医療制度についても、保険者機能の強化という観点からは都道府県別に再編した医療保険制度に組み入れるべきであろう。

5．免責制の導入

医療給付費の不必要な増大を抑え、限られた財源の中で保険のしくみを維持していくためには、医療資源を効率的に配分し、必要な人に必要な医療を重点的に投入する体制を整えることが重要である。その方法として議論されているのが、公的医療保険への免責制の導入である。

免責とは一般に、契約者に何らかの事故が発生した場合に、ある種の事故に対してはその賠償支払いの義務を負わないことを事前に規定しておくことをいう。たとえば、ある商品を買った際に、説明書に書かれていない方法で製品の分解や操作を行って故障した場合には製造者は一切責任を負わない、というような一文をよくみかけるが、これが免責にあたる。保険の場合には、モラル・ハザードを防ぐために、故意の事故や損害の小さい事故などを保険対象外（免責）とすることが多い。

保険の免責には様々な方法がある。一つは、保険対象外とする事故を細かく規定する方法である。また、損害の小さい事故を保険対象外とする小損害免責と呼ばれる方法には、一定の損害額を超える部分について保険を適用する方法と、一定の損害額を超えた場合に損害額の全額に対して保険を適用する方法がある。他にも、民間の医療保険でよくみかけるものに「入院〇〇日以降から保険支払い」というのがあるが、これは〇〇日までを免責期間とする方法である。

わが国の医療保険制度改革においては、このうち小損害免責、なかでも一定の損害額を超える部分について保険を適用する方法での免責制の導入が議論されている。具体的には、1回の診療にかかる医療費のうち、500円ないし1,000円までを全額患者負担とし、超える部分について保険適用をするというものである[10]。たとえば、現行制度では、1回の診療に800円の医療費がかかる場合は800円×3割＝240円、2,000円の医療費がかかる場合は2,000円×3割＝600円が自己負担となっている。これに医療費のうち1,000円までを免責とする制度を導入すると、1回の診療に800円の医療費がかかる場合は全額自己負担、2,000円の医療費がかかる場合は1,000円＋（2,000円−1,000円）×3割＝1,300円が自己負担となる。したがって、かかった医療費が低額なほど現行制度に比べ自己負担が増えることになり、高齢者に多いとされる軽度の疾病でのモラル・ハザード的な受診行動を控えさせるといった効果が期待できる。

　また、医療費の一定額を保険の給付対象から外すことで、その分だけ医療給付費を抑制することができる。厚生労働省の試算によると、免責制を導入した場合、2015年度でみた医療給付費の抑制効果は、免責額を1,000円に設定した場合で3.2兆円、500円に設定した場合で1.9兆円となっている。これに、先ほど述べたような患者のモラル・ハザード的な受診行動を防ぐ効果も考慮すると、医療費全体の抑制効果はさらに大きくなるとみられる。

　一方、こうした免責制の導入については慎重論も根強い。厚生労働省の社会保障審議会医療保険部会がまとめた意見書には、患者負担は将来にわたり3割を限度とするとの2002年度健保法改正時の規定の趣旨に照らして問題があることや、国民皆保険の崩壊につながりかねない等の意見が多くあると述べられている[11]。また、患者本人が軽度と思っていても実はそれが重大な疾病のサインであったというような場合があり、軽度の疾病に対する受診抑制を図れば、かえって疾病の重篤化を招き、医療費が増加する可能性があるとの反対意見もある。

　先に述べたように一概に免責といっても、保険対象外の疾病を特定する方法や小損害免責など、その方法はさまざまである。現行制度でも、故意の事故や

泥酔などによる傷病に関しては保険給付が制限されることになっており、不妊治療や未承認の先進医療など一部の診療行為については保険対象外とされている[12]。また、自己負担の制度自体も、過度の受診行動を抑制させる意味で医療費の一部を保険給付の対象外にしたものである[13]。いずれも免責の一種であるといってよく、免責制を導入すれば皆保険でなくなるなどというのはいいすぎであろう。少子化対策が叫ばれるなか、子どもがなかなかできずに精神的に苦しんでいる人たちへの治療を保険対象外にしている。このような制度で良いのだろうか。問題は、免責という考え方そのものではなく、むしろ現行の免責制度が現状にそぐわなくなっている点にある。

2006年の医療保険制度改革では、免責制の導入は最終的に見送られることになった。しかし、急速な少子高齢化や巨額の財政赤字が問題となっているわが国にあって、際限なく国民に負担を求めることができないことは明らかである。限られた財源を有効に活用するには、医療給付の対象を真に必要とする患者に重点化することは欠かせない視点である。また社会保険といえども、保険制度を維持するためにはモラル・ハザードをできるかぎり防ぐべきであることはいうまでもない。こうした問題の対処法として、免責という手段が有効であるのは、一般の保険、さまざまな商取引における契約の事例から明らかである。免責制の導入は現在議論されている方法はもちろんのこと、他の方法も含めて真剣に検討すべき課題である。

6．混合診療と民間保険

第9章で述べたように、混合診療の解禁は患者負担の軽減をもたらすこともあれば、逆に自己負担を著しく増大させることもある。経済財政諮問会議や規制改革・民間開放推進会議からは混合診療を解禁すべきであるとの主張がなされてきたのに対し、厚生労働省は特定療養費制度の適用拡大を行えば混合診療の解禁は不要であるとして反対を主張してきた[14]。このように、混合診療については全面解禁すべきか否かが長らく議論されてきたが、2004年12月に総理の指示に基づき、厚生労働大臣と内閣府特命担当大臣（規制改革、産業再生機構）、

第13章　医療保険制度の見直し

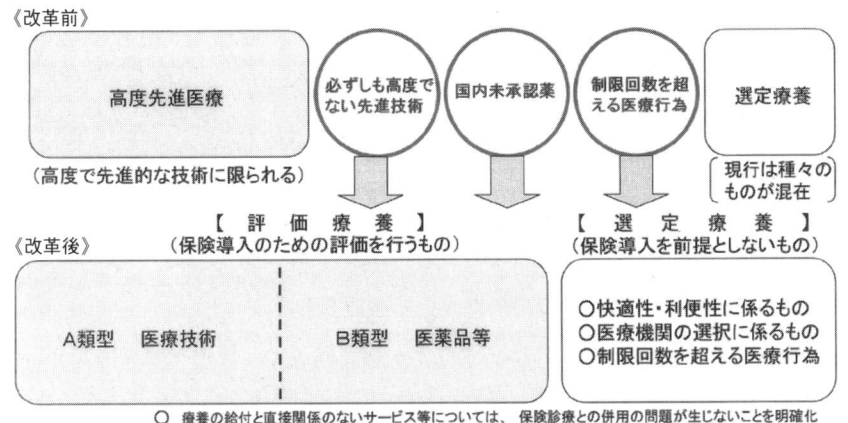

図13-3　保険診療と保険外診療の併用に関する改革

《改革前》
- 高度先進医療（高度で先進的な技術に限られる）
- 必ずしも高度でない先進技術
- 国内未承認薬
- 制限回数を超える医療行為
- 選定療養（現行は種々のものが混在）

《改革後》
【評価療養】（保険導入のための評価を行うもの）
- A類型　医療技術
- B類型　医薬品等

【選定療養】（保険導入を前提としないもの）
- ○快適性・利便性に係るもの
- ○医療機関の選択に係るもの
- ○制限回数を超える医療行為

○ 療養の給付と直接関係のないサービス等については、保険診療との併用の問題が生じないことを明確化

出所）厚生労働省中央社会保険医療協議会総会（第88回）資料『健康保険法等の一部を改正する法律の公布を受けて、直ちに中医協において検討すべき事項について 参考2』

行政改革担当、構造改革特区・地域再生担当との間で「いわゆる「混合診療」問題に係る基本的合意」がなされた。このなかでは混合診療の問題について二段階で対応することが明記され、まず2005年夏までを目途に特定療養費制度の枠組みのなかで対応し、2006年の改革において法案のなかで対応するものとされた。その結果、2006年の医療制度改革では、保険診療と保険外診療を組み合わせるという「混合診療」問題について全面的な解禁が見送られ、特定療養費制度を見直す形で決着した。

図13-3は、保険外診療の併用に関する改革の内容を示したものである。改革では、従来、特定療養費制度として保険診療との併用が認められていた高度先進医療と選定療養以外に、新たに①必ずしも高度でない先進医療、②国内未承認薬、③制限回数を超える医療行為、を保険診療と併用可能な医療として加える。そして特定療養費制度を廃止する代わりに、これらを将来的な保険導入のための評価を行うものかどうかの観点から「評価療養」と「選定療養」に再構成するというものである[15]。

このように、混合診療の解禁については、2006年の改革で一定の結論が得ら

れたように思われる。すなわち、保険診療と保険外診療の併用の全面解禁か否かではなく、保険診療と保険外診療の境界、つまり公的保険でカバーすべき範囲はどこまでかということを検討するほうがより重要だということである。

　高齢化が進み、医療保険給付の抑制が迫られる中では、将来的に公的保険の守備範囲のある程度の縮小を視野に入れなければならない。その場合、これまで以上に重要となるのが、補完的な役割を担うと期待される民間の医療保険である。その現状はどのようになっているのだろうか。ここでは、医療保障関係の民間保険の商品内容とその規模について概観してみよう[16]。

　医療保障関係の民間保険には、入院・手術保障契約と医療保障保険がある。入院・手術保障契約は、不慮の事故や病気で入院した場合や、所定の手術を受けた場合に、入院給付金や手術給付金などが支払われる。契約形態は、疾病保険などの単体で保障を受けられる主契約付随保障型と、保険契約に特約として付加される特約型がある。2004年度末の入院・手術保障保有契約件数は、手術8,201万件、災害入院6,603万件、疾病入院6,296万件となっている。

　一方、医療保障保険は公的医療保険制度を補完する目的で発売された商品であり、不慮の事故や病気で入院した場合に、公的医療保険の自己負担分のうち入院に要した医療費を補填する治療給付金や、入院給付金、死亡保険金が支払われる。2004年度末の医療保障保険保有契約件数は155万件、保有契約金額は74億円となっている。

　次に、2004年度の医療給付金支払をみると、入院給付金6,140億円（429万件）、手術給付金2,076億円（188万件）、障害給付金129億円（8万件）となっている。また、2004年度における生命保険の入院・手術・障害給付金の支払額（8,345億円）は、国民医療費の患者負担分（4兆9,169億円）の17.0％に相当する。

　これまでわが国では公的な医療保険の守備範囲が広かったために、民間の医療保険は、公的な保険の補完として捉えられてきた。現在の民間の医療保険は、生命保険会社が扱う所得保障型が主流であった。これは、ガンなど特定の病気になったときに、一定額の入院給付金や手術給付金が支払われるというものである。これらの民間の医療保険の場合には、入院を条件とし、通院では支払わ

れない契約のものも多い。また、軽症患者に対応した商品は存在しない。

　医療保障における公的保険と民間保険との大きな差異は、公的保険は行われた医療行為に応じて出来高払い（実績給付）であるのに対し、民間保険の多くが入院日額○,○○○円といった定額保障を行う点にある。第3章で述べたように、公的医療保険は現物給付を原則とするものであり、被保険者は医療機関において療養の給付を受け、その費用は医療機関が診療報酬として支払機関に請求する。他方、民間保険は、わが国の公的医療保険が国民皆保険を建前とすることから、公的医療保険制度を補完するものとして、自己負担部分や差額ベッド代などを補填することを主たる目的としてきた。しかしながら、公的医療保険の守備範囲が縮小されるなかで、民間の医療保険の機能と役割は定額保障を中心とする現状の商品構成で十分なのであろうか。

　公的介護保険の導入後に、民間の介護保険のメニューが多様化したように、公的な医療保険の守備範囲の縮小は、いずれ民間の医療保険の多様化で補完されていくものと考えられる。その際には、従来型の所得填補型の医療保険に加えて、実損補填型の医療保険の普及が望ましい。実損保険型の医療保険とは、現在損保のみが扱っている保険であり、実際に支払った医療費に対して保険給付がなされるもので、医療費用保険とも呼ばれる。現在のものは、自由診療は対象外で、医療費の自己負担分や特定療養費、食事療養費などに充当できる。ただし終身型が無いため、高齢になるほど更新のたびに保険料が高くなる点に問題がある。生命保険会社が扱っている終身型の医療保険にも、不慮の事故による骨折等に対する治療を対象とする特約をつけられるものもある。民間の医療保険会社による商品拡充が期待されるところである。

COLUMN 留学する前に歯医者に行こう！

　海外留学に行くなら、歯医者で検診を受けて悪いところは予め直しておいたほうが無難です。語学の問題もあります。また、英語が堪能な人でも医療用語は難しいですから。イギリスなどでは、結構日本人のお医者さんが日本人向けに開業しているので、いざというときには心強いのですが、その場合でも大変なのが医療費の支払いです。保険に入っていない場合には、自由診療になるので虫歯を治すのに何十万円も請求される可能性があります。虫歯は徐々に進行するわけですから、予め留学前に日本で治療したほうが安上がりです。ただし、長期留学を考えているなら民間の海外留学向け医療保険に加入しておくほうが無難です。保険料は10万円ぐらいかかりますが。イギリスに1年以上滞在するコースで留学している場合なら、イギリスの公的医療サービスを受けることも可能です。税金で運営されているので医療費はいりません。ただし、GPと呼ばれるかかりつけのお医者さんを決めて登録する必要があります。登録の際にはお医者さんによるインタビューを受けます。診察は無料ですが、薬は処方箋をもらって薬局で購入することになるので、完全に無料というわけではありませんけど。

（橋本　恭之）

1）この5年計画を「医療費適正化計画」といい、2008年度を初年度としてスタートする。
2）厚生労働省『社会保障の給付と負担の見通し－平成18年5月－』より
3）マクロ経済スライドについては、第2章を参照。
4）準備病院まで含めたDPC算定病床の一般病床に占める割合は32.3％に達する（厚生労働省・中央社会保険医療協議会・診療報酬調査専門組織・DPC評価分科会（平成18年度第3回）資料『都道府県別病院数とDPC算定病床数』より）。
5）厚生労働省中央社会保険医療協議会 診療報酬基本問題小委員会『平成17年度DPC導入の影響評価に関する調査及び評価について』（平成18年5月24日資料）、同委員会『A調査（対象：DPC対象病院および試行的適用病院）の分析結果の概要』（平成17年11月25日資料）
6）厚生労働省中央社会保険医療協議会 診療報酬基本問題小委員会『平成17年度DPC導入の影響評価に関する調査及び評価について』（平成18年5月24日資料）
7）『中医協の在り方に関する有識者会議』報告書（平成17年7月）
8）厚生労働省（2006）『医療制度改革大綱による改革の基本的考え方』より
9）老人医療費拠出金に関するデータの出所は、厚生労働省『老人医療事業年報』（平成16年度）による。（http://wwwdbtk.mhlw.go.jp/toukei/kouhyo/indexkk_47_2.html）
10）財務省『医療制度改革の論点』（平成13年10月）、経済財政諮問会議民間議員提出資料『「医療制度構造改革試案」について』（平成17年10月）
11）厚生労働省社会保障審議会医療保険部会『医療保険制度改革について（意見書）』（平成17年11月）

12) 給付制限については、健康保険法第55条および第116条〜第121条、国民健康保険法第59条〜第63条の2を参照。
13) 昭和2年の健康保険法施行時は10割給付であったが、給付の濫用が問題となり自己負担の導入が図られた。詳しくは吉原・和田（1999）を参照。
14) 経済財政諮問会議（平成16年第28回）有識者議員提出資料『"混合診療"解禁について』（2004年11月15日）、規制改革・民間開放推進会議『中間とりまとめ－官製市場の民間開放による「民主導の経済社会の実現」』（2004年8月3日）、厚生労働省『規制改革・民間開放推進会議「中間とりまとめ」に対する厚生労働省の考え方』（2004年8月5日）
15) この新たな制度を保険外併用療養費制度という。
16) 以下で取り上げる数字は、社団法人生命保険協会『生命保険事業概況（2004年度）』より

【参考文献】

規制改革・民間開放推進会議『中間とりまとめ－官製市場の民間開放による「民主導の経済社会の実現」』（2004年8月3日）
経済財政諮問会議民間議員提出資料『「医療制度構造改革試案」について』（平成17年10月）
経済財政諮問会議（平成16年第28回）有識者議員提出資料『"混合診療"解禁について』（2004年11月15日）
厚生労働省『老人医療事業年報』（平成16年度）
厚生労働省『規制改革・民間開放推進会議「中間とりまとめ」に対する厚生労働省の考え方』（2004年8月5日）
厚生労働省『健康保険法等の一部を改正する法律附則第2条第2項の規定に基づく基本方針について』（オンライン）,入手先（http://www.mhlw.go.jp/topics/2003/03/tp0327-2b.html#1）
厚生労働省『社会保障の給付と負担の見通し－平成18年5月－』
厚生労働省『中医協の在り方に関する有識者会議』報告書（平成17年7月）
厚生労働省（2006）『医療制度改革大綱による改革の基本的考え方』
厚生労働省（2006）『健康保険法等の一部を改正する法律について（参考資料）』
財務省『医療制度改革の論点』（平成13年10月）
厚生労働省中央社会保険医療協議会診療報酬調査専門組織DPC評価分科会（平成18年度第3回）資料『都道府県別病院数とDPC算定病床数』
厚生労働省中央社会保険医療協議会 診療報酬基本問題小委員会『平成17年度DPC導入の影響評価に関する調査及び評価について』（平成18年5月24日資料）
厚生労働省中央社会保険医療協議会 診療報酬基本問題小委員会『A調査（対象：DPC対象病院および試行的適用病院）の分析結果の概要』（平成17年11月25日資料）
厚生労働省社会保障審議会医療保険部会『医療保険制度改革について（意見書）』（平成17年11月）
中央社会保険医療協議会総会（第88回）資料『健康保険法等の一部を改正する法律の公布を受けて、直ちに中医協において検討すべき事項について参考2』
社団法人生命保険協会『生命保険事業概況（2004年度）』
吉原健二・和田勝（1999）『日本医療保険制度史』東洋経済新報社

第14章　介護保険制度の見直し

前川　聡子

　2004年度に成立した年金改革に続いて、政府は2005年2月に介護保険法等の一部を改正する法律案を閣議決定し、法案は第162回通常国会において成立した。施行から5年をめどに行われた今回の介護保険改革では、ホテルコストと呼ばれる施設利用者の自己負担の見直しと介護予防への取り組みを柱としている。本章では、これらの改革の概要を紹介しながら、今後の介護保険のあるべき姿について言及したい。

　その際、まず明確にしておかなければならないのが、公的保険としての役割をどこまで求めるのか、という点である。政府と民間の役割分担を明らかにした上で初めて、政府が担うべき範囲における給付と負担の規模・水準をどう設定するかを議論することができる。制度の持続可能性や公的保険の拡大による経済的影響を考慮するならば、基本的には、今後は公的な給付と負担の抑制を目指すことが求められているといえよう。

　そのために取り組むべき具体的な課題として、次の三つを挙げることができる。第1に、第10章でも指摘したように、費用のかかる施設介護から相対的に低コストである在宅介護への移行を促すことである。加えて、第4章でみたように、施設介護に限らず介護保険の規模は単価とサービスの受け手である要介護認定者数で決まることから、第2に単価である介護報酬を抑えること、第3に要介護認定者数の増加を抑えることが必要となる。公的給付の拡大を抑えることは、公的負担の抑制にもつながるという点でも重要である。

　以下では、まず、官と民のあるべき役割分担について整理した上で、公的介護保険における三つの課題に対する2005年の改革における取り組みと残された

第14章　介護保険制度の見直し

問題をまとめる。

1．官と民の役割分担

　公的な介護保険の範囲をどこまで設定するかということは、介護保険導入時はもちろん、2005年の介護保険改革をまとめる際にも議論された論点である[1]。特に2005年の改革では、保険対象となる年齢をどこまで引き下げるかについての検討が行われた。この点に関しては、第10章で述べられているように、いくつかの案が検討されたものの、最終的には、対象年齢の引下げは見送られた。

　しかし、ここで注意すべきことは、対象年齢の引下げをめぐる議論が「公的保険ありき」を前提として行われてきたことである。そもそも「なぜ介護サービスの提供を公的保険として行わなければならないのか、民間保険ではなく公的保険で行う必要があるなら、それはどこまでをカバーすべきか」という公的保険の存在意義、民間保険との役割分担を明確にしない限り、公的保険の範囲に直結する対象年齢の設定についての答えは導き出せないはずである。

　保険の分野で政府の介入が必要になるのは、「逆選択」が生じて保険が成立しなくなる恐れがあり、そのために民間保険が十分に育たない場合である[2]。確かに、民間の介護保険は、公的介護保険導入前から存在していたものの、公的保険導入後もその規模拡大のスピードと比べると民間介護保険の普及は遅れている[3]。しかし、この民間保険の普及の遅れは、必ずしもリスクの低い人だけを加入させようという「逆選択」が生じているためだけとはいえない。介護にかかるリスクはほとんどが加齢による身体機能の低下に起因するものであり、そのようなリスクはどの人も直面する。したがって、民間介護保険の普及の低さは、第10章でも述べているように、介護リスクに対する人々の意識が低かったためであると考えられる。

　しかし、本格的な高齢社会を目前に控え、今後、人々の介護に対する意識はさらに高まると考えられることから、民間介護保険は今以上に普及すると予想できよう。この点を踏まえるならば、政府が行うべきことは、本来の保険である民間介護保険を育成し、普及を促進させる対策を講じることである。そのう

えで、政府は、民間だけでは十分にカバーできない場合の最低限の給付を保障するという役割に徹するべきである。

したがって、今回の改革で先送りとなった「対象年齢の引き下げ」は公的保険の肥大化につながることであり、慎重な議論が必要である。安易な対象年齢引下げは、介護給付適正化の意欲をそぐことにもつながりかねないからである。

確かに現在の40歳以上という対象年齢には合理的な根拠が乏しい。また、介護保険の対象年齢を引き下げることによって介護保険と障害者福祉の統合が可能となり、その結果、サービスの重複を調整し「制度の谷間」を解消するというメリットがあるという点も指摘されている。

このような観点から、もし対象年齢を引き下げるならば、同時に保険料負担について、全体の社会保険料収入を変えない水準まで引き下げるべきである。ホテルコストの自己負担化、予防給付の導入等でも、なお介護給付が増大するならば、その対策として対象年齢引下げだけでなく、自己負担率の引上げも検討すべきだろう。

それでもやはり、政府の本来の役割は、民間の介護保険をより充実させることである。負担能力の乏しい低所得層に対しては、もちろん手厚い配慮が必要である。しかし、それ以外の人々には民間介護保険の利用による「自助」を期待し、医療保険と同じように混合給付を可能にすべきである。これが今後の目指すべき介護保険のあり方だといえるだろう。

2．ホテルコストの自己負担化

今後の介護保険改革の方向性としては、民間の介護保険の拡充を行い、できるかぎり「自助」を重視しながら、「共助」としての公的保険の規模を抑制していくことが求められる。そこで次に、公的な介護保険の規模抑制を図るうえで焦点となる三つの課題（施設介護から在宅介護への移行、介護報酬の見直し、要介護認定者数の抑制）について整理しておこう。これらの課題について、2005年改革における対応を紹介しながら、残された問題点についてまとめていく[4]。

2005年の介護保険改革では、急速に進む高齢化に対応した持続可能な制度を確立することを目的として、「給付の効率化・重点化」を進めることが基本方針として掲げられた。その具体的な取り組みとして行われたのが次の五つである。①施設給付の範囲と負担の見直し、②新たな予防給付の創設、③サービスの質の向上、④地域密着型サービスの創設、⑤負担のあり方の見直しである。①の中心は施設介護におけるホテルコストの自己負担化であり、これは先に挙げた課題である施設介護から在宅介護への移行に対応したものといえる。②・③・④では、軽度の要介護認定者への対応、ケアマネジメントの見直しが行われることになっており、要介護認定者数の抑制と対応する。⑤では、第1号被保険者の保険料見直しとともに介護報酬の改定も予定されており、介護報酬の見直しに結びつく取り組みであるといえよう。以下、これらについて順にみていこう。

(1) ホテルコストの自己負担化

　今回の介護保険改革の柱のひとつが介護施設利用に関するホテルコストの自己負担化である。第10章で指摘したように施設介護と在宅介護の間で、居住費用や食費（ホテルコスト）に格差が生じていたことを踏まえ、ホテルコストを自己負担化することにより、施設介護から在宅介護に需要を誘導し、介護費用を抑制することを狙いとしている。

　今回の改正により、介護保険3施設（介護老人福祉施設（特別養護老人ホーム）、介護老人保健施設、介護療養型医療施設、ショートステイも含む）の居住費用や食費、および通所系サービスの食費についても、在宅サービスと同様に保険給付の対象外となった。ここでの居住費用とは、個室の場合は減価償却費と光熱水道費相当を合わせたもの、多床室の場合は光熱水道費相当である。また、食費は、食材料費と調理コスト相当を合わせたものとなっ

表14-1　ホテルコストの標準的な水準（月額）

	居住費用	食費
個室	6.0万円	4.8万円
準個室	5.0万円	
多床室	1.0万円	

出所）厚生労働省資料『持続可能な介護保険制度の構築』

第3部 社会保障一体改革の青写真

表14-2 ホテルコストの負担上限額（月額）

		居住費用	食費
第1段階 （生活保護受給者）	個室	2.5万円	1.0万円
	準個室	1.5万円	
	多床室	0.0万円	
第2段階 （市町村民税世帯非課税かつ年金収入が80万円以下）	個室	2.5万円	1.2万円
	準個室	1.5万円	
	多床室	1.0万円	
第3段階 （市町村民税世帯非課税かつ第2段階非該当者）	個室	5.0万円	2.0万円
	準個室	4.0万円	
	多床室	1.0万円	

出所）厚生労働省資料『持続可能な介護保険制度の構築』

ている。それらの標準的な水準は**表14-1**にまとめたとおりである。

ただし、これらの費用を自己負担することが困難な低所得者については補足的給付が行われることとなった。具体的な補足的給付額は次のように定められている。**表14-2**に示されているように所得段階に応じて負担の上限額を定め、**表14-2**の標準的な水準（補足的給付の基準額）が上限額を上回る場合に、その超えた分を補足的給付額とする。このような低所得者に対する配慮は、施設利用者と在宅介護との間の負担格差を調整するためには、必要な措置といえるだろう。

(2) 医療保険への影響

このような介護保険におけるホテルコストの自己負担化は、当然のことながら医療保険の需要に大きな影響を与える可能性がある。介護施設に入所すればホテルコストを請求され、病院に入院すればホテルコストが不要なので、介護施設でなく病院への入院を選択するケースが出てくるからである。

医療保険においては、従来、被保険者が入院しているときに提供される食事は、入院中の療養（食事療養）の一貫として療養の給付のなかに含めて給付さ

表14-3　入院時食事療養費の標準負担額

被保険者		入院1食当たり標準負担額
一般		260円
低所得者 (市町村民税非課税者等)	3カ月目までの入院	210円
	4カ月目以降の入院	160円
被保険者と被扶養者すべての所得が一定基準に満たない場合の70歳以上の被保険者		100円

出所)『保険と年金の動向2006年』p.58

れていた。しかし、食事は在宅と入院とにかかわらず必要なものである。そこで、在宅医療と入院医療とのバランスを図るという観点から、1994年の法改正により、入院時の食事については、医療保険から療養の給付とは独立に給付される「入院時食事療養費」と被保険者が支払う「標準負担額」によって賄われることになった。標準負担額とは、平均的な家計における食費の状況を勘案して厚生労働大臣が定める額をいい、表14-3に示した額を被保険者が負担する。入院時食事療養費は、厚生労働大臣が定める基準により算定した食事療養に要する費用の額から標準負担額を控除した額であり、これが医療保険から現物給付される[5]。

　表14-4は、2004年度における入院時食事医療費(入院時食事療養費と標準負担額の合計額)を制度区分別にみたものである。2004年度の入院時食事医療費は9,780億円であり、国民医療費32兆1,111億円の3.0%を占めている。そのうち、2,716億円(国民医療費の約0.8%)が患者の一部負担(標準負担額)であり、残りの7,064億円(同2.2%)が入院時食事療養費として給付された分である。このなかで、老人保健給付分は3,214億円(同1.0%)であり、入院時食事療養費の大部分は老人によって使われていることがわかる。

　介護保険のホテルコストは自己負担化されるのに対し、入院患者の標準負担額を上回る食費は引き続き医療保険で賄われるため、医療と介護とのサービスの基準にはズレが生じることになる。その結果、たとえば医療保険と介護保険

表14-4　制度区分別にみた入院時食事医療費

	入院時食事医療費 (億円)	国民医療費に占める割合 (%)
総数	9,780	3.0
公費負担医療給付分	1,056	0.3
医療保険等給付分	2,798	0.9
医療保険	2,794	0.9
被用者保険	939	0.3
政府管掌健康保険	505	0.2
組合管掌健康保険	313	0.1
船員保険	5	0.0
国家公務員共済組合	28	0.0
地方公務員共済組合	78	0.0
私立学校教職員共済組合	10	0.0
国民健康保険	1,855	0.6
退職者医療制度（再掲）	392	0.1
その他	1	0.0
老人保健給付分	3,214	1.0
患者負担分	2,716	0.8

出所）厚生労働省『平成16年度国民医療費』より作成。

の双方が適用される「療養病床」では、同じ施設内で介護保険よりも医療保険のほうが入所者に有利になることも予想される。社会的入院の解消のために介護保険が導入された背景を考えると、ホテルコストを理由に介護でなく医療が選ばれれば、介護から医療への逆流になってしまう。社会保障一体改革の視点から、制度間の整合性に目を向け、早急に対応を考える必要がある[6]。

3. 介護報酬の見直し

次に、公的介護保険の規模を抑制するためのいま一つの課題である、介護サービスの単価である介護報酬の見直しについてみていこう。介護報酬は介護保険導入（2000年）から3年に1回改定されることとなっており、2006年には2回目の改定が行われた。社会保障審議会介護給付費分科会では2005年の介護保険改革への対応も踏まえながら介護報酬改定についての議論が行われ、2005年12

表14-5　介護報酬の改定率（2006年4月改定）

	改定率	改定率 （平成17年10月改定分を含めた場合）
全体	▲0.5%	▲2.4%
在宅分	平均 ▲1%	
在宅・軽度	平均 ▲5%	
在宅・中重度	平均 ＋4%	
施設分	平均 ±0%	▲4%

出所）全国介護保険・老人保健事業担当課長会議資料（2005年12月19日）より作成。

月にその基本的な方針が発表された[7]。本節では公表された基本方針を基に、2006年の介護報酬改定についてまとめておく。

　今回の改定では、表14-5に示されているように、全体で平均−0.5％のマイナス改定となった。その内訳を介護サービスの種類別にみると、在宅介護については平均−0.1％のマイナス改定、施設介護については平均±０％の改定となっている。ただし、施設介護については、2005年10月にホテルコストの自己負担化による介護報酬引下げが行われており、この分を考慮すると−４％の改定となる。その結果、2005年10月改定を含めると、全体でも平均−2.4％の改定となり、2003年の改定における全体改定率−2.3％とほぼ同水準の引下げが行われることになる。

(1) 在宅介護報酬について

　このように、2006年の改定でも、2003年の改定に続き介護報酬が全体として引き下げられたが、そのなかでも今回の改定で特徴的なのは、在宅介護の介護報酬が初めてマイナス改定となったことである。とりわけ、在宅介護の中でも軽度の要介護者に対するサービスの単価が引き下げられることになった。在宅介護の介護報酬改定の内訳をみると、表14-5にあるように、軽度については平均で−５％の改定となっている。これは、第４章でもみたように、軽度の要介護者数が急増している実態を踏まえ、介護費の拡大を抑制するためであると考

えられる。それに対し、中重度の要介護者に対するサービス単価は平均で＋4％の改定と逆に引き上げられている。これは、中重度の要介護者に対する在宅でのケアの充実を図ることで、介護状態の悪化を防ぐとともに、施設介護への移行を抑えるためであると考えられる。

さらに注目すべき変更がある。それは、前回（2003年）の介護報酬改定でいったん廃止された居宅介護支援（ケアマネジメント）の要介護度別の評価が、今回の改定で再び導入されたことである。前回は、在宅介護におけるケアマネジメントの評価を充実させるため、それまで要介護度別に定められていたケアマネジメントの介護報酬を要介護度によらず一定の報酬を確保できるように改定した。その結果、それまで低く評価されていた軽度の要介護者に対するケアマネジメントの介護報酬が大幅に引き上げられていたのである。具体的には、それまで要支援の場合は650単位／月、要介護1、2の場合は720単位／月、要介護3、4、5の場合は840単位／月であったのを、2003年の改定では一律850単位／月としたため、要支援〜要介護1、2の軽度のケアマネジメントの報酬は約1.1〜1.3倍にまで引き上げられていた。今回（2006年）の改定ではこの点が再度見直され、要介護度別の評価に戻されることとなった。

この他にもケアマネジメントの介護報酬については新たな取り組みが行われた。たとえば、サービス担当者会議を実施していない場合や特定事業所に偏ったサービスを行っている場合に、報酬の減算を行うこととなっている。その一方で、専門性の高いケアマネジャーを確保している事業所への評価を高めることも実施されている。

(2) 施設介護報酬について

最後に、施設介護の介護報酬改定についても、その基本的な考え方をみておこう。社会保障審議会介護給付費分科会では、施設介護を担う介護保険施設の将来像として、「医療保険との機能分担の明確化」を図りながら、「「在宅復帰・在宅生活支援重視型施設」への集約」を図ることを掲げている。そのため、2006年の改定において、施設介護の介護報酬全体では平均±0％の改定となっているものの、在宅復帰や在宅生活支援を行う施設（介護老人保健施設）につ

いては報酬上の評価が行われた。

医療保険との機能分担という点では、介護保険が適用される療養病床について、2012年度をめどに介護保険の適用を廃止する方針が決められた[8]。さらに、介護保険適用の3施設（介護老人福祉施設、介護老人保健施設、介護療養型医療施設）のうち、療養病床を抱える介護療養型医療施設については、「在宅復帰・在宅生活支援重視型の施設」等への移行を図ることとなっている。

4．介護予防給付の重視とケアマネジメントの見直し

施設介護から在宅介護への移行を進めたとしても、在宅介護利用者が大幅に増えればその分だけ介護費用は増大する。第4章で示したように、要介護認定を受ける高齢者の割合（認定率）は増加傾向にあり、なかでも要介護度の低い「要支援」や「要介護1」に認定される高齢者数の伸びが著しい。また、一度要介護認定を受けると、要介護度が悪化する傾向にあることも指摘されている。したがって、介護給付費の過度な拡大を抑制するため、介護にかからない健康な高齢者を増やすとともに、ケアプランの作成・運用に関わるケアマネジメントのあり方を見直すことが介護保険制度の改革における重要な課題であった。

(1) 新たな予防給付の創設

これらのうち、まず、健康な高齢者を増やすという課題に対し、2005年度の改革では、軽度の要介護者を対象とする新たな予防給付を創設することとなった。具体的には、図14-1のとおり、現在「要支援」や「要介護1」と認定されている人のうち改善可能性が高いと判定された人については、「要支援者」として予防給付が行われることになる。

さらに、2005年度改革では、要介護認定を受けていない要支援および要介護になるおそれのある高齢者（現行なら介護保険の給付対象とはならない高齢者）に対しても、効果的な介護予防事業を行うこととし、それを「地域支援事業（仮称）」として保険介護制度のサービスとして位置づけることとされている。

従来の給付対象者から広げてでも予防給付を行うことで介護サービスの需要を抑制し、介護保険の給付費抑制を図ろうとする意図は理解できる。しかし、

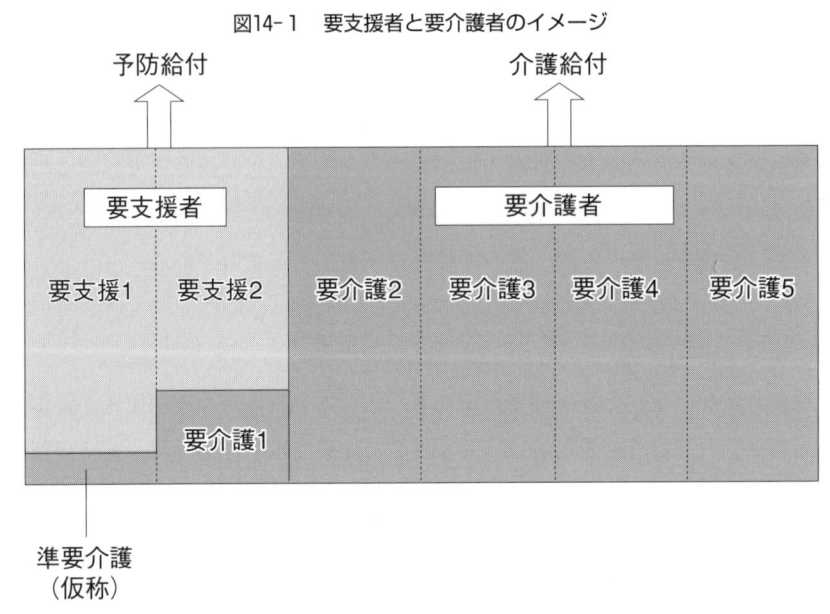

第3部　社会保障一体改革の青写真

図14-1　要支援者と要介護者のイメージ

予防給付　　　　　　　　介護給付

要支援者　　　　　　　　要介護者

要支援1　要支援2　要介護2　要介護3　要介護4　要介護5

要介護1

準要介護
（仮称）

出所）厚生労働省資料『持続可能な介護保険制度の構築』

予防給付は重度の介護給付と比べてコストが安いとはいえ、高齢者の人口がさらに増加していくなかで給付対象者を広げることは、結果的には介護給付費の増大につながりかねない。介護予防も含めて全てを公的な保険で扱う必要があるのかどうかについては、再度検討する必要があるだろう。

(2)　ケアマネジメントの見直し

次に、ケアマネジメントの見直しについては、従来から指摘されてきたケアマネジャーが抱える問題点の改善が図られている。第10章で整理したように、ケアマネジャーの問題点としては、ケアマネジャーが属する介護支援事業所とサービス提供の事業所・施設が併設されているためにサービス担当者会議が行われにくい等、介護サービスの選択に対するチェックが不十分になることが指摘されてきた。その他にも、ケアマネジャーの専門性・資質向上や、中立・独立した立場を確保することも求められていた。

そのような問題に対応すべく、2005年度改革では、サービス担当者会議の実

施状況の定期的なチェックを行うことや会議を実施しないケアマネジャーに対する指導強化を図ることが決められた。また、ケアマネジャー同士や、ケアマネジャーと主治医との連携を支援するネットワークを構築するため、地域包括支援センター（仮称）が創設されることが決められている。

　ケアマネジャーの専門性・資質向上については、5年ごとに研修を受けることを義務づけ、研修を修了しなければ業務に従事できない体制を確立するとともに、資格の更新制を導入することとなった。

　ただし、これらはいずれも、ケアマネジャーの支援体制の見直しにしか過ぎない。介護サービスの適正化・効率化という、介護保険改革の肝心の目標に直結する見直しは行われていない。この点については、ケアマネジメントが適切に行われているかどうかを外部からチェックすること、とりわけ介護保険の保険者である市町村の保険者機能を強化して、ケアマネジメントの内容をチェックできる体制を作りあげることが求められよう。

COLUMN

一体改革って何？

　「改革、改革」と選挙のたびにあちこちで聞くこの言葉。いったいどういう意味なのかご存知ですか？「改革」という字は「改める」と「革める」という二つの「あらためる」からできており、本来「よくする」という意味はありません。ところが、よりよくしようと改革を訴えることが多いため、実際はさておき、いつのまにか「よくする」という意味が加わるようになったようです。

　ここで、どうして「革」という漢字を「あらためる」と読むのか不思議に思った方、なかなか目のつけどころがいいですね。実は「革」という字は、諸橋轍次『大漢和辞典』（大修館）や白川静『常用字解』（平凡社）によると、頭から尾までの獣のかわ全体をはいでひらいてなめした（毛を抜き取った）姿をかたどった象形文字だそうです。そこから皮をなめして仕上げた「かわ」という意味と、生の皮と「すっかり異なるものにつくりかえる＝あらためる」の意味を表すようになったといわれています。

　小泉政権が掲げた改革には「三位一体改革」や「歳出・歳入一体改革」など、「一体改革」という名前の付くものがあります。「一体改革」とは、これまで個別分野で改革が議論されていたことによる縦割り的な弊害を、横断的かつ一体的に議論することで打ち破ろうという概念です。でも先程の「革」の話を聞くと、なんだか動物一体を解体処理して革を作っているような気がしてきませんか？欧米には、新しい考え方や内容には新しい形式や方法が必要であるという意味の「新しい酒は新しい革袋に」という諺があります。新酒はまだ発酵しているため、その圧力に古い袋では耐えられないからです。日本の改革も一体丸ごときれいに解体して、新しく丈夫な革袋を作るような感じで進めてほしいですね。

（木村　真）

1）　第10章第3節参照。
2）　第4章第1節、第7章第2節参照。
3）　詳細なデータは第10章第1節参照。
4）　2005年改革の具体的な内容については、厚生労働省介護制度改革本部（2004）『介護保険制度の見直しについて』、厚生労働省『介護保険改革の全体像―持続可能な介護保険制度の構築―』、第17回社会保障審議会（2005年9月21日）参考資料5『介護保険制度の改正内容』を参照。
5）　2006年3月までは1日あたりで入院時食事療養費の標準負担額が定められていたが、2006年4月1日以降は、入院時食事療養費の標準負担額が1日あたりでなく、1食あたりに変更された。療養病床に入院する70歳以上については、2006年10月以降、さらに調理コスト・光熱水費の負担が加わることとなった。（脚注6参照）
6）　2005年度医療保険制度改革において、医療と介護の均衡を図る観点から、療養病床に入院する高齢者の食費・居住費の負担が見直された。その結果、療養病床に入院す

る70歳以上の高齢者については、食費として、従来の食材料費相当（2.4万円／月）に加えて調理コスト相当（4.2万円／月）も負担することとなった（合計4.6万円／月）。さらに、光熱水費相当として1.0万円／月を居住費として負担することとなった。新たに加わった調理コストと光熱水費は介護保険と同額となっている。この負担の見直しは2006年10月以降実施され、2008年4月からは、65歳以上の者についても見直しを図るとされている。

　療養病床についても、2005年度医療保険制度改革において再編成が行われる。その概要は、現在の療養病床のうち、医療の必要度の高いものだけに医療保険適用を認め、それ以外は、経過措置を経て老健施設、ケアハウス、在宅療養支援拠点等に再編成するというものである。具体的には、現行の医療保険適用25万床を2012年度までに15万床まで減らす計画である。

7）　個別の介護報酬等の改定については、第39回社会保障審議会介護給付費分科会（2006年1月26日開催）資料1（骨子）、資料2（概要）参照。

8）　2005年12月22日付日本経済新聞朝刊より

【参考文献】

厚生労働省　介護制度改革本部（2004）『介護保険制度の見直しについて』（2004年9月22日）（オンライン），入手先（http://www.mhlw.go.jp/topics/kaigo/osirase/tp040922-1.html）

厚生労働省『平成16年度国民医療費』

厚生労働省『保険と年金の動向2006年』

厚生労働省『介護保険改革の全体像−持続可能な介護保険制度の構築−』

厚生労働省社会保障審議会第17回参考資料5『介護保険制度の改正内容』（2005年9月21日）

厚生労働省社会保障審議会介護給付費分科会第39回資料1『平成18年度介護報酬等の改定について―骨子―』（2006年1月26日）

厚生労働省社会保障審議会介護給付費分科会第39回資料2『平成18年度介護報酬等の改定について―概要―』（2006年1月26日）

全国介護保険・老人保健事業担当課長会議資料（2005年12月19日）

第15章　社会福祉・公的扶助の見直し

　　　　　　　　　　　　　　　　　　　　　　　　　林　　宏昭

　これまでの各章で触れられているように、今日、各方面で「年金・医療・介護・生活保護などの社会保障サービスを一体的にとらえた制度設計」の必要性が唱えられている。本章では、これまで各福祉施策がばらばらに検討されてきた状況を打開し、相互に関連させながら総合的な観点から達成するための改革の方向性を検討する。

1．社会保障一体改革との整合性

　最初に社会保障の一体改革への議論の流れを整理しておこう。

　まず、介護保険が実施された2000年、社会福祉事業法等の一部改正において、国会では衆参ともに、今後の社会福祉のありかたについての附帯決議がなされている。衆議院の決議では、「社会福祉基礎構造改革を踏まえた今後の社会福祉の状況変化や規制緩和、地方分権の進展、介護保険の施行状況等を踏まえつつ、介護保険制度の施行後五年後を目途とした同制度全般の見直しの際に、介護保険サービスを行う社会福祉事業や養護老人ホーム等今回法改正の対象とならなかった社会福祉事業の在り方、障害者に対するサービスの在り方及び生活保護の在り方について、十分検討を行うこと。」[1)]とあり、高齢者介護の見直しに含まれなかった分野での福祉行政のあり方についての検討を求めている。

　その後、最近の社会保障を巡る議論では、さまざまな制度に分かれている施策の一体的な見直しの必要性を強調するものが多くみられるようになっている。2003年6月に閣議決定された『経済財政運営と構造改革に関する基本方針2003』では、「生活保護その他福祉の各分野においても、制度、執行の両面から各種の

改革を推進する。」としたうえで、「年金・医療・介護・生活保護などの社会保障サービスを一体的にとらえ、制度の設計を相互に関連づけて行う。」と述べている。

ほぼ同時期の社会保障審議会でも、「年金、医療、介護等は、主として高齢者世帯に係る生活リスクに対するものであるが、若年世帯にも疾病や失業等の生活リスクがある。こうした生活リスクに対し、有効な対応を総合的に図る観点から、年金、医療、介護等の社会保険のほか、生活保護、手当、雇用施策、住宅施策等をどのように組み合わせて対応していくかということも重要な視点である。」とする意見が示されている。

このような社会保障の一体的な見直しに向けた議論が高まった背景には、国民からの福祉への期待やサービスに対するニーズの高度化と多様化、複雑化がある。これは福祉分野に限ったことではないが、現在は個別の施策がそれぞれに複数の政策目標を持つようになっている。

一例として、児童保育は、現に生まれている子供たちの保育と少子化対策としての子育て支援を、障害者福祉はサービスの向上・充実と障害者の自立を、そして生活保護はセーフティネットの確保と保護からの自立をそれぞれ目標に掲げている。だが、各担当部局は個々の施策の充実は目指すものの、それだけでは総合的な政策目標の達成は難しい。子育て支援にせよ、障害者福祉にせよ、一つの施策を充実するだけでなく、施策相互の連携や一体化が必要となるのである。

もちろんここで"一体化"というのは、個別の施策にいくつもの目的を持たせることではなく、個々の政策を連携させ、総合的な効果を導き出すことである。個別の施策については数値目標の設定も可能になるように、その目的や効果を明確にし、上位の政策目標の達成のために各施策をどのように一体化させるかが重要である。「基本法」のような横断的な対応を求めるといった理念だけにとどまらず、施策の横断的な連携を現実のものとする一体的な見直しが求められるということである。

そのためにまず必要なことは、従来型の福祉に求められる、弱者救済的な支

援と福祉的なサービスの区分、そして公的部門が担うものでも使用料などの形で受益者負担を求めるものと一般的な税で財源調達すべきものとの区分である。さらに、「三位一体改革」の議論に象徴されるように地方分権の必要性が唱えられ、補助金から地方税へのシフトなどが現実に進められている中で、個別の施策の担い手として、国が相応しいのか地方が相応しいのかを検討しておく必要がある。そしてこれらの検討に際しては、社会保障全体の構造を念頭に置いた議論が必要である。

2．児童福祉のあり方

(1) 民営化の条件－適切な基準と遵守の担保

現在、各市町村が保育行政のあり方を議論する際、大きな争点となっているのが、定員の弾力化や認定外保育所の活用、株式会社なども含めた設置主体の拡大と公立保育所の民営化といった問題である。これらはいずれも、コストを抑制しつつ保育の量的な拡大を目指したものである。

「児童福祉に経済的な論理を持ち込むべきではない」とする意見は常にあり、児童関連に限らず、福祉政策を経済問題として捉えること自体に抵抗が起きることもある。しかし現実には、保育行政であれ、子育て支援であれ、特定分野の政策に際限なく公的資金を投入できるわけではない。児童福祉は公的な責任の一部ではあるが、同じ資源（資金）を投入するのであればできるだけ多くの児童のケアができるように、そして同じ数の児童のケアをするのであれば、できるかぎりそのコストを最小に抑えなければならない[2]。

一連の規制緩和や、民営化・民間委託の推進はこれを実現する有効な手段となるが、反面、消極的な立場からは保育の質の確保に対する懸念が示される。

もとより、保育について一定の質を確保することは重要であり、たとえば、他の条件が同じであれば保育士1人あたりの児童数が少ない方が質は高くなると考えられる。だが、自治体が独自に国の基準を上回る保育士配置を実施してきたのは、国の基準が不十分であったためか、プラスアルファの上乗せであったのか、つまり国の基準は適切なものであったのか、さらに国の基準を弾力化

しても十分な保育が確保されるのか、といった点の検証が必要である。定員にかぎらず、基準の緩和をともなう効率化の推進には、それでも十分な保育が可能であることを明確に示さなければならない。

　他方、保育所の民営化にも、質の低下を懸念して反対が表明されることが多い。しかし、少子化により子供の絶対数が減っていく状況の下では、利用者が満足する保育の質を確保することができない保育所はむしろ生き残ることが困難になる。この点を考えれば、民営化によって質の低下が生じるとは考えにくい。むしろ経営主体の問題よりも、行政は適切な基準の設定とその遵守を確実なものにする役割を果たさなければならない。また、民間の運営ではその継続が困難になる可能性は否定できない。継続性に関しても、行政による何らかの担保が必要であろう。そのうえで、直接的な保育サービスは民間主体で、そして公立保育所では、近年その必要性が高まっている子育てに関する相談や経験ある保育士の育成など、地域の保育環境作りのセンターとしての役割を担うというような役割分担も必要である。

　公立保育所運営費の国庫負担金が廃止されたことで、各自治体は保育のコストをどのように調達していくのか、自らが工夫することが求められるようになった。一方、国は、民間保育所運営に対する国庫負担金は今後も従来どおり維持する方針を示しており、民間保育所へのシフトはさらに加速する可能性もある。公立保育所の運営においては、各自治体の独自の財源をこれに振り向けることについて住民への十分な説明も必要になってくる。同時に、現在、保育所に関する情報を住民に対して公開することが自治体に義務づけられているが、そのためにも個々の施設の状況を行政が詳しく把握し、監督することも必要である。「選択」となり「契約」であるからといって、単に「自己責任」で片づけられることではない。

(2) 幼保一元化－自治体の取り組みの推進

　従来、その目的や運営が個別に議論されてきた幼稚園と保育所を一体的に運営する、いわゆる「幼保一元化」を進めようとの声は多い。この幼保一元化は、その必要性がいわれるようになって久しいが、2003年になって幼稚園と保育所

の連携を推進しつつ、第3の制度として就学前の教育・保育を一体として捉えた「総合施設」の設置が検討されている。

まず、「経済財政運営と構造改革に関する基本方針2003」（2003年6月、閣議決定）では、規制改革の一つとして、「地域のニーズに応じ、就学前の教育・保育を一体として捉えた一貫した総合施設の設置を可能とする（2007年度までに検討）」とされ、2003年12月には総合規制改革会議の第3次答申の中で2007年度からの本格実施が求められた。

このような動きを受けて、これまで別々に議論を展開してきた中央教育審議会幼児教育部会（文部科学省）と社会保障審議会児童部会（厚生労働省）が合同の検討会議を持つ。そして、その審議まとめ（2004年12月）の中で、一つの方向として、保育所の福祉的な役割と幼稚園の教育的役割を合わせ持つ「総合施設」の創設を提案する。そしてこれを受けて、2006年10月からの「幼保連携推進室」が設置され、「認証こども園」制度が創設された。

従来、幼稚園と保育所の連携は、自治体レベルでの検討や取り組みが進んでおり、国レベルでの所轄の違いや規制がそのハードルになっていた面がある。国レベルでの一元化施設の正式な認定ともいえる「認証こども園」制度の創設によって、自治体や民間による取り組みがこれまで以上に促進されることを期待したい。

(3) 少子化対策

現在は国と地方団体がそれぞれに少子化対策を唱えている。現金給付も含めて、個々の施策の目的に「少子化対策」を付け加えていくのではなく、少子化を食い止めるためには何が必要か、そしてそのためには個々の政策をどのように実現し、互いに連携させていかなければならないかを総合的に考えることが重要である。

保育に限らず、個別の施策に複数の政策目標を掲げることは、かえって目的を曖昧なものにし、その効果についての評価も難しくしてしまう面もある。子育てに直面している世帯向けの施策として保育環境の整備を進めるためには個々の制度やしくみをどのように組み合わせていくべきか、またその成果をど

のように少子化対策に結びつけていくのかという観点から検討を進めるべきである。

　子育てには、子どもの成長という大きな喜びがある反面、様々なコストが生じることも事実である。従来そのコストは子どもを持つ家庭が負ってきた。もちろん、賃金での扶養手当等、所得税における扶養控除の適用や医療保険等における扶養家族の取扱い（世帯主のみ負担）など、社会的なバックアップはあるが、育児コストは基本的に各家庭が負担してきた。

　そしてこれまでは、経済的弱者を対象とした福祉的な施策が講じられてきたが、第5章でも述べたように、最近では育児に対する社会的な支援が幅広く求められるようになってきている。現金給付である児童手当が子育て支援を名目に近年拡大されてきたことは第5章でみたとおりであるが、現実には少子化の進行に歯止めはかけられていない。児童手当をさらに引き上げるべきとする意見もみられるが、子どもがいることで現金が支給されるとしても、それが少子化対策には直接結びつかないことはこれまでの経緯からも明らかである。

　むしろ、個別の現金支給は最低限必要な範囲に限定し、保育、教育等、子育てに必要な仕組みを安心して活用できるシステムの確立が不可欠である。たとえば、かつては子どもの祖父母や地域が担ってきた役割が希薄化していることはよく指摘される。したがって現在は、これらに代わるシステムの構築が必要である。とりわけ、地域の中にどのようなしくみを作る必要があるのか、そしてそのために行政がどのようにかかわっていくのかは重要である。少子化の抑制のためには、これらの施策と経済的支援とを総合して、子育ての容易な社会を構築しなければならない。そして、所得などの世帯の属性にかかわりなく一定水準のサービスの利用を保障するのか、受益者（利用者）負担のウェイトを高めるのか、その場合には経済的支援をどのように組み合わせるか、といった総合的な検討が求められる。

3．障害者福祉のあり方

　支援費制度に対する評価は十分に行われたとは言い難いが、実際に生じた経

費の拡大を受けて、何らかの対応が必要となっていることも事実である。2005年2月に、障害者自立支援法案が国会に提出された。この法案は、8月の衆議院の解散によっていったんは審議未了廃案になったが、10月に成立した。以下では、その改革の概要と問題点について述べることにする。

まず、その基本的な内容は以下の5点である。

① 障害者の福祉サービスを「一元化」

　　サービス提供主体を市町村に一元化。障害の種類（身体障害、知的障害、精神障害）にかかわらず障害者の自立支援を目的とした共通の福祉サービスは共通の制度により提供。

② 障害者がもっと「働ける社会」に

　　一般就労へ移行することを目的とした事業を創設するなど、働く意欲と能力のある障害者が企業等で働けるよう、福祉側から支援。

③ 地域の限られた社会資源を活用できるよう「規制緩和」

　　市町村が地域の実情に応じて障害者福祉に取り組み、障害者が身近なところでサービスが利用できるよう、空き教室や空き店舗の活用も視野に入れて規制を緩和する。

④ 公平なサービス利用のための「手続きや基準の透明化、明確化」

　　支援の必要度合いに応じてサービスが公平に利用できるよう、利用に関する手続きや基準を透明化、明確化する。

⑤ 増大する福祉サービス等の費用を皆で負担し支え合うしくみの強化

　(1) 利用したサービスの量や所得に応じた「公平な負担」

　　　障害者が福祉サービス等を利用した場合に、食費等の実費負担や利用したサービスの量等や所得に応じた公平な利用者負担を求める。この場合、適切な経過措置を設ける。

　(2) 国の「財政責任の明確化」

　　　福祉サービス等の費用について、これまで国が補助するしくみであった在宅サービスも含め、国が義務的に負担するしくみに改める。

図15-1は、「障害者自立支援法」による改革後の総合的な自立支援システム

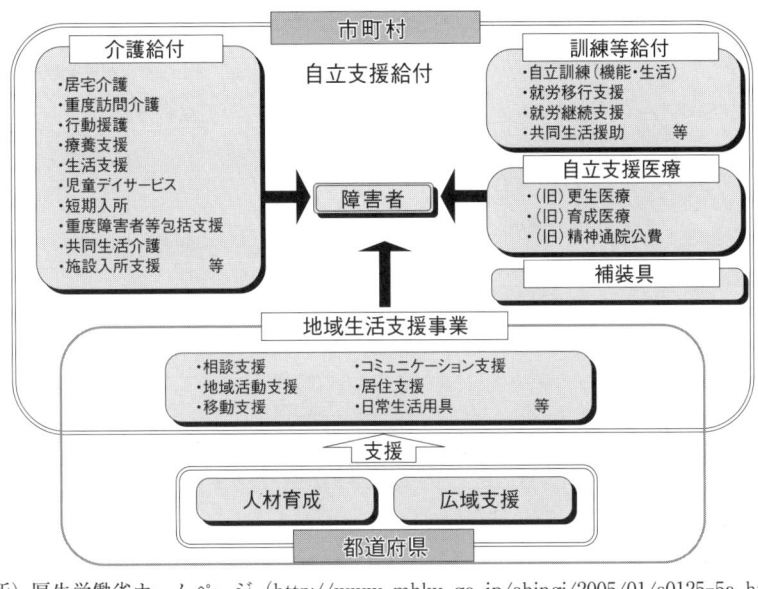

第15章 社会福祉・公的扶助の見直し

図15-1 総合的な自立支援システムの構築

```
                          市町村
        ┌─────────┐  自立支援給付  ┌─────────┐
        │ 介護給付 │              │訓練等給付│
        │・居宅介護 │              │・自立訓練（機能・生活）│
        │・重度訪問介護│           │・就労移行支援│
        │・行動援護 │              │・就労継続支援│
        │・療養支援 │              │・共同生活援助 等│
        │・生活支援 │              └─────────┘
        │・児童デイサービス│       ┌─────────┐
        │・短期入所 │              │自立支援医療│
        │・重度障害者等包括支援│   │・(旧)更生医療│
        │・共同生活介護│           │・(旧)育成医療│
        │・施設入所支援 等│        │・(旧)精神通院公費│
        └─────────┘              └─────────┘
                    → 障害者 ←    ┌─────────┐
                         ↑        │  補装具   │
                  ┌─────────┐     └─────────┘
                  │地域生活支援事業│
                  │・相談支援  ・コミュニケーション支援│
                  │・地域活動支援 ・居住支援│
                  │・移動支援  ・日常生活用具 等│
                  └─────────┘
                         ↑ 支援
                  ┌──────┐ ┌──────┐
                  │人材育成│ │広域支援│
                  └──────┘ └──────┘
                        都道府県
```

出所）厚生労働省ホームページ（http://www.mhlw.go.jp/shingi/2005/01/s0125-5a.html）引用

のイメージを描いたものである。介護給付、訓練等給付などを障害者の自立支援給付と位置づけ、地域の実情に即した事業を実施するために地域生活支援事業を展開するものとしている。

また、同法における障害者サービスの利用者と市町村等との関係を整理したものが、図15-2である。支援費制度のもとでもサービス提供の主体は市町村となっていたが、児童福祉施設や障害者の福祉工場[3]など一部は都道府県が運営していた。改革案ではこれも含めて提供主体の市町村への一元化が進められる。同時に、これまで知的障害、身体障害とは別立てになっていた精神障害も同じ枠組みで対応が行われることになる。

次に、サービス提供決定の手続きの透明化や利用の公平性の確保のために、介護保険と同様の障害者給付審査会が原則として市町村ごとに設けられ、実際の提供にあたってはこれも介護保険と同様にケアマネジメント制が導入される。また、地域間での格差を縮小するために、サービス水準に関する基準が設定さ

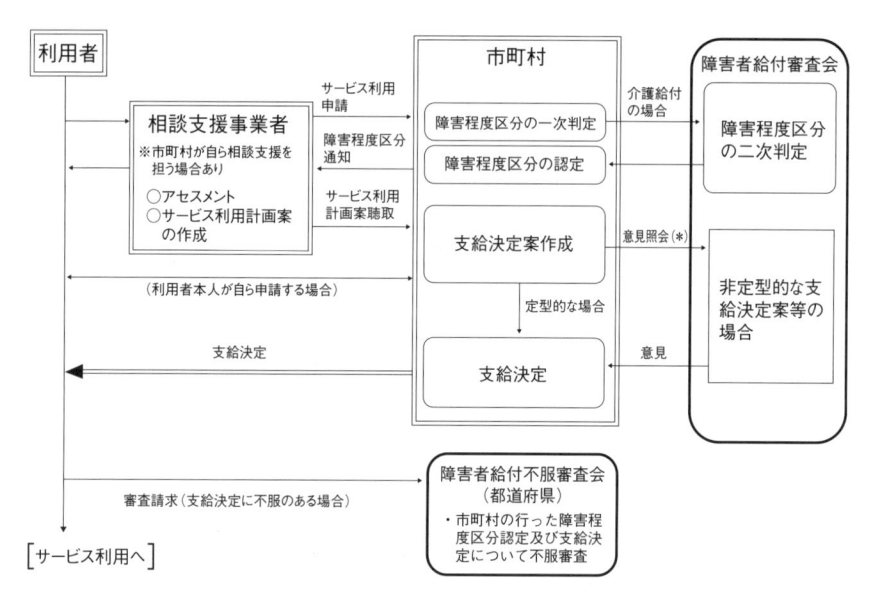

第3部 社会保障一体改革の青写真

図15-2 介護給付・訓練等給付の利用手続き

出所）厚生労働省ホームページ（http://www.mhlw.go.jp/shingi/2005/01/s0125-5a.html）引用

れることになっている。

　これらの利用手続き面の改革に加えて、給付抑制をねらいとした費用負担の在り方についても検討された。図15-3は、自立支援法に基づく障害福祉サービスの利用者負担の算定を図示したものである。これまで福祉サービスは、所得に応じた負担のみに着目してきたが、図にあるように改革後は受けたサービスの量と所得の双方に着目して負担を求めるとしている。一方、公費部分についても、ホームヘルプ経費などの従来国の裁量的な補助金であったものが国の義務的経費とされる（ただし、上記のサービス提供に関する基準による上限あり）など、財源調達の明確化が図られている。

　このような改革に対しては、サービスの一元化等で評価する声がある一方、障害者福祉の観点から疑問を投げかける意見もある[4]。特に、サービス内容の決定に関する手続きと費用負担に関して反対が多い。まず手続き面に関して、

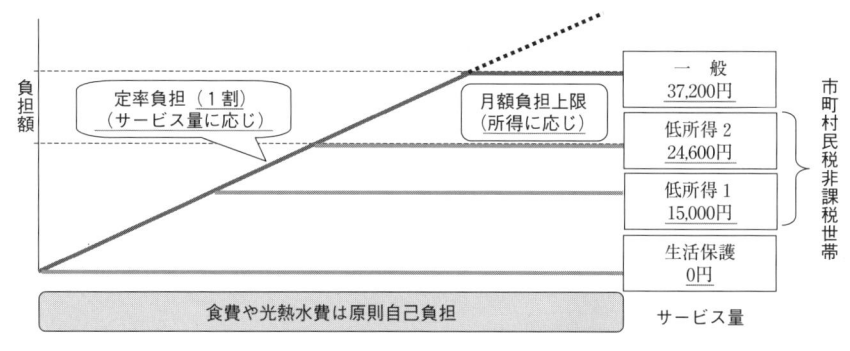

図15-3　障害福祉サービスの利用者負担の見直し

		市町村民税非課税世帯
定率負担（1割）（サービス量に応じ） 月額負担上限（所得に応じ）	一　般　37,200円	
	低所得2　24,600円	
	低所得1　15,000円	
	生活保護　0円	
食費や光熱水費は原則自己負担	サービス量	

出所）厚生労働省社会・援護局障害保健福祉部『障害者自立支援法による改革〜「地域で暮らす」を当たり前に〜』（http://www.mhlw.go.jp/bunya/shougaihoken/jiritsushien-hou02/5.html）

　利用者が受けるサービス内容や水準の決定においてケアマネジメントや認定のための審査会を介することは、支援費制度への移行の際に強調された「利用者のニーズを反映させるため」という理念を後退させる。

　さらに、「応益的」としている負担方式の導入については、全体として費用を抑制する効果があると考えられるが、結果的に、支援費制度の導入以前は行政サービスとして受けることができた内容についても自己負担が発生することになりかねず、社会的、経済的弱者への影響は無視できない。現在、税制においては、障害を持つ人でも一定額以上の所得を稼得している場合、障害者控除等による軽減は行われるものの、基本的には健常者と同じ所得税が課されている。それとは別に、障害を持つことで生活上必要になるサービスについても料金を賦課すべきなのであろうか。食費のような障害の有無に関係なく生じる費用は別にして、日常生活において、障害を持つことで必要になる追加的な費用をどのように調達すべきかについては議論が不十分である。経済状況に応じて経済的支援を行う時にはその料金を算入するなど、総合的な再検討が必要である。

　障害者福祉については、自立へ向けた動きに対してどれだけ寄与するのか、ということが負担のあり方と並んで重要なテーマとなっている。しかし、今回の改革でも「障害者が働く環境の整備」など自立に向けた環境整備の必要性は

主張されているが、具体的な施策は挙げられていない。支援費制度の大きな理念も「自立の促進」であったが、それがどのような効果をもたらしたかの検証も行われていないのが現状である。まず、従来展開されてきた福祉サービスでこれがどの程度達成されるのかを検証する必要がある。日常的な外部とのコンタクト、コミュニケーションや外出が可能になることで、障害を持ちながらも経済的な自立を実現することが可能なケースもある。そのために、サービスと負担、そして経済的支援をどの様に組み合わせていくべきかの議論が不可欠である。

4．公的扶助（生活保護）のあり方

　生活保護の受給者の多くは疾病や高齢、そして身寄りもなく社会的なサポートを必要とする人（世帯）であり、最低限の生活を保障する公的扶助の本来の意義は、これらの人の生活を支援することにある。自立の促進という近年の政策目標は望ましいにしても、その対象とすべき目標を明確にしなければ、意図する効果は上げられないだろう。

　第6章で述べたように、近年は社会問題ともなっている路上生活者（いわゆるホームレス）の増加とその生活保護化が進められた経緯もある。ホームレス対策としては、自立支援に向けた基本方針のもとでさまざまな施策が講じられているが、自立プログラムなのか、自立に向けた啓発なのか、あるいは生活に対するケアなのか、対象者にとって必要な支援の内容には相違がある。そして場合によっては、対象者の内面的な部分にまで踏み込んでいくことが必要なこともある。これは、生活保護の給付においても同様のことがいえる。

　このような個人の内面的な面にまで踏み込んだ施策の展開は、行政の枠組みでの取り組みだけでは対応は困難であり、社会福祉法人やNPOの活動との連携が従来にもまして重要になる。

　最低限の生活を保障する基準となる最低生活費の算定については、その水準や決定方式の再検討が必要である。従来は高齢世帯であることや母子世帯であるといった世帯属性による加算が行われてきたが、これらの世帯を経済的弱者

とみなした加算ではなく、生活維持に要する経費の実際の多寡（たとえば児童を扶養している等）を反映させることで対応すべきであろう。

また障害者の場合も、前述のような生活上必要なサービスに対して利用者負担を求めるのであれば、その分を考慮する必要がある。そうではなく、生活上必要なレベルの介護を税で賄い、福祉分野での対応を進めるのであれば、障害を持つことに対して特別な加算の必要もなくなる。

このような福祉制度だけではなく、生活保護は他の社会保障制度とも密接に関連している。その一つは、年金の受給と生活保護の受給との関連である。現状では年金の保険料未納者が将来的に生活保護の対象となる可能性がある。保険料未納の生活困窮者を放置することはできないにしても、このことが逆に保険料の未納の誘因ともなりかねない。医療保険や介護保険についても生活保護受給者から保険料を徴収して保険のシステムに組み入れるのか、またその場合でも利用者負担をどうするのかといった問題が生じる。そしてこれらを徴収するのであれば、生活保護の給付においても配慮すべきということになる。この問題は、結局は生活保護受給者の医療費（現在は医療扶助）や介護費を生活保護の枠組みで実施するのか、あるいはそれぞれの保険制度のなかで対応するのかという財源問題にも結びつく。

5．経済的支援の確立

個別の目標を持った施策を明確にするうえで特に重要な点が、経済的弱者への支援と、その他の福祉サービスの充実を区分することである。その際、経済的な支援をどのように展開するか、言いかえると生活を営むために最低限必要な経済的な資金を保障するシステムをどのように構築するかを検討しなければならない。

現行の枠組みでは、福祉サービスの提供に関して、その仕組みや負担のあり方が議論されているが、一方で、生活保護等の給付において福祉的な加算が行われている。しかし、社会保障の一体的な見直しを進めるうえでは、経済的支援と福祉サービスを連携させることが特に重要である。つまり、上記のよう

な経済的な支援において、福祉的な配慮をどのようなかたちで取り入れるべきかということである。

　世帯のなかに保育の必要な児童がいればそのための追加的なコストは必要である。だが、そのためのコストは、児童保育に対して社会的に（税によって）どれだけを賄うかによって変わってくる。最低限の保育サービスを社会的な責任として無料で提供するのであれば、経済的支援においてその部分を考慮する必要はない。逆に、所得に関係なく料金を徴収するのであれば、その料金も含めて最低生計費を算定すべきであろう。

　障害者福祉についても同様のことがいえる。障害があっても日常生活を営むことができるように福祉行政サービスが整備されているのであれば、障害を持つこと自体をコスト増の要因とみなす必要はなくなる。逆に、受益者負担のような形で負担を求めるのであれば、その負担分も生活に最低限必要なコストに含めるべきである。

　社会保障の一体的な見直しは、それぞれの福祉政策の内容と効果を明確にし、全体としての公正性や効率性の向上を目指すものである。そのためには、個別の施策のなかにいくつもの政策目標を持たせることよりも、むしろ、他の福祉サービスの状況を十分に考慮したうえで、経済的支援のシステムを確立するという手順をとるほうが有効である。

COLUMN

避けられない？民営化

　郵政事業の民営化が大きな関心を集めました。1980年代には、国鉄や専売公社の民営化が実施されましたが、最近になって道路公団の民営化や大学をはじめとする国立の研究機関の独立法人化など、官から民への動きが目立っています。地方自治体でも同様で、その一つが保育所の民営化の議論です。反対する人の意見は必ずといっていいほど、競争原理の導入による「サービスの質の低下」を危惧するものです。一方に、公務員や行政そのものに対する批判や風当たりも厳しいものがあります。公営と民営の違いは、基本的にはそのサービスの生産者が公務員か否か、ということです。特に、福祉サービスのような人的資源に多くを依存する分野ではこの点が特に重要です。本当に公務員であれば質が高いのか、あるいは公務員であれば無駄が生じているのか、といった議論をそれぞれの施策ごとに整理しておく必要があるのではないでしょうか。

(林　宏昭)

1）　2000年5月10日：社会福祉事業法等一部改正法案に対する附帯決議（衆議院）
2）　この趣旨は、地方財政法で求められている「最小の経費で、最大の効果」と同じである。
3）　障害者に「仕事」と「職場」を提供し、障害者が社会的、経済的に自立した生活を営むことを目的とした授産施設
4）　DPI日本会議のホームページ（http://www.dpi-japan.org/index.htm）など、参照。

【参考文献】
内閣府『経済財政運営と構造改革に関する基本方針2003』
中央教育審議会幼児教育部会（文部科学省）と社会保障審議会児童部会（厚生労働省）が合同の検討会議　審議まとめ（2004年12月）
厚生労働省社会保障審議会障害者部会次第（第24回）資料『障害者自立支援給付法（仮称）について』（http://www.mhlw.go.jp/shingi/2005/01/s0125-5a.html）
厚生労働省社会・援護局障害保健福祉部『障害者自立支援法について』（http://www.mhlw.go.jp/bunya/shougaihoken/jiritsushienhou01/index.html）

第16章　さらなる社会保障制度改革に向けて

橋本　恭之

　2004年の年金改正の過程において、その改正の内容以上に批判を浴びたのが社会保険庁のずさんな実態である。今後の社会保障負担の増大に対して国民の理解を求めるためには、こうした制度運営上の非効率をそのまま放置しておくわけにはいかない。この最終章では、まず社会保障制度運営の効率性をはかるために社会保険庁をどのように改革すべきか、社会保障制度だけでなく、税務行政、その他の行政サービスを含めて制度設計を見直すためにはいかなる方策が考えられるかについてみていく。その後、負担と給付を一元的に管理し、社会保障制度の運営効率を一層高める方策として、社会保障個人会計の創設にも言及する。そして、最後に、日本型福祉社会のあるべき姿を提示して、本書のむすびとしたい。

1. 社会保険庁の改革

　国民年金の未納・未加入の実態が明るみになったことをきっかけに、社会保険庁の業務体制への批判が強まっている。国民年金保険料の納付実績（納付率）は、2002年度に保険料徴収事務が市町村から社会保険庁に移管されてからの落ち込みが大きく、2001年度まで70％を維持していた納付率が2002年度には62.8％に低下し、2005年度に至っても67.1％と移管前の水準を回復できていない[1]。

　他の点からも社会保険庁の業務の非効率性が指摘されている。表16-1は、自民党e-Japan重点計画特命委員会が社会保険庁と国税庁のパフォーマンスを比較したものである。表によると、1万円の徴収に必要な経費（徴収コスト）

表16-1　社会保険庁と国税庁のパフォーマンス

	社会保険庁	国税庁
職員数	約17,000人	56,315人
システム関連予算（2003年度）	1,066億円	658億円
徴収コスト（対1万円）	810円	136円
職員1人あたり徴収額	3.36億円	9.55億円

出所）自民党e-Japan重点計画特命委員会資料『社会保険オンラインシステムの現状と課題について』、国税庁『国税庁レポート2004』

は国税で136円であるのに対し国民年金は810円もかかっている。職員1人あたりの徴収額も国税は9.55億円であるのに対し、国民年金はその1／3の3.36億円に過ぎない。

　このような実態を改めるため、厚生労働省は、大臣私案として独立行政法人化や民営化を視野に改革を進める方針を打ち出し、2000年7月には社会保険庁長官に民間出身者を採用した。その後、社会保険庁は人員配置の重点化や経費削減、徴収強化のために市町村と提携して国民健康保険加入者の情報を利用する等の対策を講じてきた。

　さらに2005年度には、市場化テストのモデル事業として、社会保険庁は次の三つの業務を民間事業者に委託している[2]。具体的には、①厚生年金や政管健保の未適用事業所に対する適用促進業務、②国民年金保険料の収納業務（未納者への納付督促、口座振替の勧奨、納付受託等）③年金電話相談センター業務である。このうち①は2005年5月～2006年3月まで、②と③は2005年10月～2006年9月までの契約期間となっており、契約期間終了後には、民間事業者の業務実績の評価が行われる予定である。

　しかし、このような業務改善の取り組みが行われる一方で、組織的な公金横領や被保険者情報の「のぞき見」といったモラル低下が組織・職員全体に広く及んでいる実態が明らかになったことから、社会保険庁の本格的な「解体」が議論・検討されてきた[3]。

　社会保険庁「解体」の第一歩として、2005年2月に社会保険庁の在り方に関

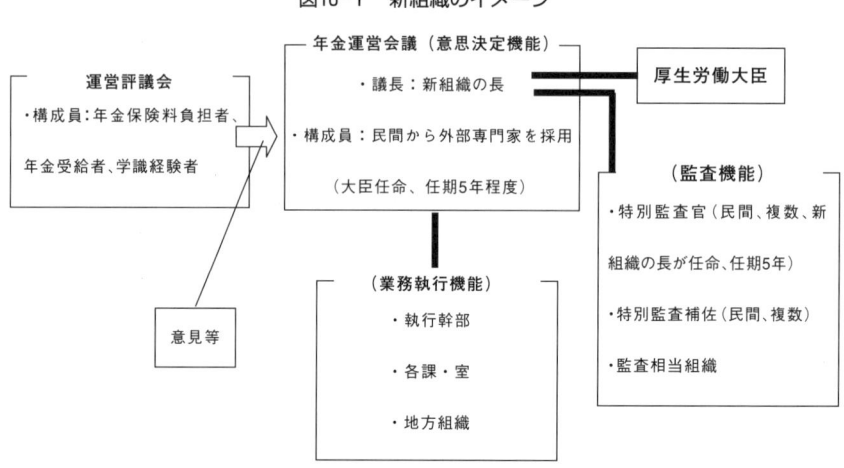

第3部　社会保障一体改革の青写真

図16-1　新組織のイメージ

```
┌─────────────────┐      ┌──────────────────────────┐      ┌──────────────┐
│   運営評議会      │      │年金運営会議（意思決定機能）│━━━━━│  厚生労働大臣 │
│・構成員：年金保険料│      │・議長：新組織の長          │      └──────────────┘
│  負担者、年金受給者│─→   │・構成員：民間から外部専門家│
│  学識経験者        │      │　を採用                    │      ┌──────────────┐
└─────────────────┘      │（大臣任命、任期5年程度）   │      │（監査機能）    │
         │                 └──────────────────────────┘      │・特別監査官    │
         │                              │                     │（民間、複数、新│
         ↓                              ↓                     │組織の長が任命、│
   ┌──────┐              ┌──────────────────────┐          │任期5年）      │
   │意見等 │              │（業務執行機能）        │          │・特別監査補佐  │
   └──────┘              │・執行幹部              │          │（民間、複数）  │
                         │・各課・室              │          │・監査相当組織  │
                         │・地方組織              │          └──────────────┘
                         └──────────────────────┘
```

出所）社会保険庁の在り方に関する有識者会議『社会保険庁の在り方について（最終取りまとめ）』（2005年5月31日）

する有識者会議は、年金業務（国民年金と厚生年金）と医療保険業務（政府管掌健康保険）のうち、医療保険業務は切り離して別組織に移す方針を決定した[4]。残る年金業務を如何なる組織で運営するかについては、①厚生労働省の外局とする案、②公法人化（公社化）する案、③独立行政法人化する案の三つの案に絞って検討が進められた[5]。しかし最終的には、厚生労働省の指揮監督下にはおくものの、①の外局ではなく、「特別の機関」として2008年10月に新組織を発足させることが決まった[6]。

ここで、最終的に採用された新組織の構想と新組織発足に向けた改革の概要を紹介しよう。まず、新組織の構想については、国の組織を維持しながら図16-1のような意思決定機能や監査機能を強化した体制を目指すこととなった[7]。新たな意思決定機能として「年金運営会議」を設置して外部の専門家を採用し、そこで事業運営に関する重要事項を決定する。監査機能についても、「特別監査官」として民間の専門家を採用して監査結果を広く公表するとしている。さらに、年金受給者や保険料負担者の代表者等で構成される「運営評議会」を設け、利用者の立場から年金運営会議やサービスの執行組に対して、サービスに対

する意見、改善提案を行うこととなっている。このような体制の具体化は、2006年に関連法案を提出した上で、2006年から2008年にかけて年金運営会議と特別査察官を設置し、2008年10月に新組織発足を目指すスケジュールで行われる予定である。

次に、新組織発足の一環として行われる業務改革についてみていこう。この改革は、大きく分けると、サービスに関する改革と執行体制に関する改革の二つの柱からなっている。一つめのサービスに関する改革は、年金受給と年金保険料負担との関係を明確にわかりやすくすることに重点がおかれた内容になっている。具体的には、被保険者期間の中間点にあたる35歳に年金加入状況を通知することやインターネットによる個人の年金加入記録の確認、「年金カード」導入による情報提供等が行われる予定である[8]。

一方、執行体制の改革については、業務を早く正確に、効率的に行えるように改善を図ることが基本となっている。具体的には、業務の必達目標（サービススタンダード）を設定してそれを遵守させること、外部委託を徹底すること、組織のスリム化として人員削減を行うこと（2006～2012年度までの7年間で常勤・非常勤をあわせて1万人削減）が予定されている。

このように組織体制を見直し、業務改善策を打ち出すことで非効率が蔓延していた業務実態・体制の刷新を図ろうとすることに異論はない。しかし、今回取り決められた社会保険庁の「解体」や改善策は、あくまで年金に関わる業務だけを対象にした「縦割り」的な改革であると言わざるを得ない。現行の社会保険庁の改革が目指しているような負担と給付の関係を明確にわかりやすくすることの必要性は、年金だけに限らない。医療や介護といった他の社会保障についても当てはまることである。

さらに負担については、保険料だけが負担ではない。年金、医療、介護の運営には全て国庫負担という形で税金が投入されている。生活保護等の福祉については、その財源は全て税である。したがって、負担と給付の関係を正確に国民に伝えるには、保険料負担だけでなく税負担も含めて提示しなければならない。

社会保険庁の抜本的な改革案としては、社会保険庁と国税庁の統合を検討すべきであろう[9]。そうすることによって、社会保障の負担について税も含めた総合的な把握が可能になるだけでなく、表16-1で示されているような国税庁と社会保険庁の間の業務パフォーマンスの違いを考慮すれば、両者の統合によって徴収業務を改善することも期待できる。諸外国の事例を見ると、イギリスが1999年に内国歳入庁と社会保険事務所の統合を実施したほか、アメリカ、スウェーデンでも歳入庁という組織形態で社会保障業務を行っている。

社会保険庁と国税庁の完全な統合には、かなりのコストがかかる。具体的には、コンピュータシステムの統合や新たな職員への徴収業務教育などのコストが問題となろう[10]。そこで、社会保険庁と国税庁の間の連絡関係を緊密にするだけで済ますべきだという反対も予想される[11]。だが、これらのコストは統合時に発生する短期的なものにすぎない。

社会保険庁と国税庁の統合による利点は業務の効率性改善のみにとどまらない。基礎年金番号を納税者番号としても一元的に管理することが可能になり、所得捕捉率の向上や未納率抑制に利用できる。さらに、社会保険関連の負担と給付を一元的に把握できることから、次にみるような社会保障個人会計の管理が容易になるのである。

2．社会保障個人会計の創設

政府の『経済財政運営と構造改革に関する基本方針2004』（骨太の方針）では、社会保障個人会計の導入を検討することとされている。社会保障個人会計とは、医療、年金、介護などの社会保障に関する受益と負担を個人ごとに生涯を通じて記録しようとするものだ。

個人会計を活用する制度は、諸外国でも検討されている。表16-2は、シンガポールと韓国についての例を示したものである。シンガポールでは、国のID番号を基礎に、医療口座（入院時利用）、特別口座（年金）、普通口座（住宅購入、教育投資）における貯蓄額を記録している。韓国では利用申請者にIDを交付し、行政サービス一般の情報を提供している。

表16-2　各国の社会保障個人会計の類似制度

	シンガポール（全住民登録）	韓国（利用申請登録者対象）
記録事項	国のID番号を基礎に個人ごとの貯蓄額を記録	行政サービス一般の住民情報網羅。国民年金、健康保険、雇用保険のデータも含む。申請者にID番号
利用事項	医療口座＝入院時利用。特別口座＝年金。普通口座＝住宅購入、教育投資	「政府総合民願ポータル」の一環として、年金、健康保険等の申請
情報提供方法	各口座貯蓄額につき、電話、インターネットで情報提供	民願サービスの一環として利用登録者がインターネット上で申請

出所）本間正明「「個人会計」導入検討を」2004年3月8日 日本経済新聞 経済教室

　個人会計の導入は、給付面、徴収面の双方にメリットをもたらす。給付面では、年金、介護、医療の各制度での重複給付の調整にも役立つ。さらに徴収面では、個人情報を把握することで徴収コストの節減につながる。フランスのような社会保障費死後返還制度の採用も可能になる。フランスでは、生涯を通じて社会保障制度から無拠出で受けた給付を遺産で返還する制度が採用されている。無拠出の部分は、本来負担能力のない人に限定されるべきものであり、社会的な支援を受ける必要がない人については返還すべきだというわけだ。

　社会保障個人会計の創設は、政府システムの効率化のみならず、個人にも大きなメリットをもたらす。年金給付について、将来についての給付予定額も知らせるシステムにすれば、自助努力により老後に蓄えるべき貯蓄額が明確になる。インターネットを通じて、保険料の拠出記録を確認できるのであれば、転職時のミス等により年金未加入状態になることもない。

　その導入の前提となる番号制は、すでに基礎年金番号と住民票コードが存在している。**表16-3**は、その概要をまとめたものである。基礎年金番号は、公的年金制度の運営のために導入されたものであり、住民票コードは、住民基本台帳事務の簡素化・効率化のために導入されたものである。両者は、住民票コードが外国人を含んでいないことを除けば、ともに全国民を対象とした番号制度

表16-3 個人付番方式の比較

	「基礎年金番号」	「住民票コード」
根拠規定	・国民年金法施行規則（厚生省令）	・住民基本台帳法
付番機関	・社会保険庁	・市区町村 （都道府県又は全国センターにおいても管理）
付番対象者	・公的年金加入者等（外国人も含む）	・居住者（外国人を除く）
保有情報	・番号＋氏名、生年月日、性別、住所、公的年金加入情報 （注）住所の変更は、原則として本人の届出による	・コード＋氏名、住所、性別、生年月日、付随情報（変更年月日、理由等）
他の行政機関に提供される情報	・なし	・コード＋氏名、住所、性別、生年月日、付随情報（変更年月日・理由等） （法律又は条例上明確に規定された事務に利用を限定）
カード	・なし	・本人の申請により発行（平成15年8月より） （注）住民基本台帳カードの様式その他必要な事項は総務省令において規定。番号の記載なし。
目的	・公的年金の制度運営の一層の適正化 未加入者問題への対応 供給調整の適正化 行政サービスの向上 （年金相談・年金裁定）	・住民基本台帳事務の簡素化・効率化（転入・転出事務等） ・国の行政機関等への情報提供 （法律又は条例上明確に規定された事務に利用を限定） ・住民に対する様々なサービス提供 （条例による市町村独自の利用等）
プライバシー保護規定	・行政機関の保有する個人情報の保護に関する法律	・住民基本台帳法による厳格な保護措置
民間での利用	・加入者本人に他に利用されないよう注意喚起	・住民基本台帳法で民間による利用を禁止
検討・実施状況	8年4月　システム・テスト 　↓　住所情報等収集 　↓　広報 10月　付番対象者確認 12月　番号通知 9年1月　実施	11年8月参議院において可決・成立→公布 14年8月住民基本台帳ネットワーク1次稼動 12月住民票コードの利用提供可能事務の拡大（93事務⇒264事務）を規定する行政手続オンライン化整備法の成立（平成15年2月施行） 15年8月住民基本台帳ネットワーク2次稼動

出所）財務省『納税者番号制度に関する資料』（平成16年6月現在）（オンライン），（http://www.mof.go.jp/jouhou/syuzei/siryou/nouzei/n09.htm）

である。しかし、いずれもそれほど多くの情報を保有しているわけではない。住民票コードは、住所・氏名・性別・生年月日などの情報のみであり、基礎年金番号も住所、氏名、性別、生年月日に加えて、公的年金加入情報を保有しているにすぎない。民間企業が保有している個人情報の方が豊富なのが実情である。たとえば、証券会社が自社の顧客向けに自社での保有資産に加えて、顧客から提供された情報をもとにすべての資産保有状況を管理し、報告するサービスを提供している例もある。すでに稼働している社会保障番号、住民基本台帳ネットワークを統合し、社会保障個人会計と組み合わせることで、番号制は効力を発揮することになる。

社会保障制度の抜本改革には、全体の負担・給付のバランスを考慮した一体的な改革が必要である。社会保障を一体的に改革することが、制度間での重複を解消することにつながり、一層の政府支出の効率化につながるからだ。社会保障制度全体の負担と給付のバランスを正確に把握することが可能となる社会保障個人会計の導入は、社会保障改革にとって必要不可欠なインフラ整備といえよう。

3．一体改革による日本型福祉社会を目指して

日本経済の本格的な活性化にむけ、「民でできることは民で」という方針のもと、「小さくて効率的な政府」の実現を目指す財政構造改革は総仕上げの段階を迎えている。そこでは、2010年代初頭の国と地方をあわせた基礎的財政収支（プライマリーバランス）の黒字化を達成するとともに、マクロ的な政府の規模を表す潜在的国民負担率を、将来的に50％を超えない水準に抑えることができるよう、歳出と歳入を一体として見直していくことが求められている。

改革の成否の鍵を握るのは歳出削減である。とりわけ、社会保障給付をはじめとする義務的な経費の削減にどこまで踏み込めるかが重要なポイントとなる[12]。1990年代以降、急速な高齢化の進展により社会保障給付はGDP成長率以上の伸びを示してきた[13]。高齢化という不可避的な社会変化に応じて社会保障に対するニーズが拡大するのは当然のこととしても、その全てを政府が行わ

なければならない必然性はない。このまま足元の経済成長以上の社会保障給付を政府が続けている限り「小さくて効率的な政府」の実現はほど遠く、政府部門の肥大化は民間経済の自発的な成長をも阻害しかねない。

したがって、あらゆる社会保障について公的な給付はできる限り抑え、民間による供給を育てていくべきである。この場合の民間とは、営利企業だけでなく非営利団体をも含んでいる。民間による供給を医療や福祉分野で行おうとすると、常に、競争による弱者切り捨てやサービスの低下に対する懸念が出される。しかし、第7章でも触れたように、民間経済における競争は、人々が求める多様なサービスをより良く、より安く提供するための競争である。むしろ、本書で明らかになったように、医療や障害者福祉分野では、政府による規制が強いために非効率的な供給が行われているという問題が生じているのである。公的な供給は必要最低限度のレベルにとどめ、それ以上のサービス供給は民間に任せるべきである。

公的な供給が抑えられれば、その分、公的な負担も抑えられる。公的負担は低く、社会保障のサービスレベルは高い社会、これこそが日本型福祉社会のあるべき姿であり、今後はこのような社会の実現を目指して、国民の理解を得ながら社会保障改革を進めていくことが求められているのである。本書で示した各分野の現状・問題点・改革の方向性が広く人々に理解され、抜本的な社会保障一体改革の実現に資することを願ってやまない。

第16章　さらなる社会保障制度改革に向けて

> **COLUMN**
>
> **誰でも言える社会保障番号に**
>
> 　税金や年金をはじめとする保険料の徴収をより厳格に行うため、「基礎年金番号」を活用する案が日本では議論されていますが、海外ではこのような社会保障関連の番号がいわばID番号として、日常生活を送る上で欠かせないものになっています。
> 　その代表はアメリカです。アメリカでは社会保障番号（Social Security Number）が1人ひとりに与えられ、納税時はもちろん、銀行口座を開く、運転免許を取る、アパートを借りる時、さまざまな状況で必要となります。とりわけ就職時には必ず提示が求められます。
> 　トム・ハンクス主演の「ビッグ」という映画では、本当は13歳なのに身体だけは大人（ビッグ）になってしまった主人公ジョシュ（大人になってしまった時をトム・ハンクスが演じている）が、元に戻るまでの間、両親の元を離れて働くことにした際、就職面接時に社会保障番号の記入を求められて困ってしまう場面が出てきました。
> 　この時、ジョシュは親友の機転で学校のロッカーの番号を言ってピンチを切り抜けることができましたが、外国人であってもアメリカで働く場合には提示が求められる重要な番号です。（ただし、留学生の場合、「就労ビザ」がなければ原則として社会保障番号が取得できないようになっていますので注意が必要です。逆にいえば、それだけアメリカでの就労には社会保障番号が不可欠であるということを意味しているといえるでしょう。）
>
> 　　　　　　　　　　　　　　　　　　　　　　　　　　　　　　　　　（前川　聡子）

1）　社会保険庁・第5回国民年金特別対策本部会議資料『平成17年度における国民年金保険料の納付状況と今後の取組等について』（平成18年9月12日）より
2）　市場化テスト（官民競争入札制度）とは、これまで官だけで行ってきた公共サービスの提供に対して官民がともに対等な立場で競争入札に参加して競い合うことにより、公共サービスの質を高め、それをより効率的に提供していくことを目指した制度である。ただし、モデル事業の場合、官は参加せず、民間事業者の間での競争入札となる。
3）　厚生労働省や社会保険庁では、多額の出版物監修料を各課でプールして再分配し、それを飲食代等に充てていたことが発覚し、関係者の処分が行われた（2005年12月23日日本経済新聞朝刊）。また、業務外閲覧（のぞき見）問題については、その処分者は合計で約3700人、社会保険庁の全職員の11％に相当することが明らかとなっている。（2005年12月28日日本経済新聞朝刊）
4）　医療保険業務（政管健保）は、財政運営のみを基本的な全国単位の組織から都道府県単位の組織で行うこととなった。また、年金業務の運営組織についても、全国一律で負担、給付を行っている国民年金・厚生年金の性格上、全国組織とする方向である。
5）　三つの案は、国の関与の程度と職員の身分について異なったものとなる。①外局で

は、国が直接関与、職員は国家公務員のままである。②公法人（公社）化では、国の関与が弱くなり、職員も国家公務員ではなくなる。③独立行政法人化では、公法人よりもさらに政府から独立し、自主的な運営を積極的に行いやすくなる。
6) 社会保険庁『年金運営新組織2008年ビジョン』（2005年12月13日）参照。新しい組織の名称は「ねんきん事業機構」になることが発表された。（2006年1月6日）
7) 詳しくは社会保険庁の在り方に関する有識者会議『社会保険庁の在り方について（最終取りまとめ）』（2005年5月31日）を参照のこと。
8) 年金カードとは、国民年金、厚生年金の加入者、年金受給者を対象にした個人カードとして検討されているもので、このカードを利用した年金加入状況・受取予定額等の情報提供や、身分証明書としての活用、ICチップを組み込むことによるクレジットカードとしての機能付与が考えられている。
9) 歳入庁の創設については、民主党も2004年における年金改革以降主張を続けているが、徴収面の統合のみを考え、給付については年金業務のみを行う年金庁を想定している。
10) 統合に関するその他の問題点として、2004年10月の『社会保険庁の在り方に関する有識者会議』では、「国民年金第1号被保険者の約2200万人のうち、所得税の申告納税者数は約350万人と推計されるが税務署が把握していない層について、どのように考えるか。国民年金の場合、未納額は最高でも約30万円であり、少額多数債権という特性について、どのように考えるか。」などが指摘されている。
11) 情報交換という形での社会保険庁と税務署（地方税当局も含む）との提携はすでに始められている。年末調整や確定申告によって明らかになった納税者の所得情報を社会保険庁に提供するとともに、社会保険庁は第1号被保険者の保険料納付状況を提供することになった。
12) 経済財政諮問会議民間議員提出資料『歳出・歳入一体改革について』（2005年10月13日）参照。
13) 経済財政諮問会議民間議員提出資料『財政健全化の4つの経験則について』（2005年10月13日）参照。

【参考文献】
国税庁『国税庁レポート2004』
財務省『納税者番号制度に関する資料（平成16年6月現在)』（オンライン），入手先（http://www.mof.go.jp/jouhou/syuzei/siryou/nouzei/n09.htm）
社会保険庁『年金運営新組織2008年ビジョン』（2005年12月13日）
社会保険庁・第5回国民年金特別対策本部会議資料『平成17年度における国民年金保険料の納付状況と今後の取組等について』（平成18年9月12日）
社会保険庁の在り方に関する有識者会議『社会保険庁の在り方について（最終取りまとめ）』（2005年5月31日）
自民党e-Japan重点計画特命委員会資料『社会保険オンラインシステムの現状と課題について』
内閣府『経済財政運営と構造改革に関する基本方針2004』
内閣府経済財政諮問会議民間議員提出資料『歳出・歳入一体改革について』（2005年10月13日）
内閣府経済財政諮問会議民間議員提出資料『財政健全化の4つの経験則について』（2005

年10月13日）
本間正明「「個人会計」導入検討を」（2004年3月8日）日本経済新聞　経済教室

索　引

【あ行】

新たな少子化対策　*81*
育児保険　*172*
遺族年金　*22*
医師誘発需要　*52*
医療費適正化計画　*220*
医療扶助　*93*
医療保障保険　*218*
エンゼルプラン　*79*
応益負担　*43*
応能負担　*43*

【か行】

介護支援事業所　*164*
介護支援専門員　*65,164*
介護費用保険　*153*
介護扶助　*93*
介護報酬　*72,222,228*
介護保障保険　*152*
介護老人福祉施設　*159*
確定給付型　*205*
確定拠出型年金　*205*
家族介護　*58*
簡易宿所　*181*
企業年金制度　*131*
基準及び程度の原則　*92*

基礎年金　*22,122*
逆選択　*113,117*
給付建て　*28*
共済組合　*20,41,44*
共済年金　*22,123*
共助　*118*
拠出建て　*28*
組合管掌健康保険　*41*
組合健保　*44,143*
グループホーム　*160*
クロヨン　*124*
ケアプラン　*65*
ケアマネジメント　*65,230*
ケアマネジャー　*164*
現金給付　*114*
現物給付　*115*
高額療養費制度　*44*
公助　*118*
厚生年金　*21,22,123*
厚生年金基金　*21*
高齢者医療制度　*213*
ゴールドプラン　*78*
国内総生産（GDP）　*14*
国民医療費　*45*
国民皆保険　*41*
国民健康保険　*41*
国民所得　*10*
国民年金　*20,123*
国民年金基金　*20*

263

索　引

国庫負担　29
混合診療　147

【さ行】

サービス担当者会議　165
在職老齢年金　22,29
財政安定化基金　67
在宅サービス　64
三位一体改革　83,176
支援費制度　88
自己負担　115
自助　118
市場化テスト　251,259
市場の失敗　112
市町村国保　141
施設サービス　64
児童手当　80,83
児童手当法　78
児童福祉法　76
児童扶養手当　83
社会介護　58
社会的入院　46,58
社会福祉事業法　76,78
社会保険方式　115
社会保険料納付証明書　36
社会保障給付費　10
社会保障個人会計　254
社会保障費死後返還制度　255
社会保障負担率　13
修正積立方式　29
住宅扶助　93
収入認定額　94
終末期医療　54
情報の非対称性　138

障害者自立支援法　174,242
障害年金　22
小損害免責　214
職域保険　41
所得再分配　113
所得代替率　31
所得比例年金　123
自立支援事業　103
自立支援センター　184
新エンゼルプラン　79
新型特別養護老人ホーム　159
新型特養　159
申請保護の原則　92
身体障害者福祉法　76
診療報酬制度　50
スウェーデン方式　125
生活扶助　93
生活保護制度　91
生産年齢人口　12
生存権　111
制度の谷間　157
政管健保　48,143
政府管掌健康保険　41
税方式　115
セーフティーネット　110
世帯単位の原則　92
世帯保護率　95
潜在的国民負担率　196
租税負担率　14
措置　58,62
措置制度　88

【た行】

待機児童　81,82,169

264

索　引

退職者医療制度　　41
多段階免除制度　　36
地域型健康保険組合　　211
地域保険　　41
地方財政計画　　101
中医協　　50, 210
中央社会保険医療協議会　　50, 210
賃金スライド　　22
突き抜け方式　　146
積立方式　　27
DPC（診断群分類）　　209
適格退職年金　　21
出来高払い制度　　50
特定療養費制度　　147
特別養護老人ホーム　　159
独立方式　　145

【な行】

長瀬式　　145
二重の負担　　126
2分2乗方式　　197, 205
入院・手術保障契約　　218
認可外保育所　　82, 170
認証こども園　　240
認証保育所　　170
認定こども園　　173
納付猶予制度　　36
ノーマライゼーション　　78
伸び率管理　　137

【は行】

必要即応の原則　　92
標準世帯　　101

賦課方式　　27
福祉アパート　　182
福祉6法　　9
物価スライド　　22
プライマリーバランス　　19
包括払い制度　　51
包括評価　　209
報酬比例　　43
報酬比例年金　　22
法定受託事務　　101
保険者　　41
保険税　　43
保護基準　　92
保護率　　95
母子福祉法　　78
ホテルコスト　　159, 222

【ま行】

マクロ経済スライド　　31, 128
ミーンズテスト　　105
みなし運用利回り　　127
みなし掛金建て方式　　127
未納・未加入　　35
無年金世帯　　179
無料低額宿泊所　　181
免責制　　214, 215
モラル・ハザード　　45, 149

【や行】

薬価基準制度　　51
薬価差益　　52
ユニットケア　　72, 160
要介護認定　　62

265

索　引

幼保一元化　*172, 239*
401K　*205*

【ら行】

リスク分散機能　*41*
療養病床　*161*
老人医療費　*46*
老人保健拠出金　*48, 50*
老人保健制度　*43*
老齢年金　*22*

	社会保障一体改革への途
2007年5月10日　発行	
編著者	跡田直澄・前川聡子
発行者	小泉定裕
発行所	株式会社 清文社 大阪市北区天神橋2丁目北2-6（大和南森町ビル） 〒530-0041　電話06（6135）4050　FAX06（6135）4059 東京都千代田区神田司町2-8-4（吹田屋ビル） 〒101-0048　電話03（5289）9931　FAX03（5289）9917 URL http://www.skattsei.co.jp

■本書の内容に関するご質問はファクシミリ（06-6135-4056）でお願いします。　　亜細亜印刷株式会社
■著作権法により無断複写複製は禁止されています。落丁本・乱丁本はお取替えいたします。

ISBN978-4-433-33597-7